Schöningh

EinFach
Religion
Interpretationen
Unterrichtsmodell

Adam und Eva

Gen 1,1 – 3,24

Erarbeitet von
Michael Fresta

Herausgegeben von
Volker Garske
Hermann-Josef Vogt

10. – 13. Schuljahr

Bildnachweis:

S. 10: picture-alliance/Helga Lade Fotoagentur GmbH, Ger © Interfoto/Helga Lade – **S. 53:** © mrswilkins – Fotolia.com – **S. 67, S. 112:** Franz-Josef Domke, Hannover/Verlagsarchiv Schöningh – **S. 72:** © jamie – Fotolia.com – **S. 73:** FLPA/Arco Images – **S. 79, S. 90:** Aus der Frankfurter Allgemeinen Zeitung/Greser und Lenz – **S. 97 (beide)**, **S. 115:** Michael Fresta – **S. 120:** Picture-Alliance GmbH/dpa – **S. 122:** © Holger Jacoby, www.holger-jacoby.de

Sollte trotz aller Bemühungen um korrekte Urheberangaben ein Irrtum unterlaufen sein, bitten wir darum, sich mit dem Verlag in Verbindung zu setzen, damit wir eventuell erforderliche Korrekturen vornehmen können.

www.schoeningh-schulbuch.de
Schöningh Verlag, Jühenplatz 1–3, 33098 Paderborn

Druck A 5 4 3 2 1 / Jahr 2019 18 17 16 15
Alle Drucke der Serie A sind im Unterricht parallel verwendbar.
Die letzte Zahl bezeichnet das Jahr dieses Druckes.

Umschlaggestaltung: Jennifer Kirchhof
Druck und Bindung: westermann druck GmbH, Braunschweig

ISBN 978-3-14-053613-4

Adam und Eva (Gen 1,1–3,24)

Phase	Baustein	Seiten
Leistungsüberprüfung	**Baustein 5** Leistungsüberprüfung PUR. Neue Brücken	S. 116–122
↑ **Transfer**	**Baustein 4** Mensch sein und menschlich handeln angesichts aktueller Problemfelder D. Jones. Moon	S. 98–115
↑ **Erarbeitung 3**	**Baustein 3** Der Mensch als geliebtes Geschöpf Gottes vor den Herausforderungen von Freiheit und Angst A. Greser/H. Lenz. Aus den Anfängen der Frauenquote	S. 74–97
↑ **Erarbeitung 2**	**Baustein 2** Der Mensch als geliebter und geforderter Stellvertreter Gottes auf Erden Silbermond feat. J. Delay. Nicht mein Problem	S. 55–73
↑ **Erarbeitung 1**	**Baustein 1** „Typisch Mensch?!“ – Die Ambivalenz menschlichen Seins und Handelns Die Toten Hosen. Mensch	S. 39–54
↑ **Interpretationen**	**Interpretationen** Gen 1,1–2,4a: Der priesterliche Schöpfungsmythos Gen 2,4b–3,24: Der vorpriesterliche Schöpfungsmythos	S. 11–38

Inhaltsverzeichnis

Das Unterrichtsvorhaben bedient folgende **Inhaltsfelder** und **konkretisierte Kompetenzerwartungen** in der *Einführungsphase* – am Beispiel des verabschiedeten Kernlehrplans für die Sekundarstufe II Gymnasium/Gesamtschule in Nordrhein-Westfalen, 2014:

Inhaltsfeld 1: Der Mensch in christlicher Perspektive

Inhaltlicher Schwerpunkt: Der Mensch als Geschöpf und Ebenbild Gottes

Sachkompetenz: Die Schüler
- identifizieren religiöse Spuren und Ausdrucksformen (Symbole, Riten, Mythen, Räume, Zeiten) in der Lebenswelt und deuten sie,
- deuten eigene religiöse Vorstellungen in der Auseinandersetzung mit Film, Musik, Literatur oder Kunst,
- erläutern Charakteristika des biblisch-christlichen Menschenbildes und grenzen es von kontrastierenden Bildern vom Menschen ab.

Urteilskompetenz: Die Schüler
- erörtern Konsequenzen, die sich aus der Vorstellung von der Gottesebenbildlichkeit des Menschen ergeben (u. a. die Gleichwertigkeit von Frau und Mann).

Inhaltsfeld 2: Christliche Antworten auf die Gottesfrage

Inhaltliche Schwerpunkte: Das Verhältnis von Vernunft und Glaube

Sachkompetenz: Die Schüler
- bestimmen Glaube und Wissen als unterschiedliche Zugänge zur Wirklichkeit in ihren Möglichkeiten und Grenzen,
- erläutern an der Erschließung eines biblischen Beispiels die Arbeitsweise der Theologie,
- erklären an einem biblischen Beispiel den Charakter der Bibel als Glaubenszeugnis.

Urteilskompetenz: Die Schüler
- erörtern die Verantwortbarkeit des Glaubens vor der Vernunft.

Inhaltsfeld 5: Verantwortliches Handeln aus christlicher Motivation

Inhaltlicher Schwerpunkt: Charakteristika christlicher Ethik

Sachkompetenz: Die Schüler
- erläutern an ausgewählten Beispielen ethische Herausforderungen für Individuum und Gesellschaft und deuten sie als religiös relevante Entscheidungssituationen,
- erläutern Schritte ethischer Urteilsfindung,
- erläutern die Verantwortung für sich, für andere und vor Gott als wesentliches Element christlicher Ethik.

Urteilskompetenz: Die Schüler
- erörtern den Zusammenhang von Freiheit und Verantwortung,
- erörtern, in welcher Weise biblische Grundlegungen der Ethik zur Orientierung für ethische Urteilsbildung herangezogen werden können,
- erörtern verschiedene Positionen zu einem ausgewählten Konfliktfeld unter Berücksichtigung christlicher Ethik in katholischer Perspektive.

Das Unterrichtsvorhaben bedient folgende **Inhaltsfelder** und **konkretisierte Kompetenzerwartungen** in der *Qualifikationsphase* – am Beispiel des verabschiedeten Kernlehrplans für die Sekundarstufe II Gymnasium/Gesamtschule in Nordrhein-Westfalen, 2014:

Inhaltsfeld 1: Der Mensch in christlicher Perspektive

Inhaltlicher Schwerpunkt: Die Sehnsucht nach einem gelingenden Leben

Sachkompetenz: Die Schüler
- beschreiben die Suche von Menschen nach Sinn und Heil – mit, ohne oder gegen Gott,
- erläutern die mögliche Bedeutung christlicher Glaubensaussagen für die persönliche Suche nach Heil und Vollendung

Urteilskompetenz: Die Schüler
- beurteilen die Bedeutung christlicher Perspektiven auf das Menschsein für die individuelle Lebensgestaltung (u.a. in Partnerschaft) und das gesellschaftliche Leben.

Inhaltsfeld 2: Christliche Antworten auf die Gottesfrage

Inhaltliche Schwerpunkte: Die Frage nach der Existenz Gottes; Biblisches Reden von Gott

Sachkompetenz: Die Schüler
- beschreiben die Wahrnehmung und Bedeutung des Fragens nach Gott und des Redens von Gott in ihrer Lebenswirklichkeit,
- erläutern die Schwierigkeit einer angemessenen Rede von Gott (u.a. das anthropomorphe Sprechen von Gott in geschlechterspezifischer Perspektive),
- entfalten zentrale Aussagen des jüdisch-christlichen Gottesverständnisses (Gott als Befreier, als der ganz Andere, als der Unverfügbare, als Bundespartner).

Urteilskompetenz: Die Schüler
- erörtern die Vielfalt von Gottesbildern und setzen sie in Beziehung zum biblischen Bilderverbot.

Inhaltsfeld 5: Verantwortliches Handeln aus christlicher Motivation

Inhaltlicher Schwerpunkt: Christliches Handeln in der Nachfolge Jesu

Sachkompetenz: Die Schüler
- analysieren verschiedene Positionen zu einem konkreten ethischen Entscheidungsfeld im Hinblick auf die zugrundeliegenden ethischen Begründungsmodelle,
- erläutern auf der Grundlage des biblisch-christlichen Menschenbildes (u.a. Gottesbildlichkeit) Spezifika christlicher Ethik,
- erläutern die Bedeutung des Postulats der Freiheit für sittliches Handeln.

Urteilskompetenz: Die Schüler
- beurteilen Möglichkeiten und Grenzen unterschiedlicher Typen ethischer Argumentation,
- erörtern die Relevanz biblisch-christlicher Ethik für das individuelle Leben und die gesellschaftliche Praxis (Verantwortung und Engagement für Gerechtigkeit, Frieden und Bewahrung der Schöpfung).

Vorwort

„Wer sich mit der Bibel beschäftigt, dem tut sich die Fülle menschlichen Lebens auf. Er begegnet den uralten Fragen der Menschen, auch den Abgründen im Menschen. Damit kann die Bibel für ihn zum Spiegel werden: Das existenzielle Ringen und Hoffen anderer vermag auf sein eigenes Dasein hin durchsichtig zu werden." (U. Kropač: Biblisches Lernen, in: G. Hilger/S.Leimgruber/H.G. Ziebertz (Hg.): Religionsdidaktik. Ein Leitfaden für Studium, Ausbildung und Beruf, München ³2013, 416–433; 417). Mit dieser biblisch-theologischen Erkenntnis liefert der Religionsdidaktiker Ulrich Kropač eine wichtige Begründung für biblisches Lernen im RU. Sich dieser Begründung bewusst zu werden und einen Unterricht zu gestalten, der Schüler zu genau dieser Erkenntnis hinführen kann, ist dringender denn je geboten. Schüler begegnen der Bibel nämlich oft zunächst mit Skepsis und Distanz, kennen zentrale Geschichten und deren Bedeutung nicht mehr, halten sie insgesamt für veraltet und können ihr für ihr eigenes Leben wenig abgewinnen. Das muss nicht so bleiben.
Insbesondere das Buch Genesis nimmt in der sog. „Urgeschichte" (Gen 1–11) die Existenz des Menschen, seine Fragen und Zweifel, seine Entscheidungen und Handlungen sowie seine Wünsche und Ziele genauer in den Blick. Dabei zeigt es Bilder der Hoffnung und des Heils auf, die für Schüler interessant, gewinnbringend und heilsam sein können. Mit dem vorliegenden, praxiserprobten Unterrichtsvorhaben lassen sich folgende didaktische Prinzipien realisieren:

- Das Prinzip der *Exemplarizität*: Die Schöpfungserzählungen bzw. Schöpfungsmythen behandeln im Besonderen, was gemäß Kropač in allen biblischen Texten als Botschaft enthalten ist: Sie bieten eine sinnstiftende und heilsame Bestimmung menschlichen Seins und Handels, erläutern das Scheitern der Menschen vor dem Hintergrund der ihm geschenkten Freiheit und bieten Möglichkeiten der Selbstwerdung an als Weg heraus aus den Verstrickungen von Zweifeln, Schuld und Scheitern. Anthropologie und Ethik kommen hier in ihrem untrennbaren Wechselbezug exemplarisch zur Sprache;
- das Prinzip der *Schülergemäßheit*: Die Schöpfungsmythen werden anhand aktueller, lebensrelevanter (Schul-)Probleme, wie Mobbing, Trennung, Krankheit und Entscheidungszwängen erarbeitet;
- das Prinzip der *fachwissenschaftlichen Zuverlässigkeit*: Die Erarbeitung erhebt den Anspruch auf exegetische Seriosität und richtet sich gegen eine fundamentalistische Lesart des Mythos;
- das Prinzip der *Verlangsamung*: Die Reihen setzen auf Muße und eine in die Tiefe gehende Erarbeitung, die sich Zeit nimmt für einen ausgiebigen Transfer in die Schülerwelt.

Die Herausgeber der Reihe setzen der aktuellen Religionsdidaktik gemäß darauf, dass die Beschäftigung mit einer begrenzten theologischen Thematik über einen längeren Zeitraum hinweg zu ertragreichen und nachhaltigen Lernergebnissen führen wird. Wir unterscheiden dabei zwischen jenen *Unterrichtszielen*, die ihre Gültigkeit im Rahmen kürzerer Lerneinheiten nicht verloren haben, und den langfristig anvisierten *Kompetenzen*. Zu beiden Dimensionen werden zum ersten Mal in der Einfach-Religion-Reihe differenzierte Vorschläge unterbreitet.
Bei den im Buch genannten Bibelstellen handelt es sich um die Übersetzungen der Einheitsübersetzung. Diese werden an zentralen Stellen vor dem Hintergrund des Wissens um die ursprünglichen Wortbedeutungen des hebräischen Urtextes angemessen ergänzend kommentiert.
Herausgeber und Autoren stehen für eine humane religiöse Bildung und Erziehung, die sich kritischer Fragen an Gesellschaft, Schule und Kirche nicht entziehen und Wert auf konfessionelle Kooperation und interreligiöse Offenheit legen.

Volker Garske und Hermann-Josef Vogt

„Die Welt wird nicht bedroht
von den Menschen,
die böse sind,
sondern von denen,
die das Böse zulassen.“
Albert Einstein zugeschrieben

1 Didaktische Vorüberlegungen: Anthropologische und ethische Aspekte in Gen 1,1–3,24 als Thema des RU

Ziele
- didaktisches und exegetisches Problembewusstsein entwickeln
- den aktuellen historisch-kritischen Forschungsstand realisieren und annehmen
- sich vom wörtlichen Textverständnis deutlich distanzieren
- die tiefenpsychologische und literaturwissenschaftliche Auslegung von Symbolen und Metaphern erfassen und wertschätzen
- die Aktualität und Bedeutung mythischer Bilder für das eigene Leben bedenken

Methoden
- Historisch-kritische Exegese
- Tiefenpsychologische Exegese
- Vergleichende Religionswissenschaft
- Narratologie

Die Beschäftigung mit der priesterlichen und der vorpriesterlichen Schöpfungserzählung (Gen 1,1–2,4a; 2,4b–3,24; **Zusatzmaterial 1 und 2**, S. 36–38) gehört momentan sicherlich zu den problematischsten Unterfangen des RU in den Sekundarstufen. Das hängt vor allem damit zusammen, dass die der sog. „biblischen Urgeschichte" (Gen 1–11) insgesamt innewohnende, mythologische bzw. existenzielle Betrachtung der Wirklichkeit vielen Menschen der Postmoderne oftmals verschlossen bleibt. So führt eine vermutlich naive Vertrautheit mit diesen Texten, denen man bereits in frühester Kindheit begegnet (ist), bei einem nicht unerheblichen Anteil aller Leser zu einem der bekanntesten Probleme, dem sich viele Lehrer[1] nicht nur bei dieser Thematik stellen müssen, dem hermeneutischen Problem eines wortgetreuen Bibelverständnisses.[2] Der daraus resultierende, letztlich vorprogrammierte Konflikt mit den modernen Naturwissenschaften wirkt sich dabei ambivalent aus. Während sich viele Gläubige diesem Spannungsfeld gar nicht widmen oder aber eine Synthese aus beidem für möglich halten, deren genauere Beschaffenheit sie jedoch zumeist nicht erläutern können, wenden sich ebenso viele von diesen Texten ab und verschreiben sich voll und ganz einer naturwissenschaftlichen Betrachtung des Seins.

hermeneutische Problemanzeige

Aus religionspädagogischer Sicht ist dieses Problem zumindest bei Schülern nachvollziehbar, lässt es sich doch vor allem auf die Erkenntnis zurückführen, dass vor allem die jüngeren unter ihnen „nur bedingt über die Fähigkeit zum komplementären Denken (‚sowohl – als auch') verfügen und deswegen einer Deutung der Wirklichkeit (‚entweder – oder') den Vorrang geben."[3] Die Bearbeitung der anthropologischen und ethischen Aspekte der Erzählungen in Gen 1–3 setzt angesichts dieser Problemlage also zunächst einmal eine angemesse-

das Spannungsfeld Naturwissenschaft und Theologie

[1] Um den Text lesbarer zu halten, wird im Folgenden von dem Lehrer, dem Schüler etc. gesprochen und diese Form auch im Plural als Nomen generale genutzt.
[2] Dasselbe gilt bspw. für die Themen Wunder und Auferstehung. Siehe dazu z. B. den Band der Reihe EinFach Religion zum „Seewandel Jesu" (Mt 14,22–33).
[3] H. Mendl, Religionsdidaktik kompakt. Für Studium, Prüfung und Beruf, München 2011, 83

ne Beschäftigung mit den Themenbereichen Glaube und Wissen bzw. Schöpfung und Evolution voraus. Diese müsste gemäß den Richtlinien und dem Kernlehrplan des Landes Nordrhein-Westfalen für das Fach Katholische Religionslehre normalerweise im ersten Halbjahr der Einführungsphase geleistet worden sein. Dabei genügt es aber nicht, wie bereits gerade angemerkt wurde, „[...] festzustellen, dass Naturwissenschaften und Theologie einen anderen Erkenntniszugang zur Welt besitzen."[1] Nur wer in Theorie und Praxis deutlich werden lässt, dass beide Wirklichkeitszugänge auch eine sinnvolle Synthese bilden können, also die eine, gemeinsame Wirklichkeit beschreiben und deuten wollen, der kann weiterhin glaubhaft Theologie in Schule, Gesellschaft und Wissenschaft vermitteln,[2] und somit auch ein Interesse an der Botschaft der biblischen Texte als den Grundlagendokumenten bzw. Ur-Kunden des christlichen Glaubens fördern. Über diesen Diskurs, der als größte Herausforderung für die Theologie im 21. Jahrhundert gelten kann, lässt sich gut eine Brücke zu den historisch-kritischen Ergebnissen zu den beiden ersten Schöpfungstexten der Bibel bauen.

→ **Kapitel 2**

der literar-, redaktions- und kompositions-kritische Befund

Ein wesentliches Ergebnis, das hierbei von Bedeutung ist, besteht darin, dass in Gen 1,1 – 3,24 zwei Erzählungen über die Erschaffung von Kosmos und Mensch redaktionell miteinander verbunden worden sind, die aufgrund ihres unterschiedlichen hohen Alters und der unterschiedlichen soziokulturellen Verortung ihrer Autoren zunächst als jeweils eigene, voneinander zu trennende literarische Werke zu würdigen sind. Dies wird heutzutage von keinem ernst zu nehmenden Exegeten mehr in Frage gestellt. Trotz der wichtigen thematischen Berührungspunkte, die sicherlich ein Grund für die redaktionelle Verknüpfung sind und die auf kompositioneller Ebene die Leser dahingehend lenken sollen, die Texte letztlich als zusammenhängendes Ganzes zu verstehen, stehen sich hier aus literarkritischer Sicht zunächst einmal zwei absolut divergierende Erzählungen gegenüber, die „kaum die gleiche Herkunft haben können."[3] Für den Umgang mit diesen Texten kommt jedoch noch eine weitere wichtige kompositionskritische Feststellung hinzu, nämlich die nachträgliche Vorordnung der Texte, was ihnen bei einer synchronen Lektüre den Charakter einer Ouvertüre zur gesamten Bibel verleiht. Erst um 400 v.Chr. wurde diese Vorordnung der Texte endgültig besiegelt, wodurch man gleichzeitig die vormals bedeutsameren und eben älteren Grunderzählungen von Abraham, Josef, dem Exodusgeschehen und der Landnahme auf der Endtextebene nachordnete.[4]

die Schöpfungsmythen und der Exodus

Für die religionsdidaktische Vermittlung ist dieses Faktum deshalb so bedeutsam, weil die relativ späte Vorordnung anderer Texte zusammen mit der grundsätzlichen Verschiedenheit von Gen 1,1 – 2,4a und Gen 2,4b – 3,24 den Schülern ein Gespür dafür vermitteln, dass den Israeliten die Frage nach den wie auch immer gearteten Ursprüngen des Lebens keinesfalls so relevant erschien wie uns heutigen Zeitgenossen. Dass die von den späteren Judäern vollzogene Vorordnung vor allem dazu diente, den Glauben an den einen, geschichtsmächtigen Gott Israels besonders zu exponieren, der nicht nur die Israeliten aus dem Sklavenhaus Ägypten befreit hat, sondern eben von jeher den Mensch als geliebtes Geschöpf betrachtet, und schon deshalb keine wirkliche Neubetrachtung des Textes unter naturwissenschaftlichen Gesichtspunkten erfolgte, ist sicherlich relativ schnell einzusehen. Andere Religionen, wie z. B. der Islam sind diesem Problem, das im Grunde genommen nur auf Seiten des Rezipienten entsteht, dadurch aus dem Weg gegangen, dass der Koran eben nicht mit einer Schöpfungserzählung beginnt.

---

[1] P. Becker, Kein Platz für Gott? Theologie im Zeitalter der Naturwissenschaften, Regensburg 2009, 12

[2] Vgl. P. Becker, Platz, 12f.

[3] E. Zenger, Einleitung in das Alte Testament, 5., gründl. überarb. u. erw. Aufl., Stuttgart 2004 (Studienbücher Theologie 1,1), 90

[4] Vgl. dazu E. Zenger, Einleitung, 119 – 124

Wenn es aber eben vor diesem Hintergrund nicht um Erzählungen über einen raumzeitlichen Anfang von Kosmos und Mensch geht, dann stellt sich die Frage, welche Intention sie stattdessen verfolgen. Um diese Frage zu beantworten, ist es zunächst unerlässlich, die wenn auch sachlich richtigen, didaktisch jedoch problematischen Gattungsbegriffe zu modifizieren, die für Gen 1,1–2,4a und 2,4b–3,24 oftmals verwendet werden. Wenn vor allem in Bezug auf Gen 1 immer wieder von Schöpfungsberichten gesprochen wird, forcieren einige Ausleger, wenn auch ungewollt, allein schon durch diese begriffliche Festlegung eine ablehnende Haltung gegenüber den biblischen Texten. Denn mit dieser – natürlich unter formkritischen Gesichtspunkten nicht grundsätzlich falschen – Gattungsbestimmung, die bspw. auch im Wissenschaftlichen Bibellexikon oder auch von einigen Lehrern tagtäglich in der Unterrichtspraxis verwendet wird,[1] assoziiert ein Großteil heutiger Rezipienten nun einmal Geschehnisse, die sich in irgendeiner Form tatsächlich ereignet haben und über die nun sachlich und objektiv geschrieben wird, und zwar mit dem Ziel, eine angemessene und richtige Abbildung der geschilderten Geschehnisse abzuliefern.

→ Kapitel 2

formkritische Vergewisserungen

Übertragen auf die biblischen Texte, die zunächst einmal Erzählungen sind, bedeutet dies, dass man besser nicht von Schöpfungsberichten sprechen sollte, auch wenn man als gebildeter Theologe und Religionslehrer selbst weiß, wovon man hier genau eigentlich spricht. Um sich die daraus resultierende, didaktisch mühevolle Aufräumarbeit zu ersparen, und somit von Beginn an den angenehmeren Unterrichtsweg zu begehen, erscheint es sinnvoll, von vornherein den Gattungsbegriff zu verwenden, der nicht nur der Form, sondern auch dem Wesen der beiden ersten Erzählungen der Bibel am ehesten gerecht wird, den Begriff „Schöpfungsmythos." Auch der Mythos ist freilich eine Erzählung, allerdings in der Form, dass hier Ereignisse nicht sachlich geschildert, sondern ausgehend von einem tiefergehenden existenziellen Interesse gedeutet werden. Nicht die Frage nach dem „Wie" der Welt kommt hier in den Blick, sondern die Suche nach dem „Warum", „Woher" und „Wozu" des Daseins. Aus kulturgeschichtlicher Sicht ist diese Beobachtung insofern bedeutsam, als dass sie einer Gleichberechtigung von historisch-kritischer und tiefenpsychologischer Betrachtung der biblischen Texte den Weg ebnet, begegnen uns in den Mythen, den „Kollektivträume(n) der Völker"[2], doch archaische Bilder, die sich gemäß dem berühmten Psychoanalytiker Jung als Archetypen in unserer menschlichen Seele manifestiert haben.[3]

die Funktion des Mythos

Orientiert man sich an diesen Begriffsmodifizierungen, so erzählen die biblischen Schöpfungsmythen – unter Rückgriff auf ältere Schöpfungsmythen aus anderen Kulturen (Sumerer, Babylonier etc.) – also nicht von wie auch immer zu begründenden naturwissenschaftlichen Fakten, sondern versuchen stattdessen, tiefergehende, existenzielle Wahrheiten über das Dasein von Kosmos und Mensch zu verkünden, die zwar nicht bewiesen werden können, die wohl aber einen Glauben im biblischen Sinne, also ein begründetes Vertrauen hervorrufen können. Die Erzähler greifen dabei auf Motive und Symbole zurück, die die Welt der Menschen seit jeher geprägt haben und die vor allem eins wollen: Hoffnung und Mut spenden angesichts einer Welt, in der auch Tod, Leid und Sinnlosigkeit jederzeit präsent sind. In diesem Sinne wollen sie also nicht erklären, wie die Welt entstanden ist, sondern wie die Welt an sich beschaffen sein soll, wie der Mensch sich in ihr sehen soll und welche Rolle JHWH, der Gott Israels darin einnimmt.

der Mythos als utopische Vision

Dabei wird deutlich, dass anders als bei einer naturwissenschaftlichen Deutung des Kosmos eine Kraft präsent ist, die die Schöpfung gewollt hat und sie schützen möchte. Im Kontext der Thematik „Glaube und Wissen" wäre dies freilich zusammenzudenken mit der kosmolo-

Gott als liebenden Schöpfer denken

[1] Vgl. dazu u.a. W. Klaiber, Schöpfung. Urgeschichte und Gegenwart, Göttingen 2005, 34; T. Staubli, Begleiter durch das Erste Testament, Düsseldorf 1997, 142

[2] http://www.bibelwissenschaft.de/bibelkunde/themenkapitel-at/schoepfung/

[3] H. Halbfas, Religionsunterricht nach dem Glaubensverlust. Eine Fundamentalkritik, Ostfildern 2012, 39

gischen und biologischen Deutung des Daseins, also konkret: Wie lässt sich der Glaube an einen Gott, der die Schöpfung aus Liebe freisetzt, um Mitliebende zu gewinnen,[1] auch philosophisch-theologisch mit der scheinbar zufälligen Entwicklung von Kosmos und Mensch vereinbaren? Wieso ist es gerade logisch bzw. sinnvoll, dass nicht nur die Menschen, sondern auch Kosmos und Natur in Freiheit entstehen bzw. sich entwickeln können? Wieso also macht es Sinn, dass Gott die Welt „durch" Evolution schafft, er also als Schöpfer eines sich selbst organisierenden Systems bezeichnet werden kann, mit dem er jedoch auf intramentaler Ebene interagieren kann?

der Mythos als performative Ätiologie

Die hiermit verbundene Klärung des Konzepts einer „Theistischen Evolution" als ernsthaftem Versuch, Naturwissenschaft und Schöpfungstheologie zu einer Synthese zu vereinen,[2] kann im Rahmen dieses Buches nicht geleistet werden. Da sie aber vorausgesetzt wird, soll sie im Kontext von Gen 1,1–2,4a wiederholend aufgegriffen werden, um die Bezüge zwischen den beiden Habjahresthemen transparent werden zu lassen. Für eine schwerpunktmäßige anthropologisch-ethische Betrachtung der ersten beiden Texte der Bibel ist der Gedanke wichtiger, dass JHWH der liebende Schöpfergott ist, der sich die Welt an sich als Paradies, als einen Ort der Hoffnung und der Gemeinschaft wünscht, einen idealtypischen Ort also, den es gegen alle negativen Aspekte des menschlichen Daseins zu verteidigen gilt. Wir haben es also nicht mit einer Beschreibung des Urzustandes der Erde zu tun, sondern mit einer „utopischen Erinnerung"[3], bei der Ursprung und Ziel der Welt sozusagen kongruent sind. Belegen lässt sich eine solche Deutung schon auf der kompositionellen Ebene des Genesisbuches, schildert es doch in unmittelbarem Anschluss an Gen 1 einen zweiten Mythos (Gen 2,4b–3,24), der dem Leser ebenso wenig etwas über die raumzeitlichen Anfänge des Daseins vermitteln will wie der Mythos zuvor. Der Mythos von Adam und Eva, der aufgrund seines ackerbäuerlichen Kolorits natürlich älter ist als der priesterliche Text, ist schließlich eine Art Ursachenlehre (Ätiologie), wieso der Mensch sich trotz paradiesischer Rahmenbedingungen überhaupt falsch verhält, sich gegen Gott und seine Schöpfung wendet, unter Schmerzen Kinder bekommen, schwer arbeiten und schließlich sterben muss. Diese Klärung grundlegender menschlicher Lebensbedingungen und Verhaltensweisen zielt dabei freilich zusammen mit seiner zuvor geschilderten Bestimmung zum verantwortungsvollen Stellvertreter Gottes auf Erden (vgl. Gen 1,27) darauf ab, in Auseinandersetzung mit diesem Urzustand ethisch so zu handeln, dass er als Ebenbild Gottes, nicht jedoch als gefallenes Geschöpf in der Welt verbleiben kann. Es wird also demnach schon hier eine Art „Gegenprogramm" entworfen, das sich aus der besonderen Beziehung zwischen Gott und Mensch in Gen 1,27 ergibt: „Sie [M.F.: die Bestimmung des Menschen in den Schöpfungsmythen der Bibel] ist keine ontologische, also auf das Sein bezogene, sondern eine funktionale, also eine auf die Aufgabe bezogene Bestimmung des Menschen; [...]."[4] In der Summe zeigt sich also, dass Theologie, Anthropologie und Ethik in diesen beiden Texten so eng zusammenfallen, dass es fahrlässig wäre, diese Verbindungen nicht auch im RU didaktisch fruchtbar werden zu lassen.

---

1 Vgl. K. von Stosch, Einführung in die Systematische Theologie. Paderborn ²2009, 83ff.

2 Vgl. dazu u.a. P. Becker, Gott und K.R. Miller, Finding Darwin's God. A Scientist's search for common ground between God and Evolution, New York, Reprint 2007

3 J. Ebach, Bild Gottes und Schrecken der Tiere. Zur Anthropologie der priesterlichen Urgeschichte, in: Ders. (Hrsg.), Ursprung und Ziel, Neukirchen-Vluyn, 16–47; 36. Zit. nach W. Klaiber, Schöpfung, 46

4 C. Link, Die Gottesbildlichkeit, in: Ders., Schöpfung. Handbuch Systematischer Theologie, Bd. 7/2, Gütersloh 1991, 393f.

2 Die biblischen Schöpfungsmythen (Gen 1,1–3,24): Historisch-kritische und tiefenpsychologische Erkenntnisse der Exegese

2.1 Der priesterliche Schöpfungsmythos (Gen 1,1–2,4a)

die besondere rezeptionsgeschichtliche Stellung von Gen 1,1–2,4a

„Im Anfang schuf Gott Himmel und Erde." (Gen 1,1). Mit diesem programmatischen Satz beginnt die Heilige Schrift der Juden und Christen. Über Jahrhunderte hinweg haben diese Überschrift sowie der im Anschluss daran ausführlich entfaltete priesterliche Schöpfungsmythos Theologie, Philosophie, Kunst und Musik nicht nur inspiriert, sondern nachhaltig geprägt. Die Vorstellung von einem planenden und schaffenden Gott, der Mensch und Erde in den Mittelpunkt rückt, und der am Anfang allen Seins steht, bringt schon im NT den Evangelisten Johannes dazu, seinen Prolog in Orientierung an der Ouvertüre der Hebräischen Bibel wie folgt beginnen zu lassen: „Im Anfang war das Wort, und das Wort war bei Gott, und Gott war das Wort." (Joh 1,1). Freilich verbindet Johannes diesen theologischen Gedanken mit dem christologischen Bekenntnis, dass das Wort Gottes, der Logos, in Christus Fleisch geworden ist und sich somit den Menschen auf besondere Weise neu offenbart hat (vgl. Joh 1,14). In der Kirche wird der Text vor allem in der Scholastik als Ausgangspunkt für ein geozentrisches Weltbild angesehen, wenngleich bereits in der Antike Ambrosius von Mailand oder auch Augustinus von Hippo diesen Gedanken kennen sowie tradieren. In der Kunst hat vor allem die Darstellung Christi als Architekt bzw. Baumeister des Universums seine Spuren hinterlassen. Weltbekannt sind hierbei vor allem die in Anlehnung an die Genesis und aber eben auch das Neue Testament geschaffenen Illustrationen der bible moralisée aus dem 13. Jahrhundert. Im Bereich der Musik ist natürlich an Haydns kunstvolles Oratorium „Die Schöpfung" aus dem 18. Jahrhundert zu denken.

→ Baustein 1

Die besondere Stellung und Wirkung des Textes in der Geschichte hat jedoch im 16. und 17. Jahrhundert zu ernsthaften Konflikten zwischen der Kirche und den aufkommenden Naturwissenschaften geführt, wenngleich es interessanterweise der Frauenburger Domherr Kopernikus war, der im Jahre 1543 mit seinem sechsbändigen Werk „Die Bewegungen der Himmelsgestirne" das bis dahin gültige geozentrische Weltbild in seinen Grundfesten erschütterte. In der Folge forcierten der Protestant Kepler und natürlich Galilei diesen Konflikt, der von der Kirche aus mit rigorosen Mitteln geführt wurde. Dies gilt, und das ist zu betonen, sowohl für die katholische als auch protestantische Seite, verwarfen doch nicht nur die Mitglieder der Heiligen Inquisition die Werke dieser großen Entdecker, sondern bspw. auch Martin Luther oder Melanchton. Vor dem Hintergrund eines falsch verstandenen Schöpfungsverständnisses, mit dem man versuchte, das Weltbild der Genesis auch naturwissenschaftlich zu verteidigen, entstand ein bis weit in das 20. Jahrhundert hineinreichender Konflikt zwischen Theologie und Naturwissenschaft, der erst durch die Erklärungen des kirchlichen Lehramtes aus den Jahren 1992 und 2008 an Sprengkraft verloren hat.[1]

der Konflikt zwischen Kirche und Naturwissenschaft

Dass die zuvor vollzogene Deutung der Genesis keineswegs biblisch oder kirchengeschichtlich vorgegeben war, zeigt unter anderem schon der eben genannte Kirchenvater Augustinus. Dieser erklärt in seinem Kommentar zur Genesis die Notwendigkeit eines Siebentagewerkes Gottes wie folgt: „Daher schuf er auch jene sechs oder sieben Tage, oder vielmehr den einen, sechs- oder siebenmal wiederholten Tag zugleich, schuf ihn als der, der alles zugleich erschaffen hat. Was war es dann aber nötig, so genau und deutlich von sechs Tagen zu er-

[1] Vgl. zu diesen Zusammenhängen vor allem H. Küng, Naturwissenschaft und Religion, 8. Auflage, München 2006, 19ff.

ein unnötiger Konflikt

zählen? Offenbar, weil es Menschen gibt, die Aussagen wie diese ‚Er schuf alles zugleich' [Sir 18,1: M.F.] nur dann erfassen können, wenn die Erzählung sich ihrem langsamen Begreifen anpasst."[1] Ähnliche Gedanken finden sich u.a. aber auch bei Thomas von Aquin, der die Botschaft in Gen 1,1–2,4a nicht einfach nur als gegebene Glaubenswahrheit versteht, sondern diesen Text in seiner Summa Theologiae als Impuls zum Nachdenken über Gottes Rolle als Wirk-, Erst- und Zielursache allen Seins versteht und damit einer wirklich ernst zu nehmenden Schöpfungstheologie den Weg ebnet.[2] Freilich ist bei beiden noch keineswegs eine ausreichende Grundlage für eine angemessene, historisch-kritische Interpretation der biblischen Schöpfungserzählungen auszumachen. Diese entwickelt sich schließlich erst auf dem Boden von Humanismus, Renaissance und Aufklärung. Die wesentlichen Resultate der historisch-kritischen Forschung zu Gen 1,1–2,4a seien nun vorgestellt. Sie dienen nicht nur als Sachanalyse für das vorliegende Unterrichtsvorhaben, sondern auch als kritisches Korrektiv zu den gerade skizzierten rezeptionsgeschichtlichen Entwicklungen und Problemen.

→ Baustein 2

Der Text Gen 1,1–2,4a wird trotz der modernen Pentateuchkritik von der Mehrheit der Exegeten weiterhin der sog. Priesterschrift zugeordnet.[3] Aufgrund der literarktischen Analyse des Komplexes Gen 1,1–3,24 lässt er sich deutlich von der vermutlich älteren Erzählung Gen 2,4b–3,24, die Erich Zenger bspw. zu den eigenständigen, vorexilischen Erzählungen rechnet, abgrenzen.[4] Der vermutlich von jüdischen Priestern verfasste und ca. 500 n. Chr. endgültig redigierte Text beschäftigt sich in knapper, formelhafter Weise mit der Entstehung des Kosmos und der Erschaffung des Menschen (hebr.: adam, siehe Gen 1,26f.) als dem Ebenbild Gottes, d.h. mit der Funktion, die der Mensch in der geschaffenen Welt einnehmen soll. Gerahmt wird der erste Schöpfungsmythos von der bereits vorgestellten Überschrift (Gen 1,1) und einer Art Schlussformel, die sich deutlich von den eigentlichen Schöpfungswerken absetzen lassen: „Das ist die Entstehungsgeschichte von Himmel und Erde, als sie erschaffen wurden." (Gen 2,4a). In Gen 2,4b wird diese Schlussformel wieder aufgegriffen, um die beiden Einzeltraditionen auf der Endtextebene sinnvoll miteinander zu verknüpfen. Durch die klare und harmonische Struktur der Erzählung zielt der Autor darauf ab, „[...] die Welt als ein wohlgeordnetes Gefüge [zu] zeigen, das von Gott ins Dasein gerufen wurde. Er hat in seiner gedrängten Kürze und Genauigkeit der Ausdrucksweise keine Parallele in der Literatur seiner Zeit."[5] Orientierungspunkt für die harmonische und geordnete Darstellung des göttlichen Schaffens – Gott wird hier im Hebräischen mit dem Gottesnamen Elohim versehen, der als Plural eine Mehrzahl von Göttern bezeichnen kann oder aber eben auf das Göttliche an sich verweist – ist die jüdische Wocheneinteilung. Die sechs Tage, an denen Gott schafft und der siebte Tag, der nicht nur von einem bloßen Ruhen Gottes, sondern von der Vollendung der Schöpfung erzählt, bilden somit die Gliederung des Mittelteils des Mythos. Auf sprachlich-formaler Ebene werden die sechs Tage durch die wiederkehrende Formel: „Es wurde Abend und es wurde Morgen. X. Tag" voneinander abgegrenzt. Zudem werden die einzelnen Werke mit der Formel „Und Gott sprach" eingeleitet, wir begegnen hier also einer klassischen Worttheologie. Die Bestätigung der Wirksamkeit der Worte zeigt sich in der Wendung „Und es geschah so": „Die priesterliche Darstellung sieht in Gen 1,6–25 demnach das Schöpfungsgeschehen als einen sich mehrfach wiederholenden Vorgang, in dem von Gott anordnend jeweils ein Geschehen im Voraus fixiert wird und sodann folgerichtig ausgeführt seine Verwirklichung erfährt."[6] Gottes voraussetzungsloses Schaffen, das

Stellung und Struktur des priesterlichen Mythos

1 Augustinus, De Genesi ad litteram, Buch V, Kapitel 23
2 Vgl. R. te Velde, Schöpfung und Partizipation, in: A. Speer (Hrsg): Thomas von Aquin. Die Summa theologiae. Werkinterpretationen, Berlin 2005, 100–124; 102
3 Zum Problem E. Zenger, Einleitung, 86ff.
4 Siehe dazu das sog. Münsteraner Pentateuchmodell bei E. Zenger, Einleitung, 119ff.
5 H. Krauss / M. Küchler, Erzählungen der Bibel. Das Buch Genesis in literarischer Perspektive. Die biblische Urgeschichte (Gen 1–11), Fribourg 2003, 13
6 O.H. Steck, Der Schöpfungsbericht der Priesterschrift. Studien zur literarkritischen und überlieferungsgeschichtlichen Problematik von Genesis 1,1–2,4a, Göttingen 1975, 35

der hebräische Text mit dem Wort bara kennzeichnet und das noch nicht auf eine creatio ex nihilo verweist, wie sie die spätere christliche Tradition theologisch zu etablieren versucht,[1] besitzt also eine besondere Qualität. Im ganzen Vorgang schwingen „eine besondere Feierlichkeit und Betonung der göttlichen Schöpfermacht mit"[2], wenngleich es in der Erzählung natürlich nicht ausschließlich um die Souveränität des handelnden Subjektes, sondern auch um die besondere Stellung des Handlungsobjektes, also um Natur und Mensch gehen wird, ähnlich wie also später auch in der Erzählung von Adam und Eva.

die Überwindung des Chaos

Vor der Entfaltung des eigentlichen Schöpfungswirkens jedoch folgt zunächst die Beschreibung des Urzustandes, mit dem Gott sich handelnd auseinandersetzen wird. Am Anfang allen Werdens stehen Gott und das Chaos, das in unseren Sprachschatz übergegangene Tohuwabohu (Gen 1,2: wüst und leer). In Verbindung mit der Nennung der Urflut, der tehom, die alles bedeckt, wird die mythische Dimension der Erzählung deutlich. Es bedarf zwar im Gegensatz zu anderen altorientalischen Schöpfungsmythen keines Götter- oder Chaoskampfes, um dieses vorgegebene „Etwas" zu formen, wohl aber bereitet das Schweben des Geistes Gottes, der ruach elohim, die ordnende Schöpfungstat des einen Gottes, erzählstrategisch vor. Durch dieses Anfangsszenario steigert sich somit die Darstellung seiner Macht noch einmal. Wichtig ist zuletzt noch der Hinweis, dass mit der Wendung „Im Anfang" (hebr.: bereschit) kein raumzeitlicher Anfang gemeint ist. Dies ist sowohl gegen eine kreationistische Deutung als auch gegen den Versuch mancher Christen, Urknalltheorie und Schöpfungsglaube zu harmonisieren, besonders zu betonen. Beides widerspricht der ursprünglichen Intention des Textes. Für den heutigen Leser bedeutet dies mit Blick auf einen Transfer dieser Botschaft in die Gegenwart, die zeitlose mythische Botschaft eines immerwährenden, grundlegenden Schaffens Gottes bzw. Geschaffenseins durch ihn zu verinnerlichen, anstatt nach Lücken in den Erkenntnissen der Naturwissenschaften zu suchen und dort Gott unterzubringen. Dieser Lückenbüßergott, vor dem schon Dietrich Bonhoeffer gewarnt hat, ist nämlich eine schlechte Kopie, ein Schatten des majestätisch anmutenden und souveränen Gottes der jüdisch-christlichen, aber auch der islamischen Tradition. Wir haben es also mit einem Geschehen von grundlegender Bedeutung zu tun, einem prinzipiell gültigen Anfang, was u. a. in den lateinischen Bibelübersetzungen (In principio) gut erkennbar ist. Der klaren Gliederung des Textes folgend ist nun auf die einzelnen Schöpfungswerke einzugehen. Diese Gliederung zu durchschauen und damit den Gattungsmerkmalen und dem Wesen des Textes näher zu kommen, wird auch eine der zentralen Aufgaben für die Schüler darstellen, bekommen sie so doch ein Gespür für die Sprache und die Tiefenstrukturen biblischer Texte.[3]

→ Baustein 2

die Genese des Lichts

Der programmatischen Überschrift und der Darstellung des Urzustandes folgt die Erläuterung des ersten Schöpfungstages (Gen 1,3–5). Gottes Wort beginnt Wirklichkeit zu schaffen, und zwar ausgerechnet die Wirklichkeit, die für das Leben im Kosmos so wichtig ist, das Licht. Dass dieses Licht als gut bezeichnet wird und als eine Art Impuls für die ganze Schöpfung dient, ist jedoch auch hier nicht als Beleg für eine (un-)bewusste Kenntnis des Verfassers von kosmologischen Zusammenhängen zu interpretieren. Da Mond und Sonne, nach denen man die Zeit einteilt, noch nicht existieren, bleibt dieser erste Schöpfungstag zum einen noch hinsichtlich seiner Länge unbestimmt und zum anderen dient das Symbol des Lichtes vor allem zur Bekräftigung des lebensspendenden Handelns Gottes. Dass es dabei auch noch „vor Sonne und Mond geschaffen wurde, hat seine Bedeutung. [...] [Es] dient [...] der Entmythologisierung und Entgötterung der Gestirne Sonne und Mond, die in den Religionen der Umwelt eine so große Bedeutung hatten."[4] Die im babylonischen Exil voll-

1 Vgl. W. Klaiber, Schöpfung, 19
2 H. Krauss / M. Küchler, Erzählungen, 14
3 Vgl. H. Mendl, Religionsdidaktik, 80
4 W. Klaiber, Schöpfung, 21

zogene Auseinandersetzung mit diesen Konkurrenzmythen, von denen man natürlich auch einige Elemente übernimmt, dient also der Bekräftigung des Monotheismus und ist somit zugleich als Absage an astrologische Kulte zu verstehen. Mensch und Welt haben nur einen Urgrund und Schöpfer, JHWH, den Gott Israels und der Völker. Die Finsternis, von der das Licht noch geschieden wird, ist demnach auch keine böse Gegenwelt, in der wie auch immer geartete göttliche Gegenspieler ihr Unwesen treiben. Nicht als Antithese werden Licht und Finsternis hier verstanden, sondern wie in V1 als Merismus. Nur ihr von Gott gewolltes und als gut definiertes Zusammenspiel ermöglicht den uns bekannten und wichtigen Rhythmus von Tag und Nacht.

→ Baustein 2

das altorientalische Weltbild

Der zweite Schöpfungstag (Gen 1,6–8) schildert die Trennung der Urflut durch das Gewölbe bzw. Firmament. Verständlich wird diese zunächst merkwürdig anmutende Vorstellung vor dem Hintergrund des Wissens um das altorientalische Weltbild, das sich fundamental von dem der heutigen Welt unterscheidet.[1] Die alten Judäer stellten sich vor, dass die Erde eine runde Scheibe ist, auf Säulen steht und am Himmel von einem Gewölbe umgeben ist, an dem Sonne, Mond und Sterne angebracht sind. Diese innere Welt sei von einer äußeren Welt, der Welt des Feuerhimmels und der Welt der Wasser umgeben. Die Urflut, das Wasser also, das zunächst den ganzen Lebensraum bedeckt hatte, wurde durch Gottes scheidenden Akt an andere Orte verlagert, wenngleich Seen und Meere, aber auch der Regen verdeutlichten, dass dieses Wasser nicht gänzlich verschwunden ist. In der Geschichte von der Sintflut (vgl. Gen 7,11) wird diese grundsätzliche Möglichkeit des Eindringens des Wassers in den Lebensraum erkennbar, hier allerdings als Strafgericht Gottes über den Menschen, sein Lebensraum wird durch das Urwasser überflutet. In seiner abgeschwächten Variante erklärte man sich so das Phänomen des Regens: „Die Herkunft des Regens, der ja von oben kam, konnte man sich nur als zeitweiliges Öffnen der Schleusen am Himmelsgewölbe vorstellen."[2] Auch hier wird erneut ein deutlicher Unterschied zum babylonischen Schöpfungsmythos, dem enuma elisch, ersichtlich, der aufgrund der Exilserfahrungen als Gegenmodell bekannt ist und als minderwertig entlarvt werden soll. Himmel und Wasser verdanken sich nicht dem Kampf Marduks, der Stadtgottheit der Babylonier, mit dem Meeresungeheuer Tiamat, sondern sind dem Menschen dienende Lebensbereiche einer guten Schöpfung.[3]

die Erschaffung des Meeres, des Landes und der Vegetation

Endgültig vollzogen wird die Trennung von Wasser, Himmel und Erde in Gen 1,9–13. Es entstehen Meer, Land und Vegetation. Die Erde ist nun bewohnbar geworden, Wasser bildet ein lebensspendendes Element, die Trennung aller zunächst chaotischen Elemente hat einen sinnvollen Abschluss gefunden. Auch hier verdeutlichen der Befehl Gottes und die Konstatierung des Erfolgs die Souveränität Gottes bei der Schöpfung, eine Kampfhandlung bleibt gegenüber älteren Kosmo- und Theogonien aus. Auch ein möglicher Nachhall der Vorstellung einer lebenspendenden Mutter Erde als eigenständiger Gottheit wird in Gen 1,11 entkräftet. Mit der Weisung Gottes, auf sein Wort hin Pflanzen, Bäume und Früchte hervorzubringen, wird erkennbar, wer der eigentliche Schöpfer der Vegetation ist, nämlich JHWH. Wenn zudem die Rede davon ist, dass dieses Geschaffene nun dauerhaft neues Leben hervorbringt, und zwar nach seiner je eigenen Art, dass Pflanzen als erdnahe Geschöpfe eine wichtige Grundlage für das Überleben des Menschen bilden, dann zeigt sich in diesen Versen eine für die Zeit verblüffende „naturkundliche Genauigkeit"[4]. Jedoch wird auch hier kein Versuch unternommen, die Welt naturwissenschaftlich zu erklären. Sonne und Mond, die bereits vorher existiert haben, sind in der Aufzählung des Schöpfungswerkes noch nicht bekannt, wohl auch, weil Licht und Pflanzen für das Überleben des antiken Menschen wichtiger sind.

1 Siehe dazu auch die Abbildung auf Arbeitsblatt 6.
2 H. Krauss / M. Küchler, Erzählungen, 21
3 Vgl. H. Krauss / M. Küchler, Erzählungen, 20
4 W. Klaiber, Schöpfung, 25

die Enstehung der Himmelskörper

Der vierte Schöpfungstag (Gen 1,14–19) tilgt dieses „Defizit", an ihm entstehen Sonne, Mond und Sterne, allen voran, um den Tag-Nacht-Rhythmus und eine kalendarische Erfassung des Jahres zu ermöglichen. Zugleich bietet das Licht am Nachthimmel eine Orientierung bei Reisen. Die bereits konstatierte Begrenzung der Macht der Sterne, wie sie in anderen Religionen der Zeit zu beobachten ist, wird hier erneut erkennbar. Die Sterne sind keine Gottheiten, sondern als Lichter am Himmel „nur ein Abglanz jenes Lichtes [...], das Gott zu Beginn der Schöpfung der Finsternis entgegensetzt hatte."[1] Dass Astronomie und Astrologie sich hier durch Gottes erneutes scheidendes Wirken trennen, wird mit der bekannten Schlussformel an jedem Schöpfungstag (Gen 1,18f.) erneut als gut charakterisiert.

der Beginn tierischen Lebens

Durch die Erschaffung der Tiere in Wasser und Luft und deren Segnung (Gen 1,20–23) gewinnt Gottes Schöpfung an Qualität. Das Meer, eine in anderen Kulturen eigenständige, sich gegen die Götter erhebende „feindliche Macht"[2], in der Ungeheuer ihr Unwesen treiben, aber auch die Luft, werden zu Gott gewollten Orten eines vielfältigen Lebens. Der Auftrag, fruchtbar zu sein und sich zu vermehren – das bedeutet der Segen Gottes nämlich im Wesentlichen – ist ein Beleg für das lebensbejahende Wirken Gottes, es ist ein Zuspruch von Leben in all seiner Fülle.[3] Die Welt der Tiere ist ein großer Park, Gott liebt diese Tiere (vgl. Ps 104, 26),[4] von einem Leben in einem durch Menschen kontrollierten Zoo ist hier keinesfalls die Rede, genauso wenig wie von einem Kampf der Arten ums Überleben (Darwin).

Der sechste und zugleich ausführlichste Schöpfungstag (Gen 1,24–31) fasst die Schöpfung der Landtiere und des Menschen als siebtes und achtes Schöpfungswerk zusammen, interessanterweise in der bislang eingehaltenen Reihenfolge, dass sich zunächst im Wasser und auf dem Land Lebewesen entwickelt haben, bevor der Mensch die Bühne der Welt betritt. Und auch eine vermeintliche Sonderstellung des Menschen ist hier keineswegs intendiert, erzählt dieser Abschnitt doch „mehr von dem geschöpflichen Zusammenhang zwischen der Existenz der Tiere und dem Menschen, als es manchem Apologeten der biblischen Schöpfungslehre lieb sein mag."[5] Für Vegetarier ist diese Passage ein „gefundenes Fressen", fehlt doch an dieser Stelle jedweder Verweis auf ein dem Menschen erlaubtes oder befohlenes Töten und Verzehren der Tiere. Die für diesen Band so wichtige Fokussierung auf die Klärung der Herkunft und Funktion des Menschen im Rahmen einer Vernetzung von biblischer Anthropologie und Ethik wird vor dem Hintergrund dieses Abschnitts offenkundig.

Der Mensch als Ebenbild Gottes

Der Mensch hat als Ebenbild Gottes, also als dessen Stellvertreter Anteil am Göttlichen, er ist von Gott gewollt und geliebt. Im Gegensatz zu atheistischen und nihilistischen Weltbildern erfährt er hier einen Zuspruch, eine sinnstiftende Lebensorientierung, er ist ein Geschenk, nicht bloßer Zufall, der aus dem Nichts kommt und ins Nichts zurückkehrt. Allerdings wird er auch in die Pflicht zum Handeln genommen, die Liebe Gottes ist also kein Geschenk ohne Folgen. Als Ebenbild Gottes – diese funktional zu verstehende Vorstellung entstammt wie bereits erwähnt dem altorientalischen Königsideal[6] – geht es natürlich darum, sein Leben zu leben, es zu genießen. Aber zugleich soll der Mensch natürlich aus freien Stücken Gott und seine Mitgeschöpfe zurücklieben, der triadische Liebeszusammenhang, der für heutige soziale Trinitätstheologien von Bedeutung ist, klingt hier also m.E. bereits an. Gottes Majestät, der auch im von vielen Schülern immer wieder wahrgenommenen pluralis majestatis „Lasst uns Menschen machen" (Gen 1,26) zum Vorschein kommt, wird dabei

[1] H. Krauss / M. Küchler, Erzählungen, 25
[2] J. Schreiner, Theologie des Alten Testaments. Ergänzungsband 1 zum Alten Testament (NEB), Würzburg 1995, 144
[3] Vgl. M. Frettlöh, Theologie des Segens. Biblische und dogmatische Wahrnehmungen, Gütersloh ^{4}2002, 354–357; den Hinweis verdanke ich W. Klaiber, Schöpfung, 27
[4] Vgl. W. Klaiber, Schöpfung, 27
[5] W. Klaiber, Schöpfung, 27
[6] Vgl. C. Link, Gottesebenbildlichkeit, 393f.

natürlich gewahrt, er ist der Ursprung und der Grund allen Liebens. Die Zusage von Liebe und aber eben auch Freiheit als Grundvoraussetzung echter, d. h. nicht erzwungener Liebe und Gegenliebe muss hier also in der Summe ähnlich wie bei der Verkündigung Jesu (vgl. dazu u. a. Mt 5–7; Lk 10,25–37; Joh 7,53–8,11) als nicht von der Ethik zu trennende „Handlungsermöglichung" verstanden werden: „Der Imperativ, die Aufforderung zum Tun, entspringt dem grundlegenden Heilsindikativ, der Zusage des Heils."[1]

Die Vollendung der Schöpfung (Gen 2,1–3) am siebten Tag hebt sich von der restlichen Schöpfung formal, aber auch inhaltlich ab. Der Merismus „Himmel und Erde" aus Gen 1,1 wird wieder aufgegriffen, die üblichen Formeln, die Gottes Wortschöpfung, sein Scheiden und Bewerten des Tageswerkes sowie den Abschluss des Tages verdeutlichen, fehlen. Dies macht wohl auch deswegen für den Verfasser Sinn, weil in Kenntnis des Sabbats und des Genießens dieses Tages der Ruhe, aber auch der Huldigung Gottes und seiner Schöpfung, eine gewisse Offenheit der Zeit gewahrt bleibt „und ein Stück Ewigkeit in die Zeit hineinbricht."[2] Ein erneutes Gegenprogramm wird erkennbar, hier vor allem zu den kapitalistischen und den Menschen krank machenden Dynamiken der Gegenwart. Gott geht in dieser Schöpfung nicht einfach auf, er möchte, dass sie von seinen Geschöpfen genossen wird, ihnen Raum gegeben wird für ein erfülltes Leben. Dass Gott bei aller Ruhe aber auf eine Vollendung der Welt abzielt, die – eschatologisch betrachtet – natürlich noch nicht als letztgültige Vollendung zu betrachten ist, verstärkt den Gedanken einer Bestimmung dieses Textes als „utopische Erinnerung": „Sie ist die Vision einer Welt, wie sie vom Schöpfergott intendiert war und nach gesamtbiblischen Zeugnis, *Alpha* und *Omega* umgreifend, am Ende der Zeit Wirklichkeit wird (Apk 21,1–4)."[3]

→ Baustein 2

die Schöpfung als Alpha und Omega der Zeit

Offenheit für eine creatio continua

In dieser Perspektive bleibt eine gewisse Offenheit für das weitergehende Handeln Gottes in der Welt, für eine creatio continua, demnach gewahrt, und das in Übereinstimmung mit dem biblischen Zeugnis, das ja von einem Ruhen Gottes von seiner Schöpfung, nicht aber von einem endgültigen Abschluss erzählt (vgl. Gen 2,3). Zudem bleiben in Gen 1,1–2,4a Gottes Transzendenz und die Würde des Menschen in besonderer Weise gewahrt, nicht Sklave oder unterlegener Diener soll der Mensch sein, sondern gleichberechtigter Stellvertreter Gottes auf Erden. Das gilt für alle Menschen, für jeden Adam und für jede Eva, nicht nur für den König des Volkes, was demnach natürlich uns alle in die Pflicht nimmt. Dieses Gesamtwerk feiert Gott am siebten Tag, in Gen 2,4a wird dies der Ordnung des Mythos entsprechend in einer Art Zusammenfassung sinnvoll abgerundet, bevor mit Gen 2,4b der Mythos von Adam und Eva beginnt. Er kann als ergänzende Vertiefung zu Gen 1,1–2,4a verstanden werden. Von hier aus erklärt sich auch die Wahl des Buchtitels, da der Verfasser Adam und Eva eben bereits in Gen 1,26ff. erblickt und diese dort auch schon als Ebenbilder Gottes charakterisiert werden.

2.2 Der vorpriesterliche Schöpfungsmythos (Gen 2,4b–3,24)

hermeneutische Problemanzeige

Der nicht weniger bekannte und trotz seines höheren Alters dem priesterlichen Schöpfungsmythos nachgeordnete Mythos in Gen 2,4b–3,24 wird von Schülern und konservativen Studierenden (zunächst) meistens ebenso wenig verstanden wie sein Pendant zuvor. Dass wir es hier genauso wenig mit einem in Konkurrenz zu naturwissenschaftlichen Befunden stehenden Tatsachenbericht eines realen Geschehens mit echten Personen, Adam und Eva,

[1] Beide Zitate entnommen bei H. Mendl, Religionsdidaktik, 115
[2] W. Klaiber, Schöpfung, 32
[3] B. Janowski, Die Welt des Anfangs. Gen 1,1–2,4a als Magna Carta des biblischen Schöpfungsglaubens, in: Ders. / F. Schweitzer / C. Schwöbel (Hrsg.), Schöpfungsglaube vor den Herausforderungen des Kreationismus, Neukirchen-Vluyn 2010, 27–53; 49

zu tun haben, ist daher eine für die Didaktik wichtige Erkenntnis. Auch hier greift also wie bei fast allen biblischen Texten, die im RU behandelt werden, die von Halbfas geforderte Notwendigkeit, über die Förderung einer religiösen Sprachlehre die Distanz zwischen Schülern und biblischem Zeugnis zu verkürzen bzw. zu überwinden.[1] Zu Recht weist Halbfas deshalb darauf hin, auch hier den Mythos nicht zu verdrängen, „sondern ihn als *Mythos* in seiner spezifischen Gültigkeit zur Sprache zu bringen."[2] Damit dies in der Praxis auch gelingen kann, sollen nun Erzählelemente und Intention dieses zweiten Mythos der Bibel vor dem Hintergrund des exegetischen Befundes dargestellt werden. Die Orientierung an dem Ziel, Schüler auch über eine Strukturanalyse zu einem Gespür für biblische Texte und deren Botschaft heranzuführen, lässt es dabei sinnvoll erscheinen, diese Darstellung ebenfalls wie bei Gen 1,1–2,4a anhand der Gliederung vorzunehmen, die auch von den Schülern im Unterrichtsgeschehen erarbeitet werden soll.[3] Es folgen zunächst die historisch-kritischen Erkenntnisse, zentrale tiefenpsychologische Gedanken zu diesem Text werden im Anschluss daran mit diesen ersten Resultaten verknüpft.

Die Erschaffung des Menschen (Gen 2,4b–7): Es ist unverkennbar, dass in Gen 2,5–7 die Überleitung aus Gen 2,4b noch einmal aufgegriffen wird: „Zur Zeit, als Gott, der Herr, Erde und Himmel machte [...] Da formte Gott, der Herr, den Menschen aus Erde vom Ackerboden und blies in seine Nase den Lebensatem." Hier erfolgt nun eine Fokussierung auf die Erschaffung des Menschen, die in Gen 1,1–2,4a zwar ein wichtiges Element der Erzählung bildete, jedoch nicht in besonderer Art und Weise entfaltet wurde. Man könnte daher sagen, dass hier nun mithilfe einer Lupe auf diesen besonderen Schöpfungsakt geblickt wird. Bei dieser in der früheren Forschung dem sog. „Jahwisten" zugeordneten Erzählung – was mittlerweile von der Mehrheit der Alttestamentler nicht mehr geteilt wird, so dass man besser sachlich-nüchtern vom „vorpriesterlichen Schöpfungsmythos aus exilischer Zeit"[4] sprechen sollte – handelt es sich nicht um eine Erläuterung eines Vorgangs, „[...] *wie* Gott Mann und Frau geschaffen hat, sondern *was* Mann und Frau sind [...]."[5] Das Grundthema „Mensch" (hebr.: adam) klingt in der ackerbäuerlichen Ausrichtung des zweiten Mythos bereits an. Der Mensch ist ein „Erdling", ein Adam, er ist vom Ackerboden, der adama, genommen. Dieses Wortspiel allein macht bereits deutlich, dass man von einer wortwörtlichen Betrachtung des Textes Abstand nehmen muss, die in Adam den auch geschichtlich ersten Menschen sehen will. Es geht vielmehr um jeden einzelnen Menschen, was die zeitlose Bedeutung des Mythos bekräftigt. Der Boden, von dem er genommen ist, zu dem er im Verlauf der Erzählung in konkrete Beziehung treten wird und zu dem er als sterbliches Geschöpf letztlich wieder zurückkehren wird, wird dadurch näher beschrieben, dass Feuchtigkeit aus ihm aufsteigt. Erneut wird also das altorientalische Weltbild als Hintergrund des Erzählten erkennbar, da der Boden durch die Verbindung zu den Wassern unter den Säulen der Erde feucht wird. Das Hineinblasen des Lebensatems in den Menschen hat noch nichts mit einer

eine Wesensbestimmung des Menschen

---

[1] Vgl. dazu die fundamental bedeutsamen Ausführungen in H. Halbfas, Religionsunterricht, 131 ff. Halbfas skizziert in diesem Buch den desolaten Zustand der Religionspädagogik und -didaktik, der vor dem Hintergrund des sich wandelnden Bildes von Welt und Gesellschaft auf Dauer zu einem rigorosen Bedeutungsverlust christlicher Traditionen in der Gegenwart und Zukunft führen wird. Um überhaupt noch für Schüler einen Zugang zu diesen weiterhin wichtigen, heilsvermittelnden christlichen Traditionen zu schaffen, entwickelt er in seinem Buch wertvolle Vorschläge zur Verbesserung der Problemlage, wobei die Ausbildung einer religiösen Sprachlehre bei ihm an erster Stelle steht.

[2] H. Halbfas, Religionsunterricht, 52

[3] Vgl. dazu W. Klaiber, Schöpfung, 206 in Anlehnung an J. Barthel.

[4] So auch W. Klaiber, Schöpfung, 47f. Grundlage für die ältere These einer durchgehenden jahwistischen Quelle im Pentateuch waren u. a. die erstmalige Verwendung des Gottesnamens JHWH im Unterschied zur Verwendung des Namens elohim (Plural) in Gen 1,1–2,4a sowie diverse Stichwort- und Motivverbindungen. Allerdings lässt sich laut E. Zenger eine durchgängige Quelle dieser Art literarkritisch nicht nachweisen. Auch die zeitliche Bestimmung des Textes an sich bereitet Probleme, siehe dazu E. Zenger, Einleitung, 162ff. Denkbar ist es, dass der Text ältere Traditionen aus dem 9.–8. Jh. v. Chr. verarbeitet und in der Exilszeit seine Endgestalt bekommen hat.

[5] H. Küng, Naturwissenschaft, 48

dualistischen Leib-Seele-Vorstellung des Menschen zu tun, wie ihn vor allem die antike griechische Philosophie unter Platon kennt. Die Aussage zielt vor dem Hintergrund altertümlicher Körpervorstellungen „nur auf die Belebung der aus dem Rohstoff geformten Gestalt ab, eine in den Mythen vieler Völker häufige Vorstellung."[1]

der Mensch als Ebenbild Gottes im Garten Eden

Der Mensch in seinem Lebensraum (Gen 2,8–15): Der Mensch erhält einen Lebensraum, den Garten Eden, einem vielleicht ehemals tatsächlich so bezeichneten geographisch bestimmbaren Ort (östlich von Palästina, eventuell in Mesopotamien). Diese Herkunftsbestimmung kann bereits aufzeigen, dass Eden noch nichts mit einer Vorstellung von einem eschatologisch bedeutsamen Paradies zu tun hat. Vielmehr klingt im Wort Eden das deutsche Wort „Wonne" an,[2] es handelt sich also um ein Wonne-Land, einen lebensbejahenden Ort, der durch die Einrichtung der Natur in der Summe dem Menschen „Lust zum Leben"[3] machen soll. Das bedeutet freilich nicht, dass der Mensch sich in Eden nur auf die „faule Haut" legen soll und „ein Leben in Saus und Braus" führen darf. Der Mensch ist auch hier dazu aufgerufen, zusammen mit seiner wesensgleich geschaffenen Partnerin für den Lebensraum zu sorgen bzw. ihn zu bestellen. Die Sorge für die Schöpfung, zu der nun auch einmal die Arbeit gehört, belegt zusammen mit den anderen Textbeobachtungen erneut, wie stark in der Urgeschichte Anthropologie und Ethik zusammenfallen. Dass der Lebensraum komplett von Gott geschaffen und von ihm abhängig ist, belegt zu guter Letzt die Verwendung der symbolisch zu verstehenden Zahl „vier" bei der Nennung der Flüsse, die als lebensspendendes Wasser die ganze (!) Erde durchfließen. Während Euphrat und Tigris geographisch bestimmbar sind, versteckt sich hinter Pischon und Gihon wohl eine symbolische Bedeutung.[4] Wichtig ist zuletzt die in vielen Mythen zu beobachtende Nennung des Lebensbaumes und die nur der Bibel bekannte Verwendung des Motivs des Baumes der Erkenntnis von Gut und Böse. Die Bedeutung des an erster Stelle genannten Baumes erschließt sich erst am Ende des Mythos, die des anderen mithilfe des Wissens um die Begriffe „Erkenntnis" sowie „Gut und Böse". Zusammen genommen heißt dies nämlich, dass man die Fähigkeit besitzt aus einem ganzheitlichen Empfinden heraus „[...] zu unterscheiden und dementsprechend zu handeln. [...] **Gut und Böse** [...] umfaßt [hierbei: M.F.] den ganzen Bereich dessen, was für den Menschen bedeutsam ist, also eigentlich alles."[5] Erneut wird also die ethische Dimension des Textes deutlich.

Das Verbot als Grenze (Gen 2,16f): Wie bereits im priesterlichen Schöpfungsmythos wird auch in Gen 2 dem Menschen Nahrung zur Verfügung gestellt, allerdings findet sich hier eine interessante Grenzziehung, wenn in Gen 2,16f. deutlich gemacht wird, dass Gott den Menschen erlaubt, von allen Bäumen Edens zu essen, nur nicht vom Baum der Erkenntnis von Gut und Böse. Die angedrohte Strafe Gottes klingt hart, der Mensch soll bei Übertretung des Verbotes sterben. Diese Passage der Erzählung gibt den Exegeten bis heute Rätsel auf,[6] denn die Fähigkeit, zwischen Gutem und Bösem, zwischen Schädlichem und Nützlichem zu unterscheiden, beweist ja, dass in der Schöpfung Gottes eine Autonomie des Menschen angelegt ist, die zunächst einmal positiv zu bewerten ist. Was ist das für ein Gott, der diese Fähigkeit anbietet und sie zugleich verbietet? Um diese Frage zu beantworten, sollte man sich bewusst machen, dass die mythische Erzählung einen starken ätiologischen Charakter besitzt, d. h. sie geht von Erkenntnissen über das menschliche Leben aus, die sie im Lichte des Gottesglaubens erklären, auf ihre Ursachen zurückführen möchte (Ätiologie = Ursachenlehre). Aus der Sicht des biblischen Verfassers ist der Mensch ein Wesen, das in der

1 H. Krauss / M. Küchler, Erzählungen, 67
2 Dazu H. Krauss / M. Küchler, Erzählungen, 67
3 W. Klaiber, Schöpfung, 51
4 Zu denkbaren Alternativen siehe H. Krauss / M. Küchler, Erzählungen, 69
5 H. Krauss / M. Küchler, Erzählungen, 68
6 Vgl. W. Klaiber, Schöpfung, 53

die Funktion des Baumes der Erkenntnis von Gut und Böse

Lage dazu ist, nicht nur moralisch zu denken und zu handeln, also bewusst über Gut und Böse nachzudenken, er ist auch ein Wesen, das sich leider nicht immer für Gott und dessen Gebote entscheidet. Das zeigt sich im späteren Verlauf der Erzählung in einer Art Retrospektive. Menschen, die so handeln, sind aber trotzdem genauso sterblich wie Menschen, die sich für das moralisch Gute entscheiden, hierfür muss es einen Grund geben, der auch in den modernen systematisch-theologischen Debatten über das Verhältnis von Gottes Allmacht zur menschlichen Freiheit immer wieder begegnet.[1] Mit dem Symbol des Baumes bringt der Verfasser die Ambivalenz dieses anthropologisch und ethisch bedeutsamen Phänomens zum Ausdruck. Gott setzt dieses Verbot aus Sicht des Verfassers nicht, um den Menschen einzugrenzen, sondern weil er um die Möglichkeit der negativen Folgen der Freiheit weiß und diese begrenzen muss! Im Leben selbst kann Gott diese Freiheit, die ein Geschenk ist, nicht begrenzen, wohl aber kann der Tod, der Gott zum Souverän über seine Schöpfung macht, dem Menschen eine grundsätzliche Grenze aufzeigen, die ihm verdeutlicht, dass seine Freiheit nicht komplett grenzenlos sein darf.[2] Kurz: Dass der Mensch in dieser Erzählung von dem Baum auf jeden Fall essen wird, weil er es in seiner Geschichte immer wieder getan hat und ständig tun wird, ist eigentlich klar. Der Erzählung geht es darum, diesen Vorgang zu erklären sowie vor dem Hintergrund des Glaubens an eine absolute Autorität des Herrn, der seine Geschöpfe liebt und dabei dennoch Gott bleibt, kritisch in den Blick zu nehmen.

→ Baustein 3

der Mensch – ein soziales Wesen

Der Mensch in Gemeinschaft (Gen 2,18–25): Der Mensch ist nach Gen 2,18–25 ein soziales Wesen und das in mehrfacher Hinsicht. Auch hier tritt er erneut in Beziehung zu den Tieren, die genauso wie er dem Ackerboden entstammen. Jedoch wird diese „kreatürliche Zusammengehörigkeit von Tier und Mensch" dadurch begrenzt, dass der Mensch aufgrund seiner Fähigkeit zum bewussten Denken und Sprechen eine „Definitionsmacht"[3] über sie besitzt. Er gibt den Tieren Namen, klassifiziert sie und grenzt sich dadurch bei aller Beziehung von ihnen in gewisser Hinsicht ab. Dennoch wird auch hier betont: Die Tiere des Feldes und die Vögel des Himmels sind partnerschaftliche Bewohner ein und desselben Wonne-Landes, von einer Unterbringung der Tiere in Käfigen oder ähnlichem ist hier nicht die Rede. Um die geschlechtliche Differenzierung des Menschen in Männer und Frauen zu veranschaulichen, die nur in der Bezogenheit aufeinander existieren können, greift der Verfasser ein weiteres Mal auf ein Wortspiel zurück: Die Gehilfin des Menschen, die den als negativ empfundenen Zustand korrigieren soll, dass der Mensch allein ist, entsteht infolge eines Tiefschlafes, in den Gott den Menschen versetzt. Aus seiner Rippe entnimmt er dem Menschen, dem Adam, die Frau, hebräisch ischa. Sie wird dem Mann, hebräisch isch, zugeführt. Durch diese Schöpfung und Benennung wird interessanterweise einem patriarchalischen Denken ein Riegel vorgeschoben, denn der Mensch-Mann entsteht erst dadurch, dass es eine Mensch-Frau gibt, zuvor gab es beides nicht, sondern nur den Menschen als solchen, der noch nicht näher differenziert in Erscheinung trat. Ob diesem Motiv ursprünglich der Mythos vom androgynen Urmenschen zugrunde liegt, ist für die Deutung des Textes m.E. eher von sekundärer Bedeutung. Wichtiger erscheint mir die Erkenntnis, dass die Menschen nicht nur sozial aufeinander angewiesen sind, sondern Frau und Mann auch gerade aufgrund ihrer gleichberechtigten Partnerschaft als Wesen gedacht werden, die eine intime und zärtliche Sexualität „auf Augenhöhe" leben sollen: „Und sie werden ein Fleisch." (Gen 2,24). Diese ganzheitliche Form der Beziehung beinhaltet aber noch nicht, dass beide eine Ehe eingehen sollen oder aber Kinder kriegen, wohl aber wird die besondere Stellung dieser Beziehung betont, wenn im selben Vers die Rede davon ist, dass der Mensch-Mann sich wegen der

[1] Vgl. dazu ausführlich K. von Stosch, Einführung, 46–129
[2] Ähnlich auch W. Klaiber, Schöpfung, 54
[3] Beide Zitate aus W. Klaiber, Schöpfung, 55

Mensch-Frau von seiner Ursprungsfamilie ab- oder loslöst.[1] Dieser Vorgang ist dabei vor dem Hintergrund moderner Entwicklungspsychologie bedeutsam, scheint doch bereits in diesem alten Text etwas von der menschlichen Grunderfahrung durch, dass das Erwachsenwerden über Partnerschaft sinnvoll gelingen kann. Zugleich wird in diesem Vorgang aber auch auf die grundsätzliche Wichtigkeit der Familie hingewiesen, der „für Israel unbestrittenen primären Gemeinschaft"[2]. Mit dieser Bekräftigung endet die Darstellung des Gartens Edens zunächst einmal, noch ist nichts von den Störungen dieser utopischen Verhältnisse zu spüren. Wir finden eine „sozial differenzierte, dynamische, von Menschen kultivierte"[3] Welt vor.

→ Baustein 3

der beginnende Abschied von Eden

Die Übertretung der Grenze (Gen 3,1–7): Mit Gen 3,1–7 geraten die Strukturen des Wonne-Landes ins Wanken. Ob in Gen 3 eine ursprünglich eigenständige Erzählung vorliegt,[4] lässt sich nicht mit letzter Sicherheit sagen. Wichtiger für den strukturellen Zusammenhang ist vielmehr die Erkenntnis, dass in Gen 2 eine Darstellung vorliegt, die schildert, wie der Mensch aus seiner Sicht leben und handeln soll, während Gen 3 darauf rekurriert, was aus dem Wonne-Land geworden ist, nachdem der Mensch begonnen hat, in ihm zu leben. Diese beiden wichtigen „Dimension[en] menschlichen Seins"[5] stehen sich hier also diametral gegenüber.

die Abkehr des Menschen als Prozess der Entfremdung

In der Sequenz selbst beginnt die prozesshafte Abkehr des Menschen von Gottes Geboten. Auch wenn diese Abkehr längst begonnen hat bzw. weit voran geschritten ist und somit erneut die Grundlage für die ätiologische Entfaltung des Ist-Zustandes menschlichen Seins bildet, ist die Prozesshaftigkeit des Vorgangs elementar wichtig. Denn auch bei dieser mythischen und nicht raumzeitlich zu verstehenden „Rückschau" wird in der entgegengesetzten Erzählabfolge Wert darauf gelegt, dass der Mensch nicht per se böse handelt, sondern im Laufe einer Entwicklung dahingelangt. Eine wichtige Rolle spielt hierbei die Figur der Schlange, einem im Alten Orient als besonders klug geltenden Tier. Von einer Gleichsetzung dieser mythisch zu verstehenden Figur, die sprechen kann und eine Sonderstellung in der Schöpfung besitzt, mit dem Teufel, ist in der Erzählung nichts zu spüren. Vielmehr dient die Schlange als Konkretisierung der dem Menschen zur Verfügung stehenden Möglichkeit, Gut und Böse zu erkennen bzw. sich für eine dieser Optionen frei und bewusst zu entscheiden. Die Möglichkeit, sich versuchen zu lassen und in ein Spannungsverhältnis zwischen Gut und Böse zu gelangen, bildet der Verfasser mit der Wahl der Schlange in perfekter Art und Weise ab, besitzt doch die Schlange eine gespaltene Zunge, was die Dualität ihres Sprechens erklärt, und taucht sie doch oft überraschend aus der Wüste oder den Sträuchern der Umwelt auf. Sie ist also oft da, ohne dass man vorher mit ihr gerechnet hat. Genauso geht es der Mensch-Frau und dem Mensch-Mann, als die Schlange plötzlich unvermittelt auftritt (Gen 3,1). Ihre Frage ist psychologisch betrachtet genial, denn indem sie das Gebot verallgemeinert und dadurch die Mensch-Frau zu einer ebenso überzogenen Reaktion anleitet (vgl. Gen 3,1–3), beginnt ein „hochinteressantes Frage- und Antwortspiel", aus der „[...] eine Übertabuisierung [resultiert, als; M.F.] Ausdruck einer Berührungsangst angesichts des Verbotenen und zugleich unbewusste Betonung seiner Attraktivität."[6] Natürlich hat Gott nicht verboten, von allen Bäumen Edens zu essen, er hat aber nicht geboten, nicht an den Bäumen zu rühren. Die Angst der Mensch-Frau vorm Sterben wird von der Schlange abgetan, wobei sie Gottes Fürsorge, die in dem Verbot anklingt, in Frage stellt: „Gott wolle verhindern, dass die Menschen wie Gott werden und die damit verbundene Erkenntnis erlan-

---

[1] O. Keel / S. Schroer, Schöpfung. Biblische Theologie im Kontext altorientalischer Religionen, Göttingen/Fribourg 2002, 153. Den Hinweis verdanke ich W. Klaiber, Schöpfung, 56.
[2] J. Schreiner, Theologie, 185
[3] T. Staubli, Begleiter, 147
[4] So C. Westermann, Genesis. I. Teilband. Genesis 1–11, Neukirchen-Vluyn [3]1983, 261
[5] W. Klaiber, Schöpfung, 58
[6] Beide Zitate entnommen bei W. Klaiber, Schöpfung, 59

gen. Indem sie vorgibt, die Absicht Gottes, die hinter dem Verbot steht, zu kennen, sucht sie das Vertrauen der Frau in die Uneigennützigkeit und Fürsorge Gottes zu untergraben."[1] Weil die Frau infolge dessen der Verlockung nicht widerstehen kann, zeugt dieser Erzählzug von der engen Verbindung zwischen Urvertrauen und Misstrauen des Menschen gegenüber dem Schöpfer,[2] die er aufgrund seiner Fähigkeit zum Nachdenken über sich und den Kosmos besitzt, und die in der Schlange bildhaft zum Ausdruck kommt. Man könnte auch sagen, dass die Schlange die innere Stimme des Menschen, ja vielleicht sogar etwas wie sein Gewissen ist. Und zunächst scheint die Schlange recht zu behalten, denn die Menschen sterben nicht sofort, nachdem sie die köstliche Frucht – von einem Apfel ist hier nicht die Rede – essen.

→ Baustein 3

Die grundsätzlich der Selbstwerdung des Menschen dienende Fähigkeit, zwischen Gut und Böse unterscheiden zu können, erweist sich aufgrund der Übertretung des von Gott gut gemeinten Gebotes als Gefahr. Zu sein wie Gott, d.h. zu erkennen, was im Letzten Gut und Böse ist, ist eine Möglichkeit, die zwar Menschen grundsätzlich gegeben ist, die er aber „nicht verkraften (kann). Sie werden nie sein wie Gott, sondern in der Auflehnung gegen Gott ihre Gottesbeziehung zerstören. Letztlich geht es um die Grundversuchung im Menschsein. Gott hat die Menschen in Beziehung zu sich gestellt und ihnen ein Gottesbewusstsein geschenkt. [...] Aber die Menschen können die heilsame Grenze, die Gott durch sein Gebot für ihr Leben gesetzt hat, nicht aushalten und müssen sie überschreiten. Gottes gute Absicht wird hinterfragt; er wird ins Unrecht gesetzt, um den Schritt über die Grenze zu rechtfertigen."[3] Diese Übertretung hat Folgen. Zwar sterben die Menschen nicht direkt, doch der Tod wird noch in ihr Dasein Einzug halten. Jedoch passiert zunächst etwas anderes Bedeutsames, die Menschen erkennen, dass sie nackt sind, was so viel bedeutet, dass sie ihre Scham und Schutzlosigkeit in ihrer ackerbäuerlich geprägten Lebenswelt erkennen. Das Hebräische bezeichnet diesen Vorgang mit dem doppeldeutigen Wort jada, das sowohl Einsicht als auch Beischlaf bedeuten kann. Ihre innere Scham wird offenbar, die Grenzen, die ihnen u.a. durch die sexuelle Differenziertheit gesetzt sind, werden deutlich.[4] Bedeutsam ist der abschließende Hinweis darauf, dass die Frau hier nicht als Verführerin des Mannes gesehen werden darf, was jedoch nicht so sehr mit der Beobachtung zu belegen ist, dass die Frau im engeren Sinn beim Aussprechen des Verbotes noch gar nicht geschaffen war. Vielmehr ist beiden, also dem aus Adam geschaffenen isch und der aus der Rippe geformten ischa bewusst, was Gott gesagt hat. Der Mensch-Mann als eigenständig denkendes Wesen hat dieselbe Verantwortung wie die Mensch-Frau, so dass es nur logisch ist, dass beide von Gott bestraft werden.

die Zerstörung der Gottesbeziehung

→ Baustein 3

Die Störung der Gemeinschaft (Gen 3,8–13): Gottes Präsenz im Garten Eden wird vorausgesetzt, wenn im Folgenden die Rede davon ist, dass er „gegen den Tagwind einherschreitet". Er hat seine Schöpfung nicht einfach verlassen, sondern sucht nach ihr, ein Zug, der zusammen mit Gen 1,1–2,4a die Beziehungsdimension göttlichen Handelns in der Bibel verdeutlicht. Der Grund, der ihn zur Suche veranlasst, ist wie wir wissen natürlich unerfreulich. Er dürfte dem allmächtigen Gott auch schon bekannt sein, die Menschen auf jeden Fall fürchten sich vor dieser Begegnung und versuchen sich zu verstecken. Da sie nun spüren, dass sie nackt sind, d.h. um die radikale Differenz zwischen ihnen und ihrem Schöpfer wissen, probieren sie, ihm auszuweichen, das Feigenblatt allein reicht nicht aus, um ihre Schuld und Schutzlosigkeit zu verbergen. Entscheidend ist, dass der Mensch um sein Fehlverhalten weiß, jedoch nicht auf Gott zugeht, um sich zu entschuldigen. Vielmehr ist es Gott, der sich dem Menschen zuwendet, wenngleich er diesmal nicht seine Liebe, sondern seinen Zorn offenbart. Doch selbst Gottes Anwesenheit veranlasst die Menschen, die sich letztlich selbst verraten, indem sie ihre Nacktheit betonen, nicht dazu, ihre Schuld einzugestehen, viel-

das fehlende Schuldbewusstsein des Menschen

1 H. Krauss / M. Küchler, Erzählungen, 83
2 Vgl. W. Klaiber, Schöpfung, 59
3 W. Klaiber, Schöpfung, 60
4 Vgl. T. Staubli, Begleiter, 147

mehr beginnt eine unzerstörbare Kette von Schuldzuweisungen. Der Mensch-Mann weist der Mensch-Frau die Schuld zu, diese wiederum der Schlange, die jedoch von Gott nicht mehr befragt wird. Das resultiert vermutlich daraus, „daß nur der Mensch, nicht aber das Tier für sein Tun vor Gott verantwortlich ist."[1] Interessant ist, dass der Mensch, obwohl er eigentlich wissen müsste, was gut und böse ist, weiterhin vor Gott zu fliehen versucht, eine Flucht, die in Form einer Selbstrechtfertigungsstrategie präsentiert wird, die aber auch uns mit in die Pflicht nimmt, denn Adam und Eva, denen auch wir die Schuld zuweisen, sind ja keine realen Personen, sondern Symbolfiguren für die Menschheit an sich.[2]

die Folgen der Übertretung der göttlichen Gebote

Der Mensch unter Fluch und Bewährung (Gen 3,14–19): Vor die Vertreibung aus dem Garten Eden setzt der Verfasser die sog. Verfluchungssprüche, deren besonderer ätiologischer Charakter direkt erkennbar ist. Der Mensch weiß um die Gefahren der Natur und Tierwelt, um die Mühen, die Geburten und Arbeit mit sich bringen, um die patriarchalen Strukturen der Gesellschaft und letztlich auch um seine Endlichkeit. Diese werden nun als Folge der Übertretung der göttlichen Gebote gedeutet. All das, was das menschliche Leben negativ belastet, muss eine Ursache haben, eine Ursache, die nicht auf Gottes Herzlosigkeit zurückzuführen ist, sondern auf das immer wieder zu beobachtende, schuldhafte Verhalten des Menschen. Aus dieser Perspektive handelt Gott zwar zornig, letztlich aber gerecht. Die Schlange muss nun auf dem Boden kriechen und Staub fressen, sie wird zum „Symbol einer der Erde verhafteten Existenz und zur Repräsentantin der Feindschaft zwischen Tier und Mensch. An ihr und ihren Nachkommen werden die Menschen etwas von der göttlichen Gefährdung erfahren, die in der Tierwelt steckt."[3] Im Bereich von Partnerschaft und Arbeit kommt es zu Trennungsprozessen schweren Ausmaßes. Die Frau ist nun für die schmerzhafte Geburt der Kinder zuständig und dem Mann untergeordnet, das Arbeiten des Mannes dient nicht mehr der reinen Betätigung, sondern verweist nun auf einen Vorgang, der hart ist und das tägliche Überleben sichern muss. Auch von einer ewigen Existenz im Garten Eden ist nicht mehr die Rede, Gott setzt den Tod als Grenze des menschlichen Lebens: „Schließlich wird der Ackerboden, aus dem der Mensch vom Schöpfer gebildet worden ist, zum Grab des Menschen."[4] Die Transformation einer „statischen, perfekten Welt in eine sozial differenzierte, dynamische, von Menschen kultivierte"[5] kommt allmählich zum Abschluss.

die Vertreibung aus Eden als zweite Chance für den Menschen

Die Vertreibung aus dem Lebensraum (Gen 3,20–24): Die Menschen, die zur Zeit der Abfassung des Mythos gelebt haben, gehen aber nicht davon aus, dass Gott sich aufgrund der von ihm vollzogenen „Bestrafungen" vom Menschen komplett abgewendet hat, er bleibt ein Gott, der bei aller Überlegenheit und Souveränität weiterhin im Menschen sein Geschöpf erkennt. Das zeigt sich darin, dass der Tod nicht verhindert, dass immer wieder neues Leben entsteht. Eva, hier klingt das hebräische Wort chawa, also das Leben an, wird zur Mutter alles Lebendigen. Die Aufgabe, zusammen mit dem Mann für Nachwuchs zu sorgen, wird den Menschen nicht genommen. Auch die Bearbeitung des Ackerbodens bleibt erhalten, so dass der Mensch auch seine Fürsorgepflicht für die Schöpfung in gewisser Weise behält, wenngleich die Differenzen zur utopischen Kontrastwelt aus Gen 2 nicht kaschiert werden können. Der Mythos bleibt jedoch in Erinnerung, er kann anthropologisch betrachtet als Sehnsucht des Menschen nach Heil (mit und durch Gott) verstanden werden sowie als Ursprung und Aufforderung zum Tun (Ethik). Gott hält auf jeden Fall die Beziehung zum Menschen aufrecht, ohne dabei jedoch seine besondere Stellung aufzugeben, die in der Vertreibung des Menschen aus dem göttlichen Lebensraum Eden und dessen Begrenzung

→ Baustein 4

1 H. Krauss / M. Küchler, Erzählungen, 91
2 Vgl. H. Krauss / M. Küchler, Erzählungen, 91
3 W. Klaiber, Schöpfung, 63
4 L. Ruppert, Genesis. Ein kritischer und theologischer Kommentar. 1. Teilband: Gen 1,1–11,26, Würzburg ²2003, 162
5 T. Staubli, Begleiter, 147

deutlich wird. Trotzdem kümmert er sich um den schutzlosen Menschen, indem er ihn bekleidet und ihm weiterhin eine Stellvertreteraufgabe wie in Gen 1,1 – 2,4a zukommen lässt.[1] Die Hoffnung bleibt, dass der Mensch aus seinen Fehlern lernen und sich nun als Geschöpf Gottes bewähren wird.

Zentrale tiefenpsychologische Gedanken zu Gen 2,4b–3,24:
Die deutlich mythologisch geprägte Sprache und Bildwelt der vorpriesterlichen Schöpfungserzählung haben dazu beigetragen, dass sich die Tiefenpsychologische Exegese genauso wie die Psychoanalyse diesem Text in besonderer Weise gewidmet haben.[2] Da diese Zugänge zur Bibel in den letzten Jahrzehnten vor dem Hintergrund korrelationsdidaktischen Denkens im RU mehr und mehr an Bedeutung gewonnen haben,[3] sollen die für die hier vorgestellte Konzeption besonders relevanten Erkenntnisse dieser Bibelauslegung vorgestellt werden und in Relation zu den historisch-kritischen Ergebnissen gebracht werden. Diese Vorgehensweise lässt sich in mehrfacher Hinsicht begründen. Zum einen ist sie von der Sache her angemessen, da auch Drewermann immer wieder betont, dass einer tiefenpsychologischen Betrachtung biblischer Texte eine angemessene Berücksichtigung der ursprünglichen, also historischen Aussageabsicht vorausgehen muss. Da die Korrelation zwischen der Lebenswelt und den Erfahrungen der Schüler auf der einen Seite und der möglicherweise bzw. hoffentlich bereichernden christlichen bzw. biblischen Botschaft auf der anderen Seite als Grunddesiderat einer lebensweltbezogenen Didaktik verstanden werden muss,[4] ist der wenngleich nicht immer unproblematische, weil für Laien durchaus schwer zu verstehende, tiefenpsychologische Zugang zur Bibel in eine vernünftige, lebensweltorientierte Planung des RU zu integrieren. Dies ist auch insofern bedeutsam, als dass das vorliegende Buch vernetzendes Arbeiten sowohl auf der intradisziplinären als auch der interdisziplinären Ebene fördern will, und somit ein Desiderat ernst nimmt, das auch für die weiterhin gültigen Richtlinien für die gymnasiale Oberstufe von besonderer Bedeutung ist: „Zum Wesen des Lernens in der gymnasialen Oberstufe gehört das Denken und Arbeiten in übergreifenden Zusammenhängen und komplexen Strukturen. Unverzichtbar ist dafür neben dem fachbezogenen ein fachübergreifend und fächerverbindend angelegter Unterricht."[5] Der vorliegende Band trägt diesem Ziel insofern in besonderer Weise Rechnung, als dass er versucht, vor dem didaktischen Hintergrund des Elementarisierungsansatzes (Karl Ernst Nipkow und Friedrich Schweitzer) und der Notwendigkeit eines vernetzenden und kumulativen Lernens (Klaus König) ein Unterrichtsmodell zu entwickeln,[6] das nicht nur die theologisch bedeutsamen Bereiche Anthropologie und Ethik in ihrem nicht zu tren-

Tiefenpsychologie und Korrelationsdidaktik

1 Vgl. zu dem zuletzt genannten Aspekt L. Ruppert, Genesis I, 168
2 Vgl. dazu das bahnbrechende Werk von E. Drewermann, Strukturen des Bösen. Band II. Die jahwistische Urgeschichte in psychoanalytischer Sicht, Sonderausgabe, Paderborn 1988; zugl. Habil.-Schrift. Universität Paderborn 1978 mit weiterführender Literatur.
3 Dies lässt sich nicht nur mithilfe eines Blickes in die fachwissenschaftliche und fachdidaktische Literatur belegen, sondern zeigt sich auch anhand der Neuausrichtung von Richtlinien, Kernlehrplänen und Schulbüchern, insbesondere in der Sekundarstufe II.
4 Vgl. H.K. Berg, Grundriss der Bibeldidaktik. Konzepte – Modelle – Methoden, München 1993, 18; R. Englert, Die Situation von Religionslehrern und -lehrerinnen, in: U. Baumann u. a. (Hrsg.), Religionsdidaktik. Praxishandbuch für die Sekundarstufe I und II, Berlin 2005, 385f; G. Theißen, Zur Bibel motivieren. Aufgaben, Inhalte und Methoden einer offenen Bibeldidaktik, Gütersloh 2003, 123f.
5 So das weiterhin gültige Vorwort zu den Richtlinien für die SII, hrsg. vom Ministerium für Ministerium für Schule und Weiterbildung, Wissenschaft und Forschung des Landes Nordrhein-Westfalen.
6 Dies geschieht auf der Grundlage der Rezeption von F. Schweitzer, Elementarisierung – ein religionsdidaktischer Ansatz. Einführende Darstellung, in: Ders. (Hrsg.), Elementarisierung im Religionsunterricht. Erfahrungen, Perspektiven, Beispiele. Mit weiteren Beiträgen von K.E. Nipkow, A. Biesinger, N. Mette, R. Froese, O. Kliss, T. Ziegler, Neukirchen-Vluyn ²2007, 9–30; Ders., Elementarisierung als Weg zum Kompetenzerwerb, in: Ders. (Hrsg.), Elementarisierung und Kompetenz. Wie Schülerinnen und Schüler von „gutem Religionsunterricht" profitieren. Mit weiteren Beiträgen von U. Baumann, C. Cramer, A. Edelbrock, P. Kliemann, S. Moschner, H. Simojoki und M. Schnitzler, Neukirchen-Vluyn 2008, 24–34; K.E. Nipkow, Elementarisierung als Kern der Unterrichtsvorbereitung, in: KatBl 111 (1986), 600–608; K. König, Horizontale und vertikale Vernetzung im Unterricht, in: KatBl 135 (2010), 342–347

nenden Zusammenhang berücksichtigt, sondern das auch das Gespräch mit Naturwissenschaften, Philosophie und Psychologie sucht, um so aufseiten der Schüler ein Gespür für die Vielschichtigkeit der Wirklichkeit von Kosmos und Mensch zu fördern.

entwicklungspsychologische Perspektiven

Von besonderer Bedeutung für die tiefenpsychologische Exegese von Gen 2,4b–3,24 sind vor allem die Passagen, die den Schülern in ihrer aktuellen Lebens- und Entwicklungsphase eine Orientierung bieten können. Entwicklungspsychologisch betrachtet befinden sich Schüler der Klassen 10–13 in zwei sehr prägenden Stufen der psychosozialen Entwicklung, die man dem deutsch-amerikanischen Psychologen Erik H. Erikson (1902–1994) zufolge mithilfe der Gegensatzpaare Identität vs. Identitätsdiffusion (13 bis 20 Jahre) und Intimität/ Solidarität vs. Isolierung (20 bis 30 Jahre) umschreiben kann.[1] Während es bei der zuerst genannten Phase um die Sinn- bzw. Identitätssuche des Jugendlichen geht, der versucht, in Auseinandersetzung mit seiner peer-group, der Gesellschaft und dem geschlechtlichen Gegenüber sein eigenes Ich zu finden, geht es bei der darauf folgenden Phase um die Stärkung dieses Ichs durch eine tragfähige und vertrauensvolle Partnerschaft. Die erste Phase gilt als gelungen, wenn unterschiedliche Erfahrungen in diesem Alter so integriert werden können, dass sich ein stabiles Selbstvertrauen entwickeln kann, als gescheitert gilt sie, wenn die vielfältigen Erfahrungen und Erwartungen überfordernd wirken und eine diffuse Identitätsentwicklung entsteht. Bei der zweiten Phase steht einer gelungenen Partnerschaft als Basis für Vertrauen und Intimität die Isolierung gegenüber, die dadurch gekennzeichnet ist, dass man sich beim Partner nicht „fallen" lassen kann, d.h. sich nicht in Liebe und Vertrauen einem anderen zuwenden kann und sich stattdessen von Beziehungen isoliert. Das Wachsen der eigenen Ich-Identität wird also entweder gefördert oder blockiert.

Eden: Ausdruck von Geborgenheit und Vertrautheit

Vor diesem Hintergrund wird die Passage Gen 2,7f. nicht nur theologisch, sondern auch tiefenpsychologisch betrachtet noch wichtiger für den RU. Hatte die theologische Deutung festgestellt, dass mit dem Bild des Gartens Eden eine Art utopische Kontrastwelt entworfen wird, die dem Menschen verdeutlicht, was er von Gott her eigentlich ist und wozu er als sein Ebenbild bzw. Stellvertreter bestimmt ist, nimmt die tiefenpsychologische Auslegung diesen Garten vor dem Hintergrund der Selbstwerdung des Menschen genauer in den Blick. Die Abstammung des Menschen vom fruchtbaren Ackerboden verweist in der tiefenpsychologischen Lesart auf die enge Verbundenheit zwischen Kind und Mutterschoß, also auf einen Zustand der absoluten Geborgenheit und Vertrautheit. Drewermann weist darauf hin, dass man diese Beobachtung jedoch nicht so deuten dürfe, als ziele der Text darauf ab, eine damit verbundene narzisstische Veranlagung des Menschen zu fördern.[2] Vielmehr ginge es darum, dass in diesem Bild positive Grundbedürfnis des Menschen nach Heil und Geborgenheit zu erkennen, das vor allem auf eine Ganzheit des Selbst abzielt, wenngleich diese Suche aus Sicht von Gen 2,7f. an einen transzendentalen Urgrund angebunden wird: „Die Sehnsucht nach dem Mutterschoß (rhm) ist letztlich ein Verlangen nach der Güte und dem Erbarmen (rhmjm) Gottes."[3] Dass Gen 2,7f. bei aller denkbaren narzisstischen Haltung des Menschen – vielleicht rührt psychologisch betrachtet von dort der Gedanke der Gottähnlichkeit des Adam – an einer Überwindung dieses Zustandes interessiert ist, und somit auch für die Ablösungsprozesse heutiger Jugendlicher vom Elternhaus interessant sein kann, zeigt der Sachverhalt, dass der Mensch nicht einfach mit dem Erdboden verbunden bleibt, sondern in einen Garten gesetzt wird, in dem er eigenständig Aufgaben zu bewältigen hat und in dem er ihm zugewiesenen Objekten begegnet.

→ Baustein 3

---

[1] Vgl. dazu E.H. Erikson, Identität und Lebenszyklus, Frankfurt am Main, 1973, 55–123

[2] Vgl. E. Drewermann, Strukturen, 23–27

[3] E. Drewermann, Strukturen, 24

Diese Aufgaben und diese Erfahrung eines Gegenübers dienen nicht nur der Selbstwerdung, sie vermitteln dem Menschen auf der Basis des oben geschilderten Grundbedürfnisses nach Heil und Geborgenheit auch einen Antrieb für ein nach vorne gerichtetes, lebensbejahendes Dasein: „Das Paradiessymbol weist somit nicht nur vom frühkindlichen Infantilismus weg, sondern eröffnet dem Leben größere, eigentlich religiöse Perspektiven und Verheißungen, es ist nicht mehr nur der Träger wehmütiger Erinnerungen, sondern mehr noch sehnsüchtiger Erwartungen, insofern es für das Ende des Lebens verheißen kann, was Anfang des Lebens an Geborgenheit und Einheit erfahren wurde […].“[1] Diese Einheit bezieht sich hierbei sowohl auf die Einheit mit Gott, aber auch auf die Einheit mit dem den Menschen umgebenden Kosmos, so dass auch diese Deutung die Bestimmung des Menschen als geliebtes und gewolltes, aber auch für die Schöpfung verantwortliches Wesen unterstützt. Erfahrungen von Trennung und Regression müssen in dieser Phase so aufgearbeitet werden, dass sie in das wachsende Selbst integriert werden können. Dass diese Trennungserfahrungen zum Prozess der Selbstwerdung dazugehören, verdeutlicht das Bild des androgynen Adam, der in sich noch alle denkbaren bewussten und unbewussten, männlichen und weiblichen, gelebten und ungelebten Seelenanteile so in sich zusammenhält, dass er „ein ganzer Mensch“ sein kann oder anders formuliert „ganz Mensch sein kann“. Das bedeutet natürlich auch, dass zum Mensch-Sein das Ausleben all der Seelenanteile gehört, die Jung als „Schatten“ des Selbst bezeichnet hat. Nur wer lernt, sich „neurotisch Deformiertes, Verdrängtes, als minderwertig Erscheinendes“[2] so bewusst zu machen, dass es nicht pathologisch wird, kann ein wahrer Adam werden, ein Mensch, der trotz der Erfahrungen von Krisen, Trennung, Schuldgefühlen und Selbstzweifeln in Einheit mit sich selbst, anderen und Gott leben kann. Dies wäre dann auch die zusätzliche Aufgabe eines an Gen 2,4b–3,24 arbeitenden RU.

das Paradies: Symbol für die präsentische und futurische Eschatologie

Eine solche Interpretation des Mythos wird auch durch die Beobachtungen zum eigentlichen „Sündenfall“ und zur Bedeutung der Symbole Baum und Schlange gestützt. Die historisch-kritische Auslegung hatte den ätiologischen Charakter der Erzählung aufzeigen können, der darin besteht, dass die Erzählung von einem realen Ausgangspunkt, also vom Ist-Zustand menschlicher Existenz her konzipiert wird. Dabei stand so gesehen schon fest, dass die Menschen auf jeden Fall von der verbotenen Frucht gegessen haben und dies auch immer wieder tun werden. Aus tiefenpsychologischer Sicht ist dies insofern interessant, als dass dieser Vorgang zufolge „den psychologisch notwendigen Schritt zur Individuation, zur Bewusstwerdung dar[stellt], welcher die Differenz […] mit sich bringt, die das Unbewusste noch nicht kennt.“[3] War eben die Rede vom Schatten, also unseren verdrängten, nicht gelebten Seelenanteilen, die aber auch zu unserer Selbstwerdung beitragen, so zeigt das Hören der Menschen auf die Worte der Schlange, dass sich der Mensch an dieser Stelle zwar regressiv verhält, dadurch aber ein Leben in Fülle und ein stärkeres Bewusstsein erlangen kann: „Das verbotene Essen vom Baum der Erkenntnis bedeutet in diesem Sinne den Akt der Selbsterkenntnis, der zur Auflösung der Ureinheit im Unbewußten führt. Damit wird die Regression auf das Stadium der inzestuösen Verschmelzung mit der Mutter, der Anima, dem Unbewußten überwunden und ein höheres, lebendigeres Leben in der Spannung von Gut und Böse, Bewußtsein und Unbewußtem, Natur und Kultur gewonnen, ein Ertrag, der die Einbußen und Belastungen, die auf den Verlust der paradiesischen Ureinheit folgen, umso mehr ausgleicht, als die Unbewußtheit selbst ein viel größeres Übel darstellen würde als die Zwiespältigkeit des bewußten Lebens; zudem stellt sich die Forderung zur Bewußtwerdung ohnedies mit schicksalhafter Unausweichlichkeit für jedermann.“[4] Die Aufgabe des heranwachsenden Menschen, der sich seiner Selbst und damit auch seiner inneren und äußeren Differenz bewusst wird, kann nach Auffassung der Tiefenpsychologie also nur dann erfol-

das Essen der Frucht als Schritt zur Individuation und Bewusstwerdung

[1] E. Drewermann, Strukturen, 26
[2] E. Drewermann, Strukturen, 32
[3] E. Drewermann, Strukturen, 139
[4] E. Drewermann, Strukturen, 139

gen, wenn wir zulassen, uns unseres eigenen Selbst bewusst zu werden. Symbolisch gesprochen bedeutet dies, unsere innere Stimme, d. h. unser Suchen, Zweifeln und Fragen, das im Symbol der Schlange anklingt, zunächst einmal zu hören und ernst zu nehmen.

der Vertrauensverlust des Menschen

Damit ist jedoch keine positive Umdeutung der Gebotsübertretung anvisiert. Schließlich scheitert der Mensch im weiteren Verlauf der Erzählung, anstatt die Erkenntnis seiner Existenz in Freiheit als Impuls für seine eigene Weiterentwicklung zu begreifen. Die Menschen erkennen, dass sie nackt sind und schämen sich, sie merken tiefenpsychologisch gesprochen also, dass sie über sich selbst nachdenken können und ihnen die Entscheidungsfreiheit geschenkt worden ist, als Geschenk, das ihnen jedoch nun Angst macht. Genau das ist aber laut Drewermann das Interessante an dieser dichten Szene. Der Mensch, der sich seiner Selbst und damit auch seiner Kontingenz bewusst wird, der kann Angst bekommen vor einem als nichtig und sinnlos empfundenen Dasein und vor seinen eigenen Defiziten. Aber mehr noch, hier gerät er nun nämlich auch in eine tiefe Angst gegenüber seinem Schöpfer, der sich ihm bislang doch als liebender, barmherziger und somit erlösender Gott erwiesen hat. Gottes Gebot, das er einzig und allein aus Sorge um seine Schöpfung erlassen hat, wird in der Begegnung Evas mit der Schlange zum Ausgangspunkt für den Vertrauensverlust des Menschen in Gott. Dieses Misstrauen, aus dem die „Sünde" resultieren wird, klingt bereits in Evas Antwort auf die erste Frage der Schlange an. Verängstigt von der totalisierenden und somit bewusst verfälschenden Wiedergabe des Gebotes durch die Schlange beginnt sie, Gott zu fürchten. Indem sie nun auch etwas hinzufügt, das Gott gar nicht geboten hat [„Rührt nicht daran!"], verwandelt sich in der Perspektive Evas der liebende Gott „in einen dunklen Todesengel [...], der bereitsteht, den Menschen für eine bloße Handbewegung bereits hinzurichten!"[1]

→ Baustein 3

Die listige und verführerische Schlange geht aber noch einen Schritt weiter und versucht, über Gottes vermeintliche Gründe, das Gebot zu erlassen, die Distanz zwischen ihnen noch zu vergrößern: „Die Wahrheit ist, dass Gott Angst hat vor den ungeheuren Möglichkeiten, die in euch Menschen liegen. Und wenn ihr die ergreift, seid ihr genauso wie Gott. Statt Gott zu fürchten, müsst ihr die Möglichkeiten entdecken, die in euch sind. Durch ein bloßes Essen könnt ihr wissend werden wie Gott!"[2] Ihre Angst ist es, die nun aus den Menschen das machen wird, was sie sich mittlerweile unter Gott vorstellen. Alles, was in Gen 3–11 noch folgen wird, der Sündenfall, die Ermordung Abels, die Sintflut usw. zeichnet einen Menschen, der nicht so ist, wie der liebende Gott ihn geschaffen hat, sondern einen Menschen, der so handelt, wie *der* Gott, den sich *der Mensch* nach der Begegnung mit der Schlange *erschaffen hat*. Gott ist nun aus der Sicht des Menschen ein strafender und zorniger Gott. Gegen dieses durchweg falsche Gottesbild begehren die Menschen nun auf. Anstatt Gottes Liebe zu vertrauen und in Übereinstimmung mit sich selbst, also auch mit den eigenen Schwächen zu leben, entsteht in ihnen ein tiefes Gefühl der Unterdrückung und Verunsicherung, aus der man sich befreien will. In der Entscheidung, wie Gott sein zu wollen und somit das Gebot zu übertreten, zeigt sich aus psychologischer Sicht letztlich ganz klar eine „Überkompensation schwerer Minderwertigkeitsgefühle"[3]. Die Bewusstwerdung als nötiger Vorgang der Selbstwerdung wird hier also ins radikale Gegenteil verkehrt.

das falsche Gottesbild des Menschen

Für den Menschen ergibt sich somit in der Summe eine ambivalente Bestimmung seines Selbst. Zum einen ist er von Gott geliebt und frei, was sich in seiner Bewusstwerdung und Identitätsfindung zeigt, zum anderen macht dieser Prozess Angst und verleitet den Menschen oft zur Absonderung von sich selbst, anderen und Gott. Er wird böse, d. h. er lässt sich von den Mächten der Angst lenken und leiten anstatt von der alles durchdringenden Liebe

---

1 E. Drewermann, Jesus von Nazareth. Befreiung zum Frieden. Bd. 2. Glauben in Freiheit, Düsseldorf 1996, 135
2 E. Drewermann, Wie zu leben wäre. Ansichten und Einsichten. Im Gespräch mit Richard Schneider, Freiburg i.Br. 2002, 27
3 E. Drewermann, Jesus, 138

Gottes: „Das eigentlich ist das Böse: dass man aus lauter Angst das eigene Maß verliert. Jemand, der stolz ist, kann nicht glauben, dass er so, wie er ist, geliebt werden könnte. Darum läuft er ständig mit Attrappen herum, stellt dauernd etwas dar, das er gar nicht ist, und bildet sich darauf etwas ein. Er verliert das eigene Maß. Und dadurch verliert er seine Identität, wird er im Grunde ein chronischer Lügner an sich selber."[1] Für Schüler ist der Umgang mit diesem Thema besonders bedeutsam, befinden sie sich nach Erikson doch genau in einer Phase, in der das Ausprobieren, das Fällen von Entscheidungen im schulischen und privaten Bereich zunehmend an Bedeutung gewinnt. Wichtig ist es also, bei der Analyse und Interpretation des in Gen 2,4b–3,24 anklingenden Menschenbildes die klassische Deutung zu relativieren, wonach der Mensch sich deshalb schuldig macht, weil er schlicht und einfach Gottes Gebote missachtet. Das wäre zu kurz gedacht und entspricht auch nicht der eigentlichen Intention des Textes. Vielmehr muss es in religionsdidaktischer Perspektive darum gehen, den Schülern zunächst einmal zu vermitteln, dass die Freiheit des Menschen Geschenk und Verantwortung zugleich ist und Gott uns Fehler zugesteht, ja dass er sich deshalb nicht von uns abwendet. Fehler zu machen, Angst zu spüren, so der zweite Schöpfungsmythos, gehört zur Selbstwerdung, zum Erwachsenwerden dazu. Es kommt darauf an, diese Angst ernst zu nehmen, ohne sie über sich herrschen zu lassen. Und es kommt darauf an, diese Angst letztlich zu überwinden und zum Urvertrauen zurückzukommen. Bei diesem Prozess des Umgangs mit der Angst, mit Trennungen und Krisen kann ein Gottesbild, bei dem Gott nicht als strafender, sondern als liebender und rettender Gott begegnet, helfen. Dass JHWH ein barmherziger Gott ist, der sich dem Menschen immer wieder zuwendet, steht aus biblisch-theologischer Sicht ohnehin außer Frage (vgl. dazu schon die Gott-Mensch-Beziehung in Gen 1–11, aber auch Mk 1,15 f.; Lk 15,1–3.11–32). Zugleich heißt dies aber nicht, dass der Gestaltung der menschlichen Freiheit vom Gott der Bibel her keine Grenzen gesetzt wären. Denn wenn „der Mensch für sich allein erkennen und bestimmen möchte, was für sein Leben förderlich oder schädlich ist, also gut oder böse ist, und sich damit an die Stelle Gottes setzt"[2], dann werden hier narzisstisch geprägte Allmachtfantasien gefördert, die nicht nur aus theologischer, sondern auch aus ethischer Sicht einer Korrektur bedürfen. Für den RU bedeutet dies, dieses grundlegende, ambivalente Merkmal menschlichen Seins und Handelns so zu thematisieren, dass Schüler in eigenständiger Auseinandersetzung mit dem Text und den Fragen, die er aufwirft, so agieren, dass sie zu einem selbständigen, mündigen und verantwortungsvollen Denken, Handeln und Urteilen angeleitet werden.

der Mensch und die Angst vor der Freiheit

→ Baustein 4

3 Didaktische Perspektiven

In enger Orientierung am Elementarisierungsansatz soll eine überleitende fachdidaktische Spezifizierung des für den RU insgesamt so bedeutenden korrelationsdidaktischen Denkens erfolgen, d. h. bei den folgenden Ausführungen soll es sowohl von der Sache als auch den Personen und Strukturen her darum gehen, eine angemessene Reduktion und Vernetzung in Bezug auf die wechselseitig zu erschließenden theologischen Wahrheiten in den Bereichen Anthropologie und Ethik zu erreichen.[3] Zudem soll dargestellt werden, wieso vernetzendes und kumulatives Lernen im RU insgesamt an Bedeutung gewinnen müssen. Begonnen werden soll zunächst mit der Betrachtung der vorgestellten Probleme und der Resultate der Sachanalyse vor dem Hintergrund des Elementarisierungsansatzes, der sich in fünf verschiedene Betrachtungsdimensionen untergliedern lässt.

Elementarisierung und Vernetzung im RU

1 E. Drewermann, Ansichten, 28
2 W. Klaiber, Schöpfung, 74
3 Vgl. dazu auch F. Schweitzer, Elementarisierung, 12f.

3.1 Anthropologische und ethische Aspekte in Gen 1,1–3,24 vor dem Hintergrund des Elementarisierungsansatzes

Elementare Strukturen

Die *erste Dimension* eines elementarisierenden RU nennt sich *Elementare Strukturen.* Die Grundfrage, die hier zu beantworten ist, lautet, welche zentralen Strukturen und Aspekte eines Themas von besonderer Bedeutung für die Beschäftigung mit ihm sind. Konkret bedeutet dies, die wesentlichen Strukturen eines Themas auszuwählen, und nicht, wie vielleicht bei einer tiefgehenden wissenschaftlichen Erschließung, alle damit zusammenhängenden Aspekte und Facetten zu beleuchten. Es geht also darum, den für die konkrete Lerngruppe entscheidenden „Kern der Sache"[1] auszuwählen und sich darüber klar zu werden, aus welchen wesentlichen Strukturen dieser Kern besteht und unter welchen Gesichtspunkten er zu analysieren ist, was angesichts der Breite und inneren Widersprüchlichkeit wissenschaftlicher Forschungserkenntnisse nicht immer unproblematisch ist. In Bezug auf das vorliegende Thema bedeutet dies, nicht die zentrale Perspektive aus den Augen zu verlieren, von der aus Gen 1,1–3,24 betrachtet wird. Schon die Entscheidung, anthropologisch-ethische Aspekte zusammenzuführen und dies exemplarisch an den beiden ersten Schöpfungsmythen festzumachen, ist eine erste Entscheidung, die dieser Perspektive gerecht wird. Zudem wurde festgehalten, dass es diesen Texten vor allem darum geht, aufzuzeigen, welche Stellung der Mensch in diesen biblischen Grunderzählungen einnimmt und welche ethischen Herausforderungen sich für ihn im Rahmen des Konzeptes einer Theistischen Evolution als Gegenprogramm zum Kreationismus ergeben. Der Kern der Sache besteht also darin, Herkunft, Stellung und Aufgabe des Menschen aus Sicht von Gen 1,1–3,24 zu erarbeiten sowie kritisch zu würdigen.

Elementare Erfahrungen

Die *zweite Dimension* bezieht sich auf die *Elementaren Erfahrungen.* Die Grundfrage, die hier im Zentrum steht, lautet, welche fundamentalen menschlichen Erfahrungen durch das gewählte Thema angesprochen werden und welche Erfahrungswerte diesbezüglich aufseiten der Schüler vorhanden sind, die ja in einen wechselseitigen Bezug dazu gelangen sollen. Es geht also um die Kontextualisierung des Kerns der Sache, wobei diese beiden Erfahrungsdimensionen nicht immer kongruent sein müssen. Die Schüler haben bis zum Ablauf des 16. Lebensjahres meistens erst wenige Grenzerfahrungen menschlichen Daseins durchlebt, befinden sich wohl aber auf der Suche nach ihrer eigenen Identität, was die Frage nach ihrer Herkunft und der Welt sowie nach ihrer Aufgabe darin mit einschließt. Trennungserfahrungen unterschiedlicher Art (Scheidung der Eltern, Verlust von Verwandten oder Freunden, Liebeskummer) könnten diese Suche intensivieren. Wichtig ist vor allem die Ausgangslage vieler heutiger Schüler, die für ihre Suche nach ihrer eigenen Identität nicht immer unbedingt auf christliche Glaubensangebote zurückgreifen, sondern sich oft anderer Weltanschauungen bedienen. Doch auch wenn im 21. Jh. ihre Erfahrungen in Widerspruch zu Bibel und Christentum geraten, kann diese Tatsache didaktisch fruchtbar sein. Mendl spricht in diesem Zusammenhang nicht zu Unrecht von der perturbativen Konfrontation mit fremden Erfahrungswelten,[2] die neue Lernprozesse anregen kann, wobei deutlich werden sollte, dass die Erfahrungen der Menschen der Bibel als Orientierungspunkt menschlichen Lebens und Handelns zeitlos bleiben können.

Elementare Zugänge

Die *dritte Dimension* nimmt die *Elementaren Zugänge* in den Blick. Hier lautet die grundlegende Frage, wie vor dem Hintergrund von Sachreduktion und Lebensweltbezug das Thema so ins Unterrichtsgeschehen eingebracht werden kann, dass direkt eine sinnvolle und produktive Erschließung erfolgen kann.[3] Diese Dimension nimmt die lernpsychologische

---

[1] F. Schweitzer, Elementarisierung, 17. Vgl. auch K.E. Nipkow, Elementarisierung, 601 f.
[2] Vgl. dazu F. Schweitzer, Elementarisierung, 19f und H. Mendl, Religionsdidaktik, 192
[3] Vgl. H. Mendl, Religionsdidaktik, 193

Erkenntnis ernst, „dass Kinder und Jugendliche ihre *eigenen Verstehens- und Deutungsweisen* mitbringen."[1] Die für den Lehrer anspruchsvolle Aufgabe besteht also darin, den Lerngegenstand von der Perspektive der Schüler aus zu betrachten. Das erfordert neben der Fähigkeit zur Empathie vor allem auch eine angemessene Rezeption entwicklungspsychologischer Erkenntnisse. Mit Blick auf unsere Thematik bedeutet dies, den Unterrichtsgegenstand so einzuführen, dass von Beginn an eine von Interesse und Engagement geleitete Auseinandersetzung mit ihm stattfinden kann. Das geschieht über die Aktivierung eigener Assoziationen zum „Mensch sein" sowie über den Einsatz moderner Menschenbilder, wie wir sie beispielsweise in Popmusik und Literatur finden.

Elementare Lernformen

Die *vierte Dimension* wird durch die sog. *Elementaren Lernformen* ausgefüllt. Hierbei lautet die Grundfrage, mit welchen didaktisch-methodischen Zugriffen ein kontinuierlicher sowie aktiver Lernprozess zwischen Schüler und Lerngegenstand erfolgen kann. Mendl, der diese Dimension erst an fünfter Stelle anführt, weist in diesem Zusammenhang auf die aktuelle Relevanz dieser Grundfrage vor dem Hintergrund konstruktivistischer Lerntheorien hin, „die die Lernenden nicht als passive Empfänger von Informationen verstehen, sondern sie als aktiv und sinnenhaft Verarbeitende mit dem Lerngegenstand verbinden."[2] Aber schon Schweitzer und Nipkow haben diesen Sachverhalt unter Bezugnahme auf Piaget erkannt und die Bedeutung ganzheitlicher und schülerorientierter Lernwege, wie z. B. handlungs- oder produktionsorientierte Verfahren, betont. Selbstverständlich müssen diese Verfahren immer in einem sinnvollen Bezug zu den ersten drei Dimensionen stehen und dürfen nicht einem wie auch immer gearteten Selbstzweck dienen. Ein Blick auf die Bausteine zeigt, dass es wichtig ist, vor allem unterschiedliche Lerntypen über die Variation der Lernkanäle anzusprechen. Zudem sind kooperative sowie dialogisch orientierte Verfahren der Erschließung bedeutsam, da uns biblische Anthropologie und Ethik auch immer im Kontext von Beziehungsbestimmungen begegnen.

Elementare Wahrheiten

Die *fünfte und damit letzte Dimension* bezieht sich auf den Aspekt *Elementare Wahrheiten.* Die Grundfrage lautet hier, was die zentralen theologischen Aussagen des Kerns einer Sache sind, in welcher Beziehung sie zu mir als Lehrperson stehen und inwieweit diese für das Leben der Schüler von Bedeutung sein können. Mit Wahrheit ist hierbei allerdings das stets neue und dynamische Ringen um existenziell bedeutsame Erkenntnisse des Menschen gemeint, da das christliche Wahrheitsverständnis nicht naturwissenschaftlicher Art ist, sondern sich „durch seine Eigenart als existenzielle und auf Gott bezogene Wahrheit (auszeichnet), die als solche nicht objektiv feststellbar ist."[3] Die zentralen theologischen Wahrheiten wurden bereits ausführlich erläutert, es gilt jedoch noch einmal daran zu erinnern, dass biblische Anthropologie und Ethik vor allem als dem Menschen dienende Sinnstiftungs- und Orientierungsangebote wahrgenommen werden. Es soll keine Infragestellung naturwissenschaftlicher Erkenntnisse anvisiert werden, sondern verdeutlicht werden, dass dem Menschen tiefer gehende Wahrheiten offenbart werden, die ihm eine existentielle Antwort auf seine Herkunft, Stellung und Aufgabe im Kosmos vermitteln wollen. Dieses Deutungsangebot kann als befreiend erfahren werden, denn es zeigt dem Menschen, dass er nicht dem Nichts entstammt, sondern ein geliebtes und gewolltes Geschöpf ist, das im Umgang mit Gott, der Umwelt und dem Menschen zu sich selbst finden kann. Wenn man die grundlegenden Ausführungen zu den einzelnen Dimensionen ernst nimmt, so ergibt sich in der Summe die Chance, von hier aus *Elementare Lernintentionen* zu formulieren und über längerfristig geplante Sequenzen den systematischen Aufbau von Kompetenzen zu fördern.[4]

---

1 F. Schweitzer, Elementarisierung, 21. Vgl. auch K.E. Nipkow, Elementarisierung, 604f.
2 H. Mendl, Religionsdidaktik, 193
3 F. Schweitzer, Elementarisierung, 27
4 Vgl. dazu H. Mendl, Religionsdidaktik, 193f.

3.2 Zur Notwendigkeit vernetzenden und kumulativen Lernens im RU

Vor dem Hintergrund eines elementarisierenden RU gewinnt das Thema vernetzendes und kumulatives Lernen besondere Bedeutung. Der Tatsache, dass Unterrichtsinhalte oft in Form von separaten Blöcken und ohne Beziehung zu anderen Themen vermittelt werden, d.h. die Frage nach größeren Zusammenhängen und Beziehungen zwischen Gelerntem und neu zu Lernendem ausbleibt,[1] kann vor allem durch einen elementarisierenden RU angemessen begegnet werden. Das setzt aber voraus, dass die Frage nach elementaren Strukturen und Grundfragen in einen größeren Zusammenhang gestellt wird, bei dem Lernen nicht nur als Anhäufung von elementaren Wahrheiten verstanden wird, sondern so strukturiert wird, dass die vermittelten elementaren Wahrheiten in eine permanente, dialogische Wechselbeziehung zueinander gestellt werden. Durch diese inhaltliche Vernetzung, die Bezüge, Wiederholungen und mehrfache Einübung von elementaren Lerngegenständen auch aus unterschiedlichen Perspektiven ermöglicht, könnte man die innere Verbundenheit der einzelnen Themen eines Faches verdeutlichen und die Schüler-Motivation hochhalten. Für die praktische Umsetzung würde dies vor allem bedeuten, Lerngegenstände weiter zu reduzieren und Unterricht insgesamt zu entschleunigen. Da dies angesichts zentraler Prüfungen (Lernstandserhebungen, Zentralabitur etc.) leider jedoch nicht immer komplett möglich ist, müssen die Unterrichtsvorhaben zumindest so gestaltet sein, dass „innere Verbindungen, analoge Fragestellungen oder gemeinsame Perspektiven für sie [M.F.: die Schüler] erstellt werden, damit Religion als ein strukturiertes und nicht amorphes Gefüge für die Bildungs- und Orientierungsbedürfnisse der Lernenden fungiert."[2] Um dies zu erreichen, bieten sich für den RU zwei grundlegende Möglichkeiten der Vernetzung an.

innere Verbindungen, analoge Fragestellungen, gemeinsame Perspektiven

horizontale Vernetzung

Zum einen besteht die Möglichkeit einer *Horizontalen Vernetzung*. Horizontal nennt sich diese Option deshalb, weil sie sich auf die Themen eines Halbjahres oder maximal eines ganzen Schuljahres bezieht. Vernetzung könnte hierbei in der Art erfolgen, dass die einzelnen Themen logisch aufeinander aufbauen und durch thematische Leitmotive oder Grundfragen zusammengehalten werden. Das setzt voraus, dass diese gemeinsame didaktische Perspektive für alle Schüler von Beginn an transparent gestaltet wird und die Schüler immer wieder aufgefordert werden, „Querverbindungen herzustellen, und [...] neue Aspekte der Thematik im Vergleich zu bislang schon erworbenen Einsichten, beispielsweise im Lerntagebuch [...] zu dokumentieren."[3] Denkbar wäre aber auch eine Vernetzung der Lernprozesse, also z. B. durch eine permanente Verwendung handlungsorientierter Verfahren im Kontext des Leitthemas christlich motiviertes Handeln.[4]

vertikale Vernetzung

Eine zweite Möglichkeit liefert die sog. *Vertikale Vernetzung*, die bereits bei Halbfas ansatzweise begegnet. Für Halbfas und auch für König ist dabei die Idee bedeutsam, „Religionsunterricht auf Grund- oder Leitthemen hin durchsichtig zu machen und diese variantenreich und vertiefend über die Grenzen der Schuljahre hinweg durchzuarbeiten"[5]. Im Rahmen dieses Konzeptes wird zu zeigen sein, dass horizontale und vertikale Vernetzung auch miteinander verbunden werden können, wenn spezielle Grundthemen durch Wiederholungen

[1] Vgl. K. König, Vernetzung, 342
[2] K. König, Vernetzung, 342
[3] K. König, Vernetzung, 344 mit weiteren Unterrichtsbeispielen.
[4] Vgl. dazu K. König, Vernetzung, 344f.
[5] K. König, Vernetzung, 345. Halbfas hatte bereits 1990 den Gedanken in ähnlicher Weise formuliert: „Die Lehrpläne (und in deren Gefolge die Lehrbücher) müssten die Quintessenz tragender Verstehensfähigkeiten und inhaltlicher Kenntnisse in mobilen Sequenzen sichern, welche die Wiederholung und Sicherung früheren Lernertrags [...] ermöglichen." (H. Halbfas, Lehrpläne und Religionsbücher. Notizen zu einer didaktischen Theorie, in: rhs 33 (1990), 228–244; 230)

und Transferaufgaben direkt miteinander verknüpft werden und gezielte Leitfragen diese so zusammenhalten, dass auch in den weiteren Jahrgangsstufen immer wieder daran angeknüpft werden kann.

3.3 Didaktischer und methodischer Ausblick

Die im Rahmen dieses Konzeptes postulierte Vernetzung von Anthropologie und Ethik verdankt sich der bereits erläuterten aufmerksamen Lektüre der biblisch-theologischen Grundlagen dieser beiden auf den ersten Blick eigenständigen Themenbereiche. Wenn Link bspw. davon spricht, dass die Gottesbildlichkeit des Menschen in Gen 1,26f. vor dem Hintergrund altorientalischer Königsideale zu verstehen ist, und somit als *funktionale Bestimmung* des Menschen („Der Mensch als Stellvertreter Gottes auf Erden“) und nicht als *ontologische Bestimmung* („Was ist der Mensch?“) gedeutet werden muss,[1] dann greift dies natürlich viel zu kurz. Vielmehr machen beide biblische Schöpfungsmythen (Gen 1,1–2,4a und Gen 2,4b–3,24) von Beginn an deutlich, dass diese Funktion auf einen grundlegenden Akt zurückzuführen ist, nämlich die gute Schöpfung von Kosmos und Mensch durch einen planenden und liebenden Gott. Die Bestimmung des Menschen als gewolltes und geliebtes Wesen ist somit die Basis für seinen Auftrag, in Stellvertretung des himmlischen Vaters zu handeln. Die Zusage von Liebe und aber eben auch Freiheit als Grundvoraussetzung echter, d.h. nicht erzwungener Liebe und Gegenliebe muss demnach auch ähnlich wie bei der Verkündigung Jesu als nicht von der Ethik zu trennende Handlungsermöglichung verstanden werden. Die entscheidende Aufgabe einer diese Themenbereiche tangierenden Religionsdidaktik muss es also sein, den Schüler theologische Anthropologie und Ethik in ihrem untrennbaren Wechselbezug zu vermitteln, um sie von dort aus eigene Deutungs-, Handlungs- und Wertmuster entwickeln zu lassen.

Anthropologie und Ethik in ihrem untrennbaren Wechselbezug zueinander

Diesem übergeordneten Ziel dient innerhalb dieser Unterrichtskonzeption allen voran die didaktisch-methodische Schwerpunktsetzung im Rahmen des Transfers. Mithilfe der handlungsorientierten Erschließung des Films „Moon“ aus dem Jahre 2009 soll die anthropologisch-ethische Grundbotschaft der biblischen Schöpfungsmythen verinnerlicht, angewendet und kritisch reflektiert werden. Es ist in diesem Kontext darauf hinzuweisen, dass der Einsatz von Filmen im RU keineswegs automatisch zu höherwertigen Lernresultaten führen muss.[2] Wenn jedoch angemessene didaktisch-methodische Arrangements erstellt werden, welche die Kriterien *Anbindung an Lehrpläne und Richtlinien, Erschließung des Eigenwerts des Mediums, Bereitstellung von Deutungshilfen, Erstellung von Orientierungsfragen, Anwendung handlungs- bzw. produktionsorientierter Analyseverfahren und Austausch der Wahrnehmungseindrücke* erfüllen, können Filme ein sehr großes didaktisches Potential entfalten. Dann ist es möglich, die affektiv-emotionalen Effekte von Filmen nutzbar zu machen, die bei Schülern sehr lange haften bleiben und die bei einer angemessenen Verknüpfung mit sinnvollen Erschließungsverfahren auch die Kognitionsleistungen steigern können.[3] Der daher sehr reizvolle Filmeinsatz am Ende der Reihe soll die Schüler letztlich dazu befähigen, an *einem* motivierenden, lebensweltrelevanten und herausfordernden Beispiel aus ihrer eigenen Erfahrungswelt die bis dahin erworbenen Kompetenzen in ihrem komplexen Gefüge angemessen anzuwenden und zu festigen.

→ Baustein 4

Transfer: Filmeinsatz im RU

[1] Vgl. C. Link, Gottesbildlichkeit, 393

[2] Vgl. dazu die Studienergebnisse von H. Sturm, Medienwirkungen auf Wahrnehmung, Emotion und Kognition. Eine Grundlage für medienpädagogisches Handeln, in: Ludwig J. Issing (Hrsg.), Medienpädagogik im Informationszeitalter, Weinheim ³1987, 91–115; 100

[3] Vgl. H. Sturm, Medienwirkungen, 101

1

Der priesterliche Schöpfungsmythos (Gen 1,1–2,4a)

1 [1]Im Anfang schuf Gott Himmel und Erde; [2]die Erde
aber war wüst und wirr, Finsternis lag über der Urflut
und Gottes Geist schwebte über dem Wasser. [3]Gott
sprach: Es werde Licht. Und es wurde Licht. [4]Gott
sah, dass das Licht gut war. Gott schied das Licht von
der Finsternis [5]und Gott nannte das Licht Tag und
die Finsternis nannte er Nacht. Es wurde Abend und
es wurde Morgen: erster Tag. [6]Dann sprach Gott: Ein
Gewölbe entstehe mitten im Wasser und scheide
Wasser von Wasser. [7]Gott machte also das Gewölbe
und schied das Wasser unterhalb des Gewölbes vom
Wasser oberhalb des Gewölbes. So geschah es [8]und
Gott nannte das Gewölbe Himmel. Es wurde Abend
und es wurde Morgen: zweiter Tag. [9]Dann sprach
Gott: Das Wasser unterhalb des Himmels sammle
sich an einem Ort, damit das Trockene sichtbar wer-
de. So geschah es. [10]Das Trockene nannte Gott Land
und das angesammelte Wasser nannte er Meer. Gott
sah, dass es gut war. [11]Dann sprach Gott: Das Land
lasse junges Grün wachsen, alle Arten von Pflanzen,
die Samen tragen, und von Bäumen, die auf der Erde
Früchte bringen mit ihrem Samen darin. So geschah
es. [12]Das Land brachte junges Grün hervor, alle Arten
von Pflanzen, die Samen tragen, alle Arten von Bäu-
men, die Früchte bringen mit ihrem Samen darin.
Gott sah, dass es gut war. [13]Es wurde Abend und es
wurde Morgen: dritter Tag. [14]Dann sprach Gott:
Lichter sollen am Himmelsgewölbe sein, um Tag und
Nacht zu scheiden. Sie sollen Zeichen sein und zur
Bestimmung von Festzeiten, von Tagen und Jahren
dienen; [15]sie sollen Lichter am Himmelsgewölbe
sein, die über die Erde hin leuchten. So geschah es.
[16]Gott machte die beiden großen Lichter, das größe-
re, das über den Tag herrscht, das kleinere, das über
die Nacht herrscht, auch die Sterne. [17]Gott setzte die
Lichter an das Himmelsgewölbe, damit sie über die
Erde hin leuchten, [18]über Tag und Nacht herrschen
und das Licht von der Finsternis scheiden. Gott sah,
dass es gut war. [19]Es wurde Abend und es wurde Mor-
gen: vierter Tag. [20]Dann sprach Gott: Das Wasser
wimmle von lebendigen Wesen und Vögel sollen
über dem Land am Himmelsgewölbe dahinfliegen.
[21]Gott schuf alle Arten von großen Seetieren und an-
deren Lebewesen, von denen das Wasser wimmelt,
und alle Arten von gefiederten Vögeln. Gott sah,
dass es gut war. [22]Gott segnete sie und sprach: Seid
fruchtbar und vermehrt euch und bevölkert das Was-
ser im Meer und die Vögel sollen sich auf dem Land
vermehren. [23]Es wurde Abend und es wurde Morgen:
fünfter Tag. [24]Dann sprach Gott: Das Land bringe al-
le Arten von lebendigen Wesen hervor, von Vieh,
von Kriechtieren und von Tieren des Feldes. So ge-
schah es. [25]Gott machte alle Arten von Tieren des
Feldes, alle Arten von Vieh und alle Arten von
Kriechtieren auf dem Erdboden. Gott sah, dass es gut
war. [26]Dann sprach Gott: Lasst uns Menschen ma-
chen als unser Abbild, uns ähnlich. Sie sollen herr-
schen über die Fische des Meeres, über die Vögel des
Himmels, über das Vieh, über die ganze Erde und
über alle Kriechtiere auf dem Land. [27]Gott schuf also
den Menschen als sein Abbild; als Abbild Gottes
schuf er ihn. Als Mann und Frau schuf er sie. [28]Gott
segnete sie und Gott sprach zu ihnen: Seid fruchtbar
und vermehrt euch, bevölkert die Erde, unterwerft
sie euch und herrscht über die Fische des Meeres,
über die Vögel des Himmels und über alle Tiere, die
sich auf dem Land regen. [29]Dann sprach Gott: Hier-
mit übergebe ich euch alle Pflanzen auf der ganzen
Erde, die Samen tragen, und alle Bäume mit samen-
haltigen Früchten. Euch sollen sie zur Nahrung die-
nen. [30]Allen Tieren des Feldes, allen Vögeln des Him-
mels und allem, was sich auf der Erde regt, was
Lebensatem in sich hat, gebe ich alle grünen Pflan-
zen zur Nahrung. So geschah es. [31]Gott sah alles an,
was er gemacht hatte: Es war sehr gut. Es wurde
Abend und es wurde Morgen: der sechste Tag.
2 [1]So wurden Himmel und Erde vollendet und ihr
ganzes Gefüge. [2]Am siebten Tag vollendete Gott das
Werk, das er geschaffen hatte, und er ruhte am sieb-
ten Tag, nachdem er sein ganzes Werk vollbracht
hatte. [3]Und Gott segnete den siebten Tag und erklär-
te ihn für heilig; denn an ihm ruhte Gott, nachdem
er das ganze Werk der Schöpfung vollendet hatte.
[4a]Das ist die Entstehungsgeschichte von Himmel
und Erde, als sie erschaffen wurden.

Der vorpriesterliche Schöpfungsmythos (Gen 2,4b–3,24)

2 [4b]Zur Zeit, als Gott, der Herr, Erde und Himmel machte, [5]gab es auf der Erde noch keine Feldsträucher und wuchsen noch keine Feldpflanzen; denn Gott, der Herr, hatte es auf die Erde noch nicht regnen lassen und es gab noch keinen Menschen, der den Ackerboden bestellte; [6]aber Feuchtigkeit stieg aus der Erde auf und tränkte die ganze Fläche des Ackerbodens. [7]Da formte Gott, der Herr, den Menschen aus Erde vom Ackerboden und blies in seine Nase den Lebensatem. So wurde der Mensch zu einem lebendigen Wesen. [8]Dann legte Gott, der Herr, in Eden, im Osten, einen Garten an und setzte dorthin den Menschen, den er geformt hatte. [9]Gott, der Herr, ließ aus dem Ackerboden allerlei Bäume wachsen, verlockend anzusehen und mit köstlichen Früchten, in der Mitte des Gartens aber den Baum des Lebens und den Baum der Erkenntnis von Gut und Böse. [10]Ein Strom entspringt in Eden, der den Garten bewässert; dort teilt er sich und wird zu vier Hauptflüssen. [11]Der eine heißt Pischon; er ist es, der das ganze Land Hawila umfließt, wo es Gold gibt. [12]Das Gold jenes Landes ist gut; dort gibt es auch Bdelliumharz und Karneolsteine. [13]Der zweite Strom heißt Gihon; er ist es, der das ganze Land Kusch umfließt. [14]Der dritte Strom heißt Tigris; er ist es, der östlich an Assur vorbeifließt. Der vierte Strom ist der Eufrat. [15]Gott, der Herr, nahm also den Menschen und setzte ihn in den Garten von Eden, damit er ihn bebaue und hüte. [16]Dann gebot Gott, der Herr, dem Menschen: Von allen Bäumen des Gartens darfst du essen, [17]doch vom Baum der Erkenntnis von Gut und Böse darfst du nicht essen; denn sobald du davon isst, wirst du sterben. [18]Dann sprach Gott, der Herr: Es ist nicht gut, dass der Mensch allein bleibt. Ich will ihm eine Hilfe machen, die ihm entspricht. [19]Gott, der Herr, formte aus dem Ackerboden alle Tiere des Feldes und alle Vögel des Himmels und führte sie dem Menschen zu, um zu sehen, wie er sie benennen würde. Und wie der Mensch jedes lebendige Wesen benannte, so sollte es heißen. [20]Der Mensch gab Namen allem Vieh, den Vögeln des Himmels und allen Tieren des Feldes. Aber eine Hilfe, die dem Menschen entsprach, fand er nicht. [21]Da ließ Gott, der Herr, einen tiefen Schlaf auf den Menschen fallen, sodass er einschlief, nahm eine seiner Rippen und verschloss ihre Stelle mit Fleisch. [22]Gott, der Herr, baute aus der Rippe, die er vom Menschen genommen hatte, eine Frau und führte sie dem Menschen zu.

[23]Und der Mensch sprach: Das endlich ist Bein von meinem Bein und Fleisch von meinem Fleisch. Frau soll sie heißen, denn vom Mann ist sie genommen.

[24]Darum verlässt der Mann Vater und Mutter und bindet sich an seine Frau und sie werden ein Fleisch. [25]Beide, Adam und seine Frau, waren nackt, aber sie schämten sich nicht voreinander.

3 [1]Die Schlange war schlauer als alle Tiere des Feldes, die Gott, der Herr, gemacht hatte. Sie sagte zu der Frau: Hat Gott wirklich gesagt: Ihr dürft von keinem Baum des Gartens essen? [2]Die Frau entgegnete der Schlange: Von den Früchten der Bäume im Garten dürfen wir essen; [3]nur von den Früchten des Baumes, der in der Mitte des Gartens steht, hat Gott gesagt: Davon dürft ihr nicht essen und daran dürft ihr nicht rühren, sonst werdet ihr sterben. [4]Darauf sagte die Schlange zur Frau: Nein, ihr werdet nicht sterben. [5]Gott weiß vielmehr: Sobald ihr davon esst, gehen euch die Augen auf; ihr werdet wie Gott und erkennt Gut und Böse. [6]Da sah die Frau, dass es köstlich wäre, von dem Baum zu essen, dass der Baum eine Augenweide war und dazu verlockte, klug zu werden. Sie nahm von seinen Früchten und aß; sie gab auch ihrem Mann, der bei ihr war, und auch er aß. [7]Da gingen beiden die Augen auf und sie erkannten, dass sie nackt waren. Sie hefteten Feigenblätter zusammen und machten sich einen Schurz. [8]Als sie Gott, den Herrn, im Garten gegen den Tagwind einherschreiten hörten, versteckten sich Adam und seine Frau vor Gott, dem Herrn, unter den Bäumen des Gartens. [9]Gott, der Herr, rief Adam zu und sprach: Wo bist du? [10]Er antwortete: Ich habe dich im Garten kommen hören; da geriet ich in Furcht, weil ich nackt bin, und versteckte mich. [11]Darauf fragte er: Wer hat dir gesagt, dass du nackt bist? Hast du von dem Baum gegessen, von dem zu essen ich dir verboten habe? [12] Adam antwortete: Die Frau, die du mir beigesellt hast, sie hat mir von dem Baum gegeben und so habe ich gegessen. [13] Gott, der Herr, sprach zu der Frau: Was hast du da getan? Die Frau antwortete: Die Schlange hat mich verführt und so habe ich gegessen. [14]Da sprach Gott, der Herr, zur Schlange: Weil du das getan hast, bist du verflucht unter allem Vieh und allen Tieren des Feldes. Auf dem Bauch sollst du kriechen und Staub fressen alle Tage deines Lebens. [15]Feindschaft setze ich zwischen dich und die Frau, zwischen deinen Nachwuchs und ihren Nachwuchs. Er trifft dich am Kopf und du triffst ihn an der Ferse. [16]Zur Frau sprach er: Viel Mühsal bereite ich dir, sooft du schwanger wirst. Unter Schmerzen gebierst du Kinder. Du hast Verlangen nach deinem Mann; er aber wird über dich herrschen. [17]Zu Adam sprach er: Weil du auf deine Frau gehört und von dem Baum gegessen hast, von dem zu essen ich dir

verboten hatte: So ist verflucht der Ackerboden deinetwegen. Unter Mühsal wirst du von ihm essen alle Tage deines Lebens.
18Dornen und Disteln lässt er dir wachsen und die Pflanzen des Feldes musst du essen.
19Im Schweiße deines Angesichts sollst du dein Brot essen, bis du zurückkehrst zum Ackerboden; von ihm bist du ja genommen. Denn Staub bist du, zum Staub musst du zurück.
20Adam nannte seine Frau Eva (Leben), denn sie wurde die Mutter aller Lebendigen.
21Gott, der Herr, machte Adam und seiner Frau Röcke aus Fellen und bekleidete sie damit.
22Dann sprach Gott, der Herr: Seht, der Mensch ist geworden wie wir; er erkennt Gut und Böse. Dass er jetzt nicht die Hand ausstreckt, auch vom Baum des Lebens nimmt, davon isst und ewig lebt!
23Gott, der Herr, schickte ihn aus dem Garten von Eden weg, damit er den Ackerboden bestellte, von dem er genommen war.
24Er vertrieb den Menschen und stellte östlich des Gartens von Eden die Kerubim auf und das lodernde Flammenschwert, damit sie den Weg zum Baum des Lebens bewachten.

Baustein 1

„Typisch Mensch?!" – Die Ambivalenz menschlichen Seins und Handelns

Ziele

- sich der Ambivalenz menschlichen Seins und Handelns bewusst werden, indem man ausgehend von dem Impuls „Typisch Mensch?!" einen Cluster zu seinen Assoziationen entwickelt, den man anschließend vor dem Kurs begründet vorstellt.
- Beispiele für diese Ambivalenz nennen und diese vor dem Hintergrund möglicher Ursachen beurteilen, indem man ausgehend von einer Liedanalyse (Die Toten Hosen: Mensch) eine produktionsorientierte Erschließung des Mediums durchführt.
- Die großen Herausforderungen des Menschen in der Neuzeit erkennen und deren Bedeutung für das Scheitern und Gelingen menschlichen Lebens beurteilen, indem man unterschiedliche Sachtexte (Freud und Lüke) analysiert, die Ergebnisse präsentiert und gemeinsam Verbindungslinien zu den zuvor entwickelten Tafelbildern herstellt.

Methoden

- Clustern als Förderung vernetzenden Denkens
- Produktionsorientierte Erschließung von Popmusik
- Analyse von Sachtexten zur Anthropologie und Ethik
- Gemeinsamer Tafelbildentwurf im Rahmen fragend-entwickelnder Unterrichtsgespräche

Der Baustein versteht sich als Hinführung zur Erarbeitung der anthropologisch-ethischen Aspekte innerhalb der biblischen Schöpfungsmythen (Gen 1,1–3,24) und soll die Schüler für die dort enthaltene, Orientierung und Hoffnung spendende Botschaft sensibilisieren. Im neuzeitlich-modernen Umfeld, in dem die Schüler leben und aufwachsen, wird der Mensch mit diversen Erkenntnissen der modernen Naturwissenschaften oder aber der Psychologie konfrontiert, die ihn in seiner Sinnsuche blockieren oder verunsichern. So befindet er sich zunehmend in einer Situation des Suchens, Zweifelns und Fragens, die bspw. dem Menschen des Mittelalters fremd erschienen wäre. Aus soziologischer Sicht erfolgt diese Erfahrung von Alterität in einer Welt, die geprägt ist von einer Gleichzeitigkeit von Moderne, Postmoderne und Globalisierung (vgl. H. Mendl, Religionsdidaktik kompakt. Für Studium, Prüfung und Beruf, München 2011, Kösel Verlag, 14ff.). Diese Gleichzeitigkeit besitzt dabei einen ambivalenten Charakter. Denn auf der einen Seite betrachtet sich der Mensch als ein auf vielen Gebieten fortschrittliches, aufgeklärtes Wesen, das eine positive Sicht auf die Errungenschaften der Moderne einnimmt. Auf der anderen Seite muss der Mensch sich eingestehen, dass wissenschaftlich-technische Deutungs- und Gestaltungswege der Moderne immer wieder durch Rückschläge, wie Krieg oder Atomunfälle, entzaubert werden, seine eigene Individualität in den kapitalistisch und pluralistisch geprägten Massengesellschaften des 21. Jahrhunderts oft in Vergessenheit gerät und daher sein Suchen und Fragen nach sich selbst immer wieder als Weg beschritten wird, auf dem Scheitern und Gelingen sehr nah beieinander liegen. Der erste Baustein soll dazu dienen, sich dieser besonderen Lebenssituation bewusst zu werden, und zugleich die Defizite und Anfragen des Menschen in den Blick nehmen, die – korrelationsdidaktisch betrachtet – durch die anschließende Auseinandersetzung mit den biblischen Perspektiven auf den Menschen neu beleuchtet werden sollen. Dies

→ Kapitel 2.1

kann dann wiederum zu einer Neuausrichtung der Schüler in einer Welt der Krisenerscheinungen und Verunsicherung führen. Um eine erste Sensibilisierung zu erreichen, d. h. die Herausforderungen der Moderne auch unter Anführung von konkreten Beispielen nennen und bewerten zu können, wird zunächst bewusst subjektorientiert mit einer Übung zur Wahrnehmung des eigenen Mensch-Seins begonnen, die als entscheidende Grundlage für die Auseinandersetzung mit den weiteren Medien des ersten Bausteins dient.

→ Kapitel 3.1

→ Zusatzmaterial 3, S. 52
→ Zusatzmaterial 4, S. 53

„Typisch Mensch?!“ – Ein Cluster zum Sein und Handeln des modernen Menschen

Sachanalyse

Für eine langfristig anvisierte Förderung einer Suchbewegung des Menschen nach sich selbst und der damit verbundenen Bewusstwerdung von Erfahrungen des Scheiterns und Gelingens ist es wichtig, die Schüler zunächst auf diese Suche nach sich selbst zu schicken. Durch den Einsatz eines Clusters, der kumulativ entwickelt wird und somit einen sinnvollen Austausch zwischen den Schülern ermöglicht, wird das vernetzende und kooperative Arbeiten gefördert. Zugleich legt diese offene sowie an den konkreten Schüler-Assoziationen orientierte Phase die elementaren Strukturen des Unterrichtsvorhabens frei.

SII

Methodischer Kommentar

Anstatt auf einen lehrerzentrierten **Einstieg** zu setzen, der die Schüler in ihrem eigenen Suchen und Fragen unter Umständen nicht ernst genug nimmt, wird mit einer schülerorientierten Übung begonnen. Der Impuls „Typisch Mensch?!“ wird auf der Tafel notiert und das weitere Vorgehen erläutert. Ein Beispielcluster zu einem anderen Thema kann ggf. eine sinnvolle Hilfestellung für Schüler sein, die Probleme mit dieser Methode haben. Zuvor sind auf den Tischen der Schüler bereits fünf bis sechs weiße und vier bis fünf gelbe Din-A5-Zettel sowie Filzstifte zu verteilen, um von hier aus den Einstiegsauftrag zu geben: „Schreiben Sie zunächst in Einzelarbeit *auf den weißen Zetteln alle Ideen und Gedanken* auf, die Ihnen beim Lesen dieses Impulses einfallen. Versuchen Sie, Ihre Ideen dabei bereits so zusammenzufassen, dass Sie auf *den gelben Zetteln Oberbegriffe* festhalten können.“ So sind die Schüler relativ schnell aufgefordert, zunächst ganz individuell ihr Vorwissen zu aktivieren, dieses gebündelt zu verschriftlichen und erste Ideen zur Vernetzung der Oberbegriffe zu entwickeln. Wichtig ist hierbei auch die Zeitvorgabe von vier bis fünf Minuten, um diese Phase wirklich auch als Spontanphase zu gestalten, bei der noch keine tiefer gehende Reflexion erfolgt.

Da diese Doppelstunde das Ziel verfolgt, sich der facettenreichen Breite sowie dialogischen Ambivalenz menschlichen Seins und Handelns bewusst zu werden und folglich die für diese Thematik inhaltlich bedeutsamen Gesichtspunkte zu diskutieren, zu bündeln und in ihren Beziehungen zueinander wahrzunehmen, erfolgt nun zunächst nach dieser ersten **Erarbeitung** im Einstieg der Austausch der Ergebnisse mit dem Sitznachbarn. Hierbei sollten erste Gemeinsamkeiten bzw. Schwerpunkte und Zusammenhänge erkannt werden, um von hier aus eine Bündelung und Strukturierung der Oberbegriffe zu ermöglichen. Abgerundet wird diese insgesamt acht bis zehn Minuten dauernde **weiterführende Erarbeitung** durch den Wechsel in die Vierergruppen, bei der die abschließende Aufgabe nun darin besteht, zu viert in ca. 15–20 Minuten ein Cluster zu ihren bereits gefilterten Assoziationen zu entwickeln, das sie anschließend vor dem Kurs begründet vorstellen sollen. Den Vierergruppen werden dafür die Tafel selbst sowie die seitlich anschließenden Klassenwände zugewiesen, wo sie ihre Lösung anbringen können. Von hier aus wird in die Phase der **Präsentation, Sicherung und Reflexion** übergeleitet.

Nachdem alle Cluster angebracht worden sind, kommt den Schülern spätestens zu Beginn des zweiten Teils der Doppelstunde nun die Aufgabe zu, ihre Ergebnisse dem Rest des Kurses begründet zu präsentieren. Um am Ende auch ein für die Reihe tragendes Gesamtcluster zu bekommen, wird im Anschluss daran erneut die Perspektive der Schüler erweitert (1–2–4–Gesamtzahl des Kurses). Den Schülern kommt somit die Aufgabe einer gemeinschaftlichen und im vernünftigen Dialog stattfindenden Bündelung und Strukturierung eines Gesamtergebnisses zu, das als Orientierung für die weitere Auseinandersetzung mit den Themen der Unterrichtsreihe dient (zu einem möglichen Ergebnis siehe **Zusatzmaterial 3**, S. 52). Am Ende muss noch genügend Zeit vorhanden sein, um das Gesamtergebnis im Heft oder im Ordner festzuhalten. Mit diesem Zugang, der nicht nur die Methoden- und Sozialkompetenz der Schüler besonders fördert, sondern dem Lehrer auch als Diagnoseinstrument dienen kann, um Vorwissen und Interessen der Lerngruppe in Erfahrung zu bringen, wird zudem sichergestellt, dass den Schülern die den Themen Anthropologie und Ethik inhärenten, inneren Verbindungen, analogen Fragestellungen und gemeinsamen Perspektiven bewusst werden, die für ein vernetzendes, kumulatives und somit nachhaltiges Lernen erfahrungsgemäß so bedeutsam sind (vgl. K. König, Horizontale und vertikale Vernetzung im Unterricht, in: KatBl 135, 2010, 342–347, 342).

→ Kapitel 3.2

Ausgehend von dem Gesamtcluster werden nun im Sinne eines schülerorientierten und demokratisch geprägten Lernens gemeinsame Grundfragen formuliert, die die Lerngruppe bei der Unterrichtsreihe als eine Art Leitfaden begleiten sollten. Dazu könnten z. B. die Fragen gehören, was der Mensch eigentlich ist, wo er herkommt, was sein Lebenssinn ist und ob er eine Verantwortung für sich und andere hat. Um sicherzustellen, dass die anthropologisch-ethischen Aspekte und Problemfelder vor einem theologischen Hintergrund beleuchtet werden können, sind u. U. Ergänzungen durch den Lehrer vonnöten. Für den Übergang zur nächsten Stunde ist zu bedenken, dass eine **Hausaufgabe** zu stellen ist, die im Rahmen der nun folgenden Sachanalyse zu erläutern ist. Als Alternative zum Clustern bietet sich die Möglichkeit an, den Umriss eines Menschen aufzuzeichnen und diesen mit Schlagworten zu füllen. Für Schüler, die nicht so stark kognitiv arbeiten können, wäre dieser visuell unterstützte Zugang eine sinnvolle Einstiegsvariante in die Reihe (siehe **Zusatzmaterial 4**, S. 53).

Die Toten Hosen: Mensch

→ Arbeitsblatt 1, S. 47 f.

→ Zusatzmaterial 5, S. 54

Sachanalyse

Das Lied der 1982 gegründeten und seitdem sehr aktiven sowie äußerst erfolgreichen deutschen Punk-Rock-Band „Die Toten Hosen“ entstammt dem Nummer-1-Album „Opium fürs Volk“ aus dem Jahre 1996. Wie viele andere Lieder der Band auch enthält es eine deutlich politische und gesellschaftskritische Aussageabsicht und reiht sich somit passend in das Gesamtwerk der Düsseldorfer Band ein, die sich u. a. auch durch ihr Engagement gegen Atomkraft, Tierquälerei und Umweltzerstörung ausgezeichnet hat. Das Lied „Mensch“ bringt dabei wohl in besonderer Weise das dem Album zugrundeliegende Interesse zur Sprache, einer nur noch den eigenen Interessen zugewandten und von den Oberflächlichkeiten des Lebens narkotisierten Gesellschaft den Spiegel vor das Gesicht zu halten. Ziel ist es hierbei, den Menschen wach zu machen, ja ihn aufzurütteln, damit er sich selbst und die Gesellschaft von diesen Ketten der Angst und Abhängigkeit befreit.

Das Lied auf **Arbeitsblatt 1** (S. 47) eignet sich für die Schuljahre 10–13 und beginnt mit der Frage eines vermeintlich äußeren „Du“ (V. 1) an das lyrische Ich, das in diesem Fall den Menschen an sich repräsentiert. Dieses „Du“, das sich später als ein Teil des ebenfalls vermeintlich eigenständigen „Ichs“ entpuppen wird, geht dabei über diese Frage zunächst in

Distanz zum „Ich“, das ihm hier noch als fremd erscheint. Ab hier beginnt dann die Wahl der für das ganze Lied charakteristischen Ich-Perspektive, aus der die einzelnen Strophen heraus entworfen werden. So beginnen die folgenden Strophen entweder mit dem Personalpronomen „Ich“, dem Possessivpronomen „Mein“ oder aber einer Verbform in der 1. Person Singular. In Bezug auf die Gliederung des Liedes (vgl. dazu **Zusatzmaterial 5**, S. 54) lässt sich feststellen, dass nach den einleitenden Versen 1–3 eine Dreiteilung der Strophen erfolgt, die dem Refrain jeweils vorausgeht. Diese Strophen sind dadurch voneinander getrennt, dass hier kurze Pausen erfolgen, aber auch ein Wechsel von langsamer und eher leiser zu schneller und lauterer Musik auszumachen ist. Der Refrain besitzt dabei die Aufgabe, die Ausgangsfrage des „Du“ wieder aufzunehmen und mit Rückblick auf die einzelnen Strophen zu beantworten. Das „Du“ und das „Ich“ sind keine Gegensätze im engeren Sinn, sondern ambivalente Anteile ein und desselben Lebewesens Mensch. Es liegt also ein Merismus vor, der auch die einzelnen Strophen selbst deutlich kennzeichnet. Der ebenfalls laute und schnelle Refrain soll dabei das „Du“ aufrütteln, es soll erkennen, dass alles, was das lyrische Ich besingt, zwangsläufig zum Menschen dazugehört, auch wenn viele von uns die negativen Eigenschaften gerne versuchen zu verdrängen.

Inhaltlich betrachtet lebt der Songtext freilich von den vermeintlichen Gegensatzpaaren, die sich aber ähnlich wie bei der Einleitung des Liedes eben als Merismen erweisen. Beispiele sind hierfür u.a., dass der Mensch „gut und […] böse“ (V. 7) ist. Insbesondere dieser Aspekt ist für die Erzählung von Adam und Eva bedeutsam, bringt er doch die Problematik der → Kapitel 2.2 menschlichen Willensfreiheit und des malum morale in der Welt zur Sprache. Im Sinne eines kumulativen Lernens wird hier auch auf die Erörterung der Theodizeefrage in der Q1 vorausgeblickt. Ebenso bedeutsam ist in diesem Kontext die Rede davon, dass die Hände des Menschen „voll Blut [sind] und [sein] Herz voller Gold“ (V. 19), da hier die Handlungspotentiale des Menschen in ihrem ganzen Ausmaß vor Augen geführt werden. Zu guter Letzt ist → Baustein 3 auch der Verweis auf den Gotteskomplex des Menschen wichtig, da er sich gerne zum „eigene[n] König“ (V. 21) macht, dessen Thron die Erde ist (vgl. V. 21). Genau dies wird in Gen 2,4b–3,24 erkennbar, wo doch die Angst vor der Freiheit ihn dazu verleitet, wie Gott sein zu wollen, obwohl seine Aufgabe eigentlich darin besteht, als von Gott geliebtes und gewolltes Geschöpf die Erde in seinem Auftrag verantwortungsvoll und gütig zu bewahren und auch darüber zu sich selbst zu finden, anstatt ständig auf der Suche nach sich selbst und seinem Sinn zu sein (vgl. V. 10).

Methodischer Kommentar

Nach der einleitenden Doppelstunde sollte der erste Teil der nun folgenden Einzelstunde dadurch vorentlastet werden, dass die erste Aufgabe auf dem **Arbeitsblatt 1** (S. 47f.) bereits zu Hause zu bewerkstelligen ist. Dieser kognitiv angelegte **Einstieg**, eine Deutungshypothese zu entwerfen, die durch angemessene Textbelege abgesichert wird, dient zunächst einmal der Analyse sowie Interpretation des Textes. Das Lied wird dabei als Einstimmung zu Stundenbeginn nochmal eingespielt, bevor eine **Präsentation** der Lösung zu dieser ersten Aufgabe erfolgt.

Von hier aus lässt sich insbesondere für Schüler, die mit produktionsorientierten Aufgabenstellungen gar nicht oder kaum vertraut sind, eine solide Basis für Aufgabe zwei legen. Diese Form der **Erarbeitung** knüpft an die Offenheit des Textes an und bietet Raum für eine tiefergehende Beschäftigung mit dem Thema und der Intention des Liedes. In Partnerarbeit fällt die Erstellung einer Lösung sicher leichter, da das kreative Schreiben nicht immer unbedingt allen Schülern in gleichem Maße zusagt. Die vorgegebenen Zeilen können, müssen aber nicht benutzt werden. Die Textproduktion kann auch auf einem Collegeblock oder im Heft erfolgen. Wichtig ist, dass die Schüler in der Perspektive des lyrischen Ich schreiben, um ihre Empathie für den Text zu intensivieren. Die oftmals von Schülern gestellte Frage, ob sich die Verse reimen müssen, ist damit zu beantworten, dass dies möglich, aber nicht zwingend notwendig ist. So gibt man auch den weniger kreativen Schülern die Möglichkeit, sich angemessen zu beteiligen. Mögliche Beispiele für die Versproduktionen können nicht nur, sondern werden stark variieren, da oftmals Beispiele aus gegenwärtigen Situationen des Lebens und der Gesellschaft gewählt werden.

Von zentraler Bedeutung für diesen ersten Teil einer Doppelstunde sind die **Präsentation** der Ergebnisse und deren Würdigung sowie der vernetzende **Transfer** zum Cluster aus der Einstiegsstunde. Das Cluster kann als Resultat nochmal kopiert und verteilt werden, um den Vergleich auch visuell zu unterstützen. Die **Ergebnissicherung**, die hier mündlich realisiert werden kann, sollte herausstellen, dass der Mensch gemäß der Deutung der Toten Hosen viel mehr Schattenseiten besitzt, als viele von uns wahrhaben wollen, und wir uns mit dieser dunklen Seite und ihrem Verhältnis zu unseren positiven Potentialen genauer auseinandersetzen sollen. So entwickelt sich hier ein zunehmendes Problembewusstsein für die Fragen, Ängste, Handlungen und Suchbewegungen des modernen Menschen, der vor allem mit den technischen, naturwissenschaftlichen und philosophischen Herausforderungen der Neuzeit zu kämpfen hat und der daran durchaus zu Grunde gehen kann.

→ Zusatzmaterial 3

Sigmund Freud: Die drei großen Kränkungen des Menschen

→ Arbeitsblatt 2, S. 49

Sachanalyse

Die von den Toten Hosen aufgeworfene Thematik wird durch einen Text zu den möglichen Ursachen der negativen Aspekte menschlichen Seins und Handelns abgerundet. Freilich sind die Erklärungen Freuds, des Begründers der modernen Psychoanalyse, nur als Ergänzungen der Moderne zu betrachten, da der Mensch bereits seit seiner Entstehung sowohl gute als auch schlechte Seiten besitzt, Frieden schafft, aber auch Kriege führt, gierig ist, aber auch mit anderen teilen kann. Entscheidend für den Einsatz dieses kurzen, aber aussagekräftigen Textes aus dem Jahre 1917 ist zum einen der Verweis auf die verstärkende Wirkung moderner Infragestellungen des bis dato gültigen Menschenbildes und zum anderen die nicht nur mit Sigmund Freud in Verbindung zu bringende moderne Religionskritik. Beides kann als eine Art Impuls oder Türöffner für die biblische Anthropologie und Ethik dienen, so dass im Idealfall ein kritischer Diskurs zwischen beiden Betrachtungsweisen entstehen kann.

Sigmund Freud zeigt in diesem Textauszug drei zentrale Kränkungen auf, denen sich der Mensch in der Moderne ausgeliefert sieht. Die ersten beiden, also das Ende des geo- und anthropozentrischen Weltbildes, das die Erde und den Menschen immer als die Krone der göttlichen Schöpfung betrachtet hat, liefert die Grundlage für die moderne Kritik an einem wortwörtlichen Schöpfungsverständnis. Die Erde ist nicht der Mittelpunkt des Universums, sondern ein kleines und anscheinend zufälliges Produkt der Evolution des Universums, genauso wie der Mensch kein direkt geschaffenes göttliches Wesen ist, sondern ein aufgrund von Mutation und Selektion entstandener Nachfahre der Menschenaffen. Die Naivität und der Narzissmus des Menschen, der sich lange Zeit als besonders hervorgehobenes Wesen betrachtet hat, werden nach Freud aber vor allem durch die dritte große Kränkung vorangetrieben, die er genauso zu bekämpfen versucht wie die Erkenntnis, dass er ein winziger, zufällig entstandener Bewohner des Kosmos ist. Der Mensch, so Freud, ist aufgrund der Resultate der psychoanalytischen Forschung noch nicht einmal Herrscher über sich selbst, sein Ich ist eine Illusion, mit der er versucht, die stärkeren, unbewussten Anteile zu kontrollieren, obwohl genau diese ihn letztlich steuern. Freud vertritt mit dieser Ansicht natürlich eine materialistische und reduktionistische Weltanschauung, die bei aller Zustimmung zu den Erkenntnissen der modernen Naturwissenschaften und der Psychologie in dieser Form kritikwürdig erscheint. Denn die eben beschriebenen Erkenntnisse sind deutungsoffen, d.h. sie können sowohl einer atheistischen Weltanschauung dienlich sein, aber auch eine theistische Deutung durchaus zulassen. Die entscheidende Aufgabe der Lehrer besteht demnach also darin, die Möglichkeiten einer Synthese zwischen (christlicher) Religion und den Naturwissenschaften auch in ihrer Tiefe zu kennen und mögliche Gegenargumente zu antizipieren. Nur vor diesem Hintergrund wird auch die Sinnhaftigkeit einer Beschäftigung mit den biblischen Schöpfungsmythen deutlich.

SII

Methodischer Kommentar

Der Sachtext (**Arbeitsblatt 2**, S. 49) sollte wenn möglich als **Hausaufgabe** bearbeitet werden und der Bearbeitung der Texte zur evolutionsbiologischen Sicht auf den Menschen (**Arbeitsblatt 3**, S. 50f.) vorausgehen. Dann hätte er einen überleitenden Charakter und würde der darauffolgenden Doppelstunde als **Einstieg** dienen. Wer mehr Zeit auf ihn verwenden möchte, kann ihn auch in 45 Minuten ausführlich behandeln und hierbei das kooperative Arbeiten schulen. In diesem Fall kann man – je nach Leistungsstärke der Lerngruppe – ausgehend von der Liedanalyse einen kurzen, lehrerzentrierten sowie Transparenz schaffenden **Einstieg** schaffen, der die eigentliche **Erarbeitung** des Textes einleitet. Alternativ denkbar ist die Vorgehensweise, im Sinne eines Philosophierens und Theologisierens mit Kindern und Jugendlichen offen über mögliche Ursachen der Ambivalenz menschlichen Seins und Handelns zu diskutieren, ggf. auch im kommunikativeren Stuhlkreis. Als Impuls könnte statt einer klassischen W-Frage die Formulierung „Der Mensch, ein Wesen mit Licht und Schatten – Warum?“ dienen, da dieser wesentlich mehr Aufforderungscharakter besitzt. Von hier aus ließe sich dann der Text samt Aufgabenstellung einführen, wobei der Stuhlkreis dafür nicht gänzlich aufgehoben werden muss. Er kann zu einem Außen- und Innenkreis erweitert werden, so dass eine kooperative **Erarbeitung** mit der Kugellagermethode erfolgen kann. Die beiden Kreise bearbeiten dabei zunächst eigenständig den Text und vergleichen ihre Ergebnisse dann mit denen des gegenüberliegenden Kreises, wobei etwaige Ergänzungen oder Korrekturen schriftlich zu fixieren sind. Ob der Austausch durch einmaliges oder mehrfaches Drehen geschieht, ist den Lehrern frei überlassen. Natürlich kann die Erarbeitung auch im Think-Pair-Share-Verfahren erfolgen, dann sollte man aber zur normalen Sitzordnung zurückkehren.

Im Rahmen der **Präsentation** und **Sicherung** ist es wichtig, die Ausgangsfrage als Rahmen zu verwenden, d.h. nicht nur die Frage nach den Ursachen erneut zu beantworten, sondern zugleich nach weitergehenden Konsequenzen der Freudschen Analysen zu fragen. Im Sinne einer Schulung der **Urteilsbildung** ist natürlich am Ende der Stunde eine offene Diskussion über die Stichhaltigkeit der Argumente Freuds zu führen, die schriftlich gesichert werden kann. Zu erwarten sind hierbei vor allem heutige, positivistische Deutungen der Erkenntnisse der modernen Naturwissenschaften und der Psychologie. Schüler sprechen in diesem Zusammenhang oft von einer wichtigen Weiterentwicklung des Menschen, von den Grundlagen für moderne Technik und Forschung und von einer Loslösung von Abhängigkeit schaffenden Institutionen, wie Kirchen oder Parteien. Ein Impuls, den man in dieser Beurteilungsphase verwenden könnte, lautet wie folgt: „Die Thesen Freuds – berechtigt oder problematisch?“. Denkbar wäre aber auch eine kurze Positionierung des Lehrers zur Fragestellung, die ggf. undifferenziert und somit provokativ sein kann und die dadurch die Schüler zu einer eigenen Positionierung herausfordern kann: „Also, mich überzeugt dieser Freud ja überhaupt nicht!“

→ Baustein 4

Ulrich Lüke: Der Mensch aus der Sicht der Evolutionsbiologie

→ Arbeitsblatt 3, S. 50f.

Sachanalyse

Der wissenschaftliche Sachtext des Theologen und Biologen Ulrich Lüke dient der Vertiefung der bei Sigmund Freud skizzierten evolutionsbiologischen Erkenntnisse zum modernen Menschen. Er ist aufgrund der Länge und Verständlichkeit in der SII an sich problemlos einsetzbar, wurde aber um einen einleitenden Infotext und Anmerkungen erweitert, damit die Schüler schnell und zielführend die Aufgabenstellung bearbeiten können. Der einleitende Infotext dient dazu, die für das Verständnis der Biogenese wichtigen Stufen der Entwicklung des Kosmos und der Erde zu skizzieren, ohne die ein Leben im biologischen Sinne niemals hätte entstehen können. Im Idealfall wird hier Wissen aus dem ersten Halbjahr wiederholt und damit gefestigt. Wichtig ist es, sich die Abfolge dieser Entwicklungsprozesse klar zu machen und diese u. a. beim Vergleich mit Gen 1,1 – 2,4a internalisiert zu haben.

Der Text von Ulrich Lüke fokussiert sich auf die konkrete Evolution des modernen Menschen und zwar im Übergang von den Pithecinen hin zu den Hominiden. Nach einem kurzen Überblick über die Gesamtsituation der evolutionsbiologischen Forschung, die u. a. den Ursprung der modernen Menschen in Afrika erkannt haben will (vgl. Z. 1 – 3), zeichnet Lüke den Weg von den berühmten Australopithecinen hin zum modernen homo sapiens sapiens nach. Dabei werden jeweils der Gattungsname, die Zeit des Auftretens, die Größe von Körper bzw. Gehirn, wichtige Fund- und Verbreitungsorte sowie wichtige Weiterentwicklungen der einzelnen Evolutionsschritte auf kurze und verständliche Weise vorgestellt. Wichtig ist die Erkenntnis, dass sich dieser Prozess über einen Zeitraum von ca. 15 Millionen Jahre erstreckt und eine zunehmende Anpassung der Hominiden an die sich verändernden Lebenssituationen erfolgt. Der aufgrund der Entstehung von Savannen entwickelte aufrechte Gang bei den Australopithecinen nimmt dabei eine besondere Stellung ein (vgl. Z. 13 – 27). Von den Bipeden kommt es zur allmählichen Entstehung der Hominiden. Der homo habilis ist bereits in der Lage, „Knochenwerkzeuge“ (Z. 31 f.) zu benutzen. Der homo erectus zeichnet sich dadurch aus, dass er Feuer machen kann und als Großwildjäger agiert (vgl. Z. 38f.). Von dieser technischen Evolution aus kommt es allmählich zur sozialen und kulturellen Evolution, wie bspw. beim Neandertaler, der jedoch nur eine Nebenlinie der Hominiden darstellt und nicht im engeren Sinne mit uns modernen Menschen verwandt ist (vgl. Z. 50 – 66). Ihm gelingt es, Fürsorge für verletzte Gruppenmitglieder zu übernehmen und Musikinstrumente zu entwickeln. Der moderne Mensch, der homo sapiens sapiens, sticht durch weiter entwickelte kulturelle Fähigkeiten, wie „Höhlenmalereien, vollplastische Darstellungen“ (Z. 75f.) sowie durch die Etablierung einer „Klingenkultur“ und „landwirtschaftliche Revolution“ (Z. 79f.) heraus.

Methodischer Kommentar

SII

Der Text (**Arbeitsblatt 3**, S. 50f.) dient einerseits als Abschluss des ersten Bausteins und zugleich als vernetzende Überleitung zu Baustein 2, der sich zunächst mit dem Konzept der Theistischen Evolution und seiner biblischen Basis, Gen 1,1 – 3,24 auseinandersetzt. Von diesem Startpunkt aus erfolgt dann die Erarbeitung der anthropologischen und ethischen Aspekte der beiden Schöpfungsmythen. Dieses Vorgehen ist insofern didaktisch sinnvoll, weil es zunächst gilt, die grundsätzlich mögliche Synthese zwischen naturwissenschaftlichem und biblischem Welt- und Menschenbild aufzuzeigen. Ansonsten stellt sich für die Schüler nämlich die Frage, wieso man sich überhaupt noch im 21. Jh. mit biblischen Schöpfungsmythen beschäftigen muss. In Bezug auf den zu erarbeitenden Text von Lüke sollte die Besprechung dieses vernetzenden Mediums herausstellen, welche Fragen die Naturwissenschaften hinsichtlich des Menschen und seiner Entwicklung stellen und beantworten können, welche Evolutionsschritte zu erkennen sind, welche Bedeutung diese besitzen, was der Mensch aus Sicht der Evolutionsbiologie ist und welche Fragen die Biologie nicht klären kann. Von hier aus ergibt sich dann der Übergang zur existenziellen und theologischen Betrachtung menschlichen Seins und Handelns.

Die **Erarbeitung** kann aufgrund des durchaus langen Textes direkt, also ohne eine separate Einstiegsphase erfolgen, ein kurzer informierender **Unterrichtseinstieg** genügt hier also völlig. Sinnvoll wäre es aber, wie oben beschrieben, den Text von Freud zuvor als Hausaufgabe bearbeiten und im Einstieg besprechen zu lassen, da er die Resultate der von Charles Darwin angestoßenen Forschung bereits kurz anreißt. Ausgehend davon könnten die Schüler im Sinne einer **Hypothesenbildung** ihr Vorwissen zum Thema äußern. Im offenen Unterrichtsgespräch sollte nach einer foliengestützten **Präsentation** der in Partnerarbeit zu erzielenden Ergebnisse in jedem Fall eine kurze Diskussion erfolgen, welche Fragen diese Deutung und Beschreibung des menschlichen Daseins offen lässt bzw. welche Konsequenzen eine rein materielle und evolutive Sicht des Menschen mit sich bringt. Dabei sollte die weiterführende **Problemstellung** erkannt werden, dass eine rein biologische Deutung des Menschen nicht die Frage beantwortet, wieso es überhaupt Leben gibt, wieso das Universum entstanden ist, was der Sinn des Lebens ist und ob bzw. was nach dem Tod kommt. Es sollte klar werden, dass die Naturwissenschaften hier an ihre Grenzen stoßen und theologisches Denken als Ergänzung der Betrachtung unserer Wirklichkeit relevant und wichtig sein kann.

Die Toten Hosen: Mensch

Du fragst mich, wie ich heiße, weil du meinst, ich bin dir fremd.
Lass dir etwas von mir erzählen, dann merkst du, wer ich bin.
Ich habe viele Gesichter, und ich kann mich gut verstellen.

Ich bin dein bester Freund und ich bin dein größter Feind.
Ich halte einen Dolch und 'n Kuss für dich bereit.
Ich leg dir eine Kette und 'n Strick um deinen Hals.

Ich bin gut und ich bin böse, bin Liebe und bin Hass,
ich bin ehrlich und ich lüge, wie es mir grad passt.
Mir kannst du nie vertrauen, nur darauf ist Verlass.

Ich bin immer auf der Suche, doch ich weiß nie wonach,
dauernd auf der Flucht und dauernd auf der Jagd.
Ich hab den Mut entdeckt und ich erfand die Angst,
ich bin Sieger und Verlierer im ewig gleichen Kampf.

Mein Name ist Mensch, ich weiß, dass du mich kennst.
Ich bin du, du bist ich, ich bin ein Mensch.

Ich rede von Gefühlen und benutze den Verstand,
erklär mich für gesund und mach mich selber krank.
Ich will alles kontrollieren und ersticke langsam dran.

Meine Hände sind voll Blut und mein Herz voller Gold.
Ich erfinde die Gesetze und mach die Religion.
Ich bin mein eigener König und die Erde ist mein Thron.

Ich sehne mich nach Licht und bin süchtig nach dem Mond,
drehe mich im Kreis und denk, es geht nach vorn.
Ich lebe und ich sterbe im selben Atemzug,
ich bin Körper und bin Geist, auserwählt und verflucht.

____

____

____

____

Mein Name ist Mensch, ich weiß, dass du mich kennst.
Ich bin du, du bist ich, ich bin ein Mensch.

„Mensch"
Musik: von Holst – Text: Frege

1. *Hören Sie sich das Lied zu Hause an, lesen Sie den Songtext und entwerfen Sie eine Deutungshypothese. Führen Sie für Ihre Hypothese Textbelege an.*
2. *Die Toten Hosen führen in den verschiedenen Strophen des Liedes mehrere Aspekte an, die umschreiben, was bzw. wie der Mensch ist und wie er handelt. Für all diese Aspekte lassen sich konkrete Beispiele finden. Ergänzen Sie in Partnerarbeit das Lied nach den einzelnen Strophen in der Form, dass Sie aus der Perspektive des lyrischen Ichs (Ich-Form) eben solche Beispiele für die in den einzelnen Versen genannten Aspekte entwerfen. Was heißt es also konkret, dass der Mensch viele Gesichter hat etc.? Es genügt, wenn Sie ein bis zwei passende Beispiele pro Textleerstelle finden. Ein mögliches Beispiel könnte lauten: „Ich bin freundlich zu meinen Kollegen und schwärze sie hinter ihrem Rücken beim Chef an."*
3. *Stellen Sie Ihr Ergebnis im Kurs vor und vergleichen Sie Ihre Eindrücke mit dem Cluster aus der letzten Stunde. Wo decken sich die Menschenbilder der Toten Hosen mit Ihren eigenen Überlegungen, wo existieren Unterschiede?*

Sigmund Freud: Die drei großen Kränkungen des Menschen

Sigmund Freud (1856–1939) hat mit den Ergebnissen seiner psychologischen Forschungen und mit seinem Konzept der Psychoanalyse das Selbstverständnis des modernen Menschen massiv infrage gestellt. Die Idee der Freiheit und Autonomie des Menschen folge einer Illusion. In diesem Zusammenhang spricht Freud von drei großen Kränkungen, mit denen der moderne Mensch leben muss.

Zwei große Kränkungen ihrer naiven Eigenliebe hat die Menschheit im Laufe der Zeiten von der Wissenschaft erdulden müssen. Die erste, als sie erfuhr, dass unsere Erde nicht der Mittelpunkt des Weltalls ist, sondern ein winziges Teilchen eines in seiner Größe kaum vorstellbaren Weltsystems. Sie knüpft sich für uns an den Namen Kopernikus. [...] Die zweite dann, als die biologische Forschung das angebliche Schöpfungsvorrecht des Menschen zunichte machte, ihn auf die Abstammung aus dem Tierreich und die Unvertilgbarkeit seiner animalischen Natur verwies. Diese Umwertung hat sich in unseren Tagen unter dem Einfluss von Charles Darwin, Wallace und ihren Vorgängern nicht ohne das heftige Sträuben der Zeitgenossen vollzogen. Die dritte und empfindlichste Kränkung aber soll die menschliche Größensucht durch die heutige psychologische Forschung erfahren, welche dem Ich nachweisen will, dass es nicht einmal Herr im eigenen Hause ist, sondern auf kärgliche Nachrichten angewiesen bleibt von dem, was unbewusst in seinem Seelenleben vorgeht.

Sigmund Freud, Vorlesungen zur Einführung in die Psychoanalyse, 13. Auflage Frankfurt am Main 1997, Fischer Verlag, 283f.

1. *Nennen Sie die drei Kränkungen des Menschen, von denen Sigmund Freud spricht, und erklären Sie kurz, was sich hinter diesen verbirgt.*
2. *Stellen Sie erste Überlegungen an, welche Folgen die Ausführungen Freuds für das Selbstverständnis und die Handlungen des modernen Menschen haben könnten.*
3. *Welche der drei Kränkungen bereitet Ihnen selbst am meisten Probleme und warum?*

Ulrich Lüke: Der Mensch aus Sicht der Evolutionsbiologie

Mit Beginn der Aufklärung haben die modernen Naturwissenschaften damit begonnen, die Vormachtstellung der Kirche in Fragen der Deutung von Welt und Mensch allmählich zu beenden. In den letzten vier Jahrhunderten haben sie dabei wichtige Erkenntnisse erzielen können, die zur Entstehung des sog. technisch-wissenschaftlichen Zeitalters geführt haben. Im Bereich der Kosmogenese, also der Erforschung der Entwicklung des Universums, ließ sich zeigen, dass sich unser Universum aus einem sehr kleinen und heißen Urzustand zu einem großen Universum mit Planeten und Sonnensystemen entwickelt hat und dass es sich seit dem Urknall weiter ausdehnt. Bezüglich der Geogenese, der Erforschung der Entwicklung unserer Erde, konnte aufzeigt werden, dass sich unser Planet langsam aus Staub- und Gaswolken geformt hat, die unter dem Einfluss der Schwerkraft erst zu Klumpen geworden sind und die dann zur Herausbildung der sog. Proto-Erde geführt haben. Der Planet war zunächst sehr karg und lebensfeindlich. Der Erdmantel entwickelte sich unter dem Einfluss ständiger Meteoriteneinschläge. Erst im Laufe der Zeit kam es zu einer lebensfreundlichen Ansammlung von Wasser und zu einer Herausbildung einer sauerstoffreichen Atmosphäre als Grundlage für die Entstehung von Leben. Im Bereich der Biogenese, der Erforschung des Lebens, zeigt sich, dass sich das Leben in einem von Mutation und Selektion gesteuerten Evolutionsprozess langsam entwickelt hat. Aus ersten Aminosäuren und zellähnlichen Strukturen entstanden zunächst in den Meeren erste Formen des Lebens, die immer komplexer und vielfältiger wurden. Der Mensch ist Teil dieses Prozesses. Seine Entstehung und Entwicklung schildert uns der Biologe und Theologe Ulrich Lüke:

Heute wird angenommen, dass die Wiege der Menschenaffen und die der Menschen zwar in Afrika stand, sich der Zwischenschritt von den Menschenaffen zu den Großen Menschenaffen, den **Hominiden**, aber in Eurasien und nicht in Afrika vollzog. Dafür sprechen die ca. 16 bis 14 Millionen Jahre alten Funde des Sivapithecus[1] in Südasien, des Dryopithecus[2] in West- und Mitteleuropa, des Oreopithecus[3] in Italien und des Ouranopithecus[4] in Griechenland. Demnach wäre die Reise der vormenschlichen Evolution hin zum Menschen von Afrika nach Eurasien und zurück gegangen.
Die **Australopithicen**[5], 4,5 bis 1 Million Jahre vor uns, waren ca. 140 cm groß, besaßen etwa 500 ccm Hirnvolumen und waren bipede Hominiden (Fußspuren von Laetoli). Die aufrechte bipede[6] Fortbewegung verschaffte den Australopithicen einen größeren Überblick über ihre Umgebung, setzte die Hände frei zur Mitnahme von Nachwuchs, ermöglichte besseres Sammeln und Transportieren von Nahrung, bot bei der afrikanischen Hitze eine geringere der Sonne zugewendete Körperoberfläche und war unter Verrechnung von Gewicht und Bewegungsgeschwindigkeit schlicht energetisch günstiger als die vierbeinige Fortbewegung. Ihnen ein Ichbewusstein der Art, wie es offenbar den rezenten[7] Menschenaffen eignet, absprechen zu wollen, erschiene nicht plausibel.

Die **Gattung Homo (Mensch)** wird dann, grob gesehen, in die vier folgenden Chronospezies gegliedert:

1. Der **Homo habilis**[8], ca. 2,5 bis 1,2 Millionen Jahre vor uns, hinterließ die ältesten Stein- und Knochenwerkzeuge und besaß ein Gehirnvolumen von 570 bis 800 ccm. Die Herstellung vergleichbarer artifizieller Werkzeuge findet sich bei den rezenten Menschenaffen offenbar nicht.
2. Der **Homo erectus**[9], ca. 1,8 bis 0,3 Millionen Jahre vor uns, mit 750 bis 1300 ccm Gehirnvolumen, war bereits ein Feuer nutzender effizienter Großwildjäger. Der von Teilhard de Chardin mitausgegrabene Homo pekinensis gehört zu dieser Gruppe. Gelegentlich stößt man beim Homo erectus auf eine besondere Behandlung und Verwendung von menschlichen Schädeln. Die frühesten Vertreter dieses Menschentyps besiedelten schon vor rund 1,75 Millionen Jahren Eurasien, wie die Funde von Dmanisi südwestlich von Tiflis in Georgien belegen. Die ältesten Funde dieses Menschentyps in Ostasien sind etwa 1,1 Millionen Jahre, die ältesten in Europa ca. 0,8 Millionen Jahre alt.

---

1 Da die Funde aus Indien stammen, wurden diese affenartigen Wesen (Pithecinen) nach dem Gott Shiva benannt.
2 Affen aus dem Eichenwald.
3 Bergaffe.
4 Himmelsaffe.
5 Südaffe.
6 Zweifüßig.
7 In der heutigen Zeit lebend oder vor Kurzem ausgestorben.
8 Fähiger Mensch.
9 Aufgerichteter Mensch.

3. Der **Homo sapiens neanderthalensis**[10], ca. 350000 bis 30000 vor uns, besaß ein dem heutigen Menschen sicher vergleichbares Gehirnvolumen von 1300 bis 1700 ccm. Der „deutsche Neandertaler“ weist besondere körperliche Kälteanpassungsmerkmale auf. Dieser Menschentyp besaß bereits ein soziales Gewissen, wie die Funde in Shanidar (N-Irak) und La Chapelle (SW-Frankreich) belegen, die auf die Pflege allein nicht mehr lebenstüchtiger Individuen hindeuten. Es scheint, dass der Neandertaler auch musikalisch war; denn es wurden Pfeifen aus durchbohrten Fingerknochen und Höhlenbärenknochen mit Löchern gefunden, gewissermaßen spielbare Instrumente. Außerdem vollzog der Neandertaler bereits Bestattungen wie an den Funden in La Ferrassie, Le Moustier und La Chapelle nachweisbar ist.

4. Der **Homo sapiens sapiens**[11] schließlich, wie sich der Jetztmensch „bescheidenerweise“ selbst tituliert, trat ca. 200000 bis 100000 Jahre vor uns erstmals auf. Die bislang ältesten Fossilien stammen aus Herto im heutigen Äthiopien und sind ca. 160000 Jahre alt. Dieser moderne Homo sapiens besitzt ein Gehirnvolumen zwischen 1000 und 2000 ccm, im Mittel ca. 1300 ccm. Er schuf 35000 bis 20000 Jahre vor unserer Zeit die Höhlenmalereien, die ersten vollplastischen Darstellungen (Venus von Willendorf) und Musikinstrumente (Knochenflöte von Isturitz), er ist Urheber der Klingenkulturen und der landwirtschaftlichen Revolution.

Ulrich Lüke, Das Säugetier von Gottes Gnaden, Freiburg 2006, Herder Verlag, 140f.
Hinführung und Fußnoten: Michael Fresta in Anlehnung an Detlev Ganten, Naturwissenschaft. Alles, was man wissen muss. München 2006, dtv S. 39.

[10] Einsichtsfähiger Neandertalmensch.
[11] Einsichtsfähiger Mensch.

1. *Fassen Sie zusammen mit Ihrem Nachbarn die wichtigsten Erkenntnisse der Evolutionsbiologie zur Entstehung und Entwicklung des modernen Menschen zusammen, z. B. mithilfe eines Struktur- oder Verlaufsschemas. Achten Sie dabei auf Gattungsnamen, Fundorte und Datierungen, Gehirnvolumen und Eigenschaften.*
2. *Welche Stellung nimmt der Mensch im Kosmos aus Sicht der Biologie insgesamt ein?*
3. *Welche Fragen kann die Evolutionsbiologie Ihrer Meinung nach nicht beantworten? Begründen Sie Ihre Auswahl und stellen Sie erste Überlegungen an, welche anderen Wissenschaften oder Institutionen für die Klärung dieser offenen Fragen hilfreich sein könnten.*

5

Die Toten Hosen: Mensch

Du fragst mich, wie ich heiße, weil du meinst, ich bin dir fremd.
Lass dir etwas von mir erzählen, dann merkst du, wer ich bin.
Ich habe viele Gesichter, und ich kann mich gut verstellen.

Ich bin dein bester Freund und ich bin dein größter Feind.
Ich halte einen Dolch und 'n Kuss für dich bereit.
Ich leg dir eine Kette und 'n Strick um deinen Hals.

Ich bin gut und ich bin böse, bin Liebe und bin Hass,
ich bin ehrlich und ich lüge, wie es mir grad passt.
Mir kannst du nie vertrauen, nur darauf ist Verlass.

Ich bin immer auf der Suche, doch ich weiß nie wonach,
dauernd auf der Flucht und dauernd auf der Jagd.
Ich hab den Mut entdeckt und ich erfand die Angst.
Ich bin Sieger und Verlierer im ewig gleichen Kampf.

Mein Name ist Mensch, ich weiß, dass du mich kennst.
Ich bin du, du bist ich, ich bin ein Mensch.

Ich rede von Gefühlen und benutze den Verstand,
erklär mich für gesund und mach mich selber krank.
Ich will alles kontrollieren und ersticke langsam dran.

Meine Hände sind voll Blut und mein Herz voller Gold.
Ich erfinde die Gesetze und mach die Religion.
Ich bin mein eigener König und die Erde ist mein Thron.

Ich sehne mich nach Licht und bin süchtig nach dem Mond,
drehe mich im Kreis und denk, es geht nach vorn.
Ich lebe und ich sterbe im selben Atemzug,
ich bin Körper und bin Geist, auserwählt und verflucht.

Mein Name ist Mensch, ich weiß, dass du mich kennst.
Ich bin du, du bist ich, ich bin ein Mensch.

„Mensch"
Musik: von Holst – Text: Frege

Baustein 2

Der Mensch als geliebter und geforderter Stellvertreter Gottes auf Erden (Gen 1,1–2,4a)

Ziele

- die grundsätzliche Vereinbarkeit von Schöpfungsglaube und Evolutionstheorie erkennen, indem man den Text von Manfred Fischer analysiert, dessen weiterführende Deutung der menschlichen Existenz auf Erden aufzeigt und in Beziehung zu den evolutionsbiologischen Erkenntnissen über den Menschen setzt.
- sich des Entstehungskontextes und der Intention der Gattung „Schöpfungsmythos" bewusst werden, indem man Sachtexte zur Entstehung und Funktion der biblischen Schöpfungsmythen im Kontext altorientalischer Mythologie analysiert.
- die Struktur sowie zentrale anthropologisch-ethische Aussagen in Gen 1,1–2,4a erkennen, indem man eine Strukturskizze und eine inhaltlich orientierte Gliederung zum ersten Text der Bibel entwirft.
- das Wissen zu den anthropologisch-ethischen Aussagen in Gen 1,1–2,4a festigen, indem man mithilfe von Sachtexten sein Wissen über die Gottesebenbildlichkeit und Verantwortung des Menschen vertieft.
- die insgesamt performative Funktion von Gen 1,1–2,4a erkennen und diese auf Probleme der Gegenwart anwenden, indem man einen Sachtext zur befreienden und verändernden Kraft des jüngeren Schöpfungsmythos analysiert und danach dessen Aussagen auf ein Beispiel der modernen Popmusik anwendet.

Methoden

- Sachtextanalysen zu religionswissenschaftlichen und exegetischen Beiträgen
- Historisch-kritische Exegese
- Tiefenpsychologische Exegese
- Liedanalyse
- Produktionsorientierter Umgang mit existenziell bedeutsamen Fragestellungen (Collage)

Im zweiten Baustein wird der Fokus darauf gelegt, in Anknüpfung an die Assoziationen der Schüler und die erarbeiteten modernen Menschenbilder mögliche Verbindungslinien zu den biblischen Vorstellungen vom Sein und Handeln des Menschen aufzuzeigen. Die Grundlage dafür bieten die Defizite, die sich bei den modernen Interpretationen des menschlichen Seins und Handelns ergeben, zeigen sie dem Menschen doch keine wirklich sinnstiftenden Deutungsangebote zur Herkunft, Stellung und Aufgabe des Menschen im Kosmos auf. Durch dieses Vorgehen wird dem korrelationsdidaktischen Postulat Rechnung getragen, die zunächst eigenen menschlichen Erfahrungen zu erhellen, um von dort aus eine Brücke zur christlichen Tradition zu schlagen. Gleichzeitig bietet sich im Sinne eines dialogischen RU für die Schüler aber auch die Chance, einen sog. „christlichen" oder auch „religiösen" Mehrwert aus dem Unterricht mitzunehmen. Zwar erläutern die Naturwissenschaften sehr überzeugend, wie genau der Kosmos, die Planeten und das Leben entstanden sind, die Frage nach dem Woher und Wozu des ganzen Prozesses bleibt ihnen jedoch verschlossen. Auch die Psychologie hat den Menschen „eingebremst", ihm seine seelische Begrenztheit aufgezeigt, wenngleich dies dem Menschen in positiver Art und Weise dient. Doch auch sie kann nicht erklären, wie der Mensch auch auf Dauer geheilt werden kann, ob und wie er ewige Erlösung und Heil erfahren kann. Ziel des zweiten Bausteines darf es jedoch nicht sein, die unterschiedlichen Wirklichkeitsdeutungen gegeneinander auszuspielen, sondern aufeinander zu beziehen und so die Entwicklung einer multiperspektivischen Wahrnehmung der Welt zu fördern. Deswegen wird zunächst das Konzept einer Theistischen Evolution erarbeitet und mit den zentralen Resultaten aus Baustein 1 vernetzt, bevor eine von Muße und Entschleunigung geprägte Analyse und Interpretation der anthropologisch-ethischen Aspekte in Gen 1,1–2,4a erfolgt. Von hier aus sollen dann wieder Bezüge zur Schülerwelt hergestellt werden, um dem eben beschriebenen Ziel der Erfahrung eines christlichen Mehrwertes Rechnung zu tragen.

→ Arbeitsblatt 4, S. 64
→ Zusatzmaterial 6, S. 71

Manfred Fischer: Mensch

Sachanalyse

Der Text von Manfred Fischer präsentiert in poetischer Form eine Deutung von Mensch und Welt, bei der Schöpfungsglaube und Evolutionstheorie als miteinander verbundene Wirklichkeiten erscheinen. Im Gegensatz zu den Modellen „Schöpfung oder Evolution" oder aber „Schöpfung und Evolution" kommt hier also das Modell einer „Schöpfung als Evolution" in den Blick, das auch theologisch nötiger denn je ist, wie die didaktischen Eingangsbemerkungen gezeigt haben. → Kapitel 1 Die Vorstellung eines liebenden Schöpfergottes, der Welt und Mensch aus Liebe in die Freiheit und das Leben setzt, und der zurückgeliebt werden möchte, ist nur dann plausibel, wenn es in der Evolution einen Prozess gibt, der zwangsläufig auf die Entstehung freier, intelligenter und selbst-bewusster Lebewesen hinausläuft. In den Naturwissenschaften ist ein solches Prinzip umstritten bzw. eine Frage der Deutung der Forschungsergebnisse. Das sog. „anthropische Prinzip" besagt, dass das Universum insgesamt so beschaffen ist, dass es intelligentes Leben hervorbringen muss, also Leben, das seinerseits in der Lage ist, das Universum und seine Gesetze zu untersuchen und zu hinterfragen. Letzteres nennt man auch die Intelligibilität des Universums. Mit dieser Möglichkeit ist freilich auch die Voraussetzung gegeben, dass es intelligente, selbst-bewusste, aber eben auch liebesfähige Wesen geben muss, was als starkes Argument für eine Vereinbarkeit der scheinbar zufälligen Evolutionsprozesse und des Glaubens an eine schöpferische Macht (z. B. Gott) gelten muss.

Die genaue Entfaltung dieses Grundmodells vollzieht sich bei Fischer in vier Abschnitten. Im ersten Abschnitt (V. 1–11) bringt er zunächst zum Ausdruck, dass Gott den Menschen aus Liebe und nicht aus einer Laune heraus geschaffen hat. Dabei war es ihm wichtig, den Menschen mit Fähigkeiten wie „Intelligenz und eigenem Willen, Fantasie und Gefühlen" (V. 8–9) auszustatten und ihm die Möglichkeit zu freiem, verantwortlichem und liebevollem Sein und Handeln zu schenken. Mit den Wendungen „bündnisfähige[r] Partner" (V. 6) und „sichtbares Bild seiner Herrschaft auf Erden" (V. 2) klingt bereits der Gedanke der Gottebenbildlichkeit des Menschen an, wie er uns bereits in Gen 1,1–2,4a begegnet. Im zweiten Abschnitt (V. 12–27) beschreibt Fischer das „Wie" der Schöpfung Gottes. Die Schöpfung hat sich nicht an wenigen Tagen abgespielt, sondern ist ein langer Entwicklungsprozess gewesen. Die Tatsache, dass der Mensch sich dabei aus anderen Vorstufen entwickelt hat, ist für Fischer kein Problem, sondern ein von Gott gewollter Prozess (vgl. V. 12–15). Den Schülern müsste hier bereits deutlich werden, dass Schöpfung und Evolution grundsätzlich Hand in Hand gehen können, wenn man sich von einer fundamentalistischen Betrachtung der biblischen Schöpfungstexte verabschiedet und auch die Deutungsdefizite einer rein materialistischen Weltanschauung ernst nimmt. Der dritte Abschnitt (V. 28–36) widmet sich einer besonderen Fähigkeit des Menschen, nämlich seiner Gabe, zu kommunizieren, d.h. nicht nur über sich selbst und das Leben nachdenken zu können, sondern seine Gedanken, Gefühle und Sorgen und Ängste mitzuteilen sowie die der Mitmenschen zu teilen. Der Gedanke, dialogfähig zu sein und auch von Gott angesprochen zu sein bzw. ihm antworten zu können, berührt hierbei freilich den Glauben an eine Offenbarung Gottes in der Welt. Im vierten und letzten Abschnitt (V. 37–47) wird die soziale und kulturelle Evolution des Menschen gewürdigt. Der Mensch ist ein Wesen, das sich auch im Rahmen der Geschichte entwickelt hat und weiter entwickeln wird, er kann zudem die Natur und ihre Gesetze erkennen, die Welt ist also intelligibel. Er ist aber auch fähig, sich zurückzubinden an seinen Schöpfer, im Glauben kann er ihn erkennen und somit zum Ursprung allen Seins eine Beziehung aufbauen (vgl. V. 45–47).

Methodischer Kommentar

SII

Die Sachanalyse hat den verfremdenden Charakter des Textes von Manfred Fischer (**Arbeitsblatt 4**, S. 64) bereits angedeutet. In ihm verschmelzen naturwissenschaftliche Fakten und biblische bzw. jüdisch-christliche Schöpfungsvorstellungen. So gelingt es, eine vernetzende Überleitung zwischen Baustein 1 und 2 herzustellen, so dass die Bibeltexte nicht einfach unvermittelt in das Unterrichtsgeschehen eingebunden werden. Einer vermeintlich wortgetreuen Bibellektüre wird Paroli geboten, da sich hier ein anderer, offener und dialogfähiger Zugang zu den Schöpfungstexten wiederfindet, der auf die Schüler durchaus eine perturbierende Wirkung haben kann. Es bietet sich dabei an, den Text und den dazugehörigen **Transfer** als vorentlastende **Hausaufgabe** bearbeiten zu lassen, da der Vergleich und die Bündelung der unterschiedlichen Perspektiven in Form eines Unterrichtsgespräches mit anschließender Tafelbilderstellung (**Zusatzmaterial 6**, S. 71) durchaus die ganzen 45 Minuten ausfüllen kann. In der **Präsentation** und **Sicherung** ist es die Aufgabe der Lehrer, die Schüler in Ausrichtung an der Ausgangsfrage durch gezielte Impulse die weiterführenden Fragestellungen sowie unterschiedlichen Deutungsmöglichkeiten erkennen zu lassen. Das Ziel ist es, die grundsätzliche Vereinbarkeit von Schöpfungsglaube und Evolutionstheorie zu verstehen, indem sie den Text von Manfred Fischer analysieren, dessen weiterführende Deutung der menschlichen Existenz auf Erden aufzeigen und in Beziehung zu den evolutionsbiologischen Erkenntnissen über den Menschen setzen. Ein Blick auf das antizipierte Tafelbild zeigt dabei, dass an einigen Stellen Ergänzungen vonseiten der Lehrer nötig sind. Zentrale Fachbegriffe und Namen müssen von ihnen im Sinne eines an der Fachsprache orientierten Oberstufenunterrichtes ergänzt werden.

Der priesterliche Schöpfungsmythos (Gen 1,1–2,4a)

→ Arbeitsblatt 5, S. 65

Methodischer Kommentar

SII

Da der Text (**Arbeitsblatt 5**, S. 65) selbst ausführlich kommentiert wurde (vgl. S. 15ff.), kann an dieser Stelle auf eine Sachanalyse verzichtet werden. Bei der Erstbegegnung mit dem Text ist darauf zu achten, dass die Schüler dem Mythos mit gewissen Vorerfahrungen, oft auch Vorurteilen gegenübertreten. Die lange Zeit auch in den Großkirchen vertretene wortwörtliche Interpretation der Texte inklusive einer Vermittlung dieser Auslegung in Katechese und RU hat über die Zeit hinweg gesehen bei vielen Schülern eine Distanz zum Text gefördert, die sich dadurch kennzeichnet, dass man den Text als mit naturwissenschaftlichen Erkenntnissen in Konkurrenz stehenden Tatsachenbericht versteht und ihm demnach keinen Glauben schenken will. Freilich gibt es auch hier Ausnahmen, da insbesondere in stark kirchlich sozialisierten Gebieten ein wortgetreues Textverständnis weiterhin gegeben ist und auch von einigen Schülern vertreten wird. Hier ist also eine Ablehnung gegenüber wissenschaftlicher Bibelexegese spürbar, die als Gegenpol zur eben beschriebenen Distanz

→ Kapitel 2.1

verstanden werden kann. Diese Spannung kann didaktisch fruchtbar gemacht werden, zumal die Synthese aus beiden Extrempositionen im Text von Fischer bereits als alternative Deutung präsentiert wurde. Da der Mythos selbst oft auch als Hymnus beschrieben wird, der durch seine klare Ordnung bzw. Gliederung den jüdischen Wochenrhythmus widerspiegelt, soll der Text zum **Einstieg** laut und langsam vorgelesen und anschließend gegliedert werden. Ggf. kann man ihn auch mit einer Hörbibel einführen. Hierüber müsste den Schüler die aus formkritischer Sicht so wichtige Gliederung des Textes verdeutlicht werden, die bei näherem Hinsehen ein erstes Gespür für den Sitz im Leben dieses Textes vermitteln dürfte. Obwohl es am Anfang allen Seins noch keine Zeit, geschweige denn Wochentage gibt, wird hier deutlich, dass der Text bereits in einer konkreten historischen Situation entstanden sein muss und schon daher wohl nicht wortwörtlich zu verstehen ist. Die genaue Lektüre und die Herausforderung, die Textstruktur wahrzunehmen, dienen zudem dem Prinzip eines ästhetischen Lernens und sichern eine angemessene Würdigung des Mediums. Die eigentliche **Erarbeitung** beginnt damit, dass der Text zunächst in Kleingruppen gegliedert wird. Die Aufgabe, eine gemeinsame Lösung zu finden und diese dem Kurs begründet auf einer Folie vorzustellen, fördert das kooperative Lernen und die Präsentationskompetenzen der Schüler. Die Lehrer müssen in der **Präsentation** und **Sicherung** dafür sorgen, dass eventuelle Fehler oder Defizite von den anderen Kleingruppen genannt bzw. ergänzt werden. Sie müssen deshalb unter Umständen durch Impulse die Ideallösung erreichen und ggf. eigenständig Ergänzungen vornehmen.

→ Arbeitsblatt 6, S. 66 f.

Michael Fresta: Herkunft und Bedeutung des priesterlichen Schöpfungsmythos (Gen 1,1–2,4a)

Sachanalyse

Nachdem der Text formkritisch betrachtet wurde, dient der nun folgende Sachtext (**Arbeitsblatt 6**, S. 66 f.) der historisch-kritischen Erschließung des Inhaltes des ersten Schöpfungsmythos. Das Arbeitsblatt selbst kann im Sinne einer angemessenen didaktischen Reduktion als Zusammenfassung der ausführlichen Sachanalyse zum biblischen Text verstanden werden. Er ist in drei unterschiedliche Abschnitte gegliedert. Der erste knüpft an die formkritischen Analysen des ersten Teils der Stunde an und erläutert etwas ausführlicher die Definition und Funktion des Begriffes Mythos. Dies ist insofern bedeutsam, als dass die Skizzierung des didaktischen Problemhorizontes aufgezeigt hatte, wie sehr der Begriff „Bericht" ein wortwörtliches Verständnis dieser Grund-legenden Erzählungen der Bibel in Kirche und Gesellschaft gefördert hat. Die fatalen Folgen sind bekannt. Daher ist zunächst zu verdeutlichen, dass der Mythos der Beantwortung der existenziellen Fragen der Menschen dient und dadurch gerade nicht in Konkurrenz zum naturwissenschaftlichen Erkenntnisstand steht. Er greift die Fragen auf, die der Mensch sich aufgrund der Erfahrung seiner Endlichkeit stellt und gibt dabei eine tröstende Antwort: Kosmos und Mensch verdanken sich nicht dem Zufall, der Mensch ist kein relatives Wesen, sondern ein geliebtes Geschöpf Gottes mit einem Auftrag in der und für die Welt. Er kommt nicht aus dem Nichts und fällt nicht in das Nichts zurück, sondern ist Teil der göttlichen Wirklichkeit, in die er am Ende aller Zeiten wieder komplett aufgenommen wird. Der zweite Abschnitt erläutert den historischen Entstehungskontext. Vor dem Hintergrund linguistischer Analyseverfahren ist es wichtig, den Schülern deutlich zu machen, dass jeder Text Teil einer konkreten Kommunikationssituation zwischen Autor und Leserschaft ist. Diese Beziehung ist zunächst eine Beziehung in der konkreten Zeit, sie ist geprägt von den Bedürfnissen, sprachlichen und soziokulturellen Kontexten der damaligen Zeit, so dass der Text zunächst einmal nicht direkt an den heutigen Leser gerichtet ist. Diese zeitliche Distanz muss wahr- und ernst genommen werden. Nur wenn

→ Kapitel 1

deutlich wird, dass der Text unter dem Einfluss der Erfahrungen im babylonischen Exil entstanden ist, er die Hoffnung auf eine Rettung der Israeliten durch JHWH zum Ausdruck bringen will und diese Erzählung auch dazu dient, die alleinige Macht JHWHs zu verdeutlichen, der allen Göttern Babylons überlegen ist und der eine harmonische und geordnete Schöpfung freisetzt, kann eine auch von der Sache her angemessene Erschließung dieses historischen Monumentes erfolgreich sein. Im letzten Abschnitt wird eine inhaltliche Vertiefung der einzelnen Gliederungsabschnitte geboten. Von besonderer Bedeutung des Sachtextes sind hierbei die Verweise auf die Bejahung der guten Schöpfung durch Gott, die besondere Schicksalsgemeinschaft von Menschen und Tieren sowie die besondere Funktion des Menschen. Als Ebenbild Gottes ist er dessen Stellvertreter, es geht in Gen 1,27 also um eine funktionale und nicht um eine ontologische Bestimmung des Menschen. Die unten stehende Abbildung dient der Visualisierung des altorientalischen Weltbildes. Es ist schon allein deswegen wichtig, weil hierdurch das Sammeln von Alteritätserfahrungen der Schüler gefördert wird.

Methodischer Kommentar

SII

Nach der durchaus kreativen Erschließung der Gliederung des Textes wird nun der Fokus auf eine angemessene Erarbeitung eines Sachtextes gelegt. Die Leitfragen zum Text, der zunächst im **Einstieg** gemeinsam gelesen werden kann, können im Sinne einer zunehmend wichtiger werdenden Binnendifferenzierung im Unterricht in Form eines Lerntempoduetts bearbeitet werden. Bei dieser Form der **Erarbeitung** finden sich immer zwei gleich schnelle Partner zusammen, gehen in den hinteren Teil des Raumes und vergleichen bzw. fassen ihre Ergebnisse zusammen. Die besonders schnellen Schüler können sich bereits auf eine Präsentation vorbereiten oder aber im Sinne einer **Vertiefung** das Schaubild genauer bearbeiten. Vor dem Hintergrund eines vernetzenden und kumulativen sowie nachhaltigen Lernens dient dabei insbesondere Aufgabe drei der Festigung des in der ersten Stunde erworbenen Wissens. Auch hier sind die Lehrer u. U. gefordert, inhaltliche Ergänzungen durch Schüler einzuholen oder sie selbständig zu nennen und zu erläutern. Die **Präsentation** der Ergebnisse, die auch vor dem Hintergrund einer Förderung der Aufgabenbereiche eins und zwei der gymnasialen Oberstufe dienlich sind, kann entweder im Plenum oder aber durch ein Partnerpaar erfolgen, das seine Resultate von vorne aus vorstellt.

Collage: „Ich – einzigartig"

→ Arbeitsblatt 7, S. 68

→ Zusatzmaterial 7, S. 72

Methodischer Kommentar

SII

Die Collage (**Arbeitsblatt 7**, S. 68) dient ganz im Sinne eines subjektorientierten und nachhaltigen Lernens der Festigung und dem **Transfer** des Gelernten in die eigene Lebenswelt. Dass jeder Mensch einzigartig ist, soll mithilfe der Einstiegsfolie (**Zusatzmaterial 7**, S. 72) auch noch einmal aus Sicht der Genetik verdeutlicht werden. Der als stummer Impuls präsentierte, individuell immer unterschiedliche und somit einzigartige Fingerabdruck bringt im **Einstieg** auch vielleicht den Gedanken der Theistischen Evolution nochmal ins Spiel, ggf. können die Lehrer dahingehend lenken. Ausgehend von dieser Phase sollte den Schülern klar werden, dass sie aus biologischer, aber eben auch aus theologischer Sicht einzigartige Individuen sind und dies in beiden Fällen auch so gewollt ist. Durch diese Erkenntnis werden sie im Idealfall in ihrer eigenen Identitätsbildung gestärkt und lassen sich nun gedanklich auf die kreative Übung im Rahmen der **Erarbeitung** ein. In der Mitte der Collage ist ein Foto aufzukleben (Passbildgröße, ist vorbereitend zur Stunde mitzubringen). Zusätzlich gehören der Name und ein Fingerabdruck auf die Collage. Es müssen also von den Lehrern Stempelkissen mitgebracht werden. Um dieses Zentrum herum sollen die Schüler Dinge aufschreiben, die sie einzigartig und als Menschen auch liebenswürdig machen. Eine öffentliche **Auswertung** in der Lerngruppe ist denkbar, aber nicht zwingend nötig, dient diese Übung doch vor allem der eigenen Selbstwerdung im Kontext biblischer Schöpfungstheologie und den Herausforderungen des modernen Menschen. Die Entscheidung dafür oder dagegen sollte in Absprache mit der Lerngruppe erfolgen. Es hat sich gezeigt, dass das Abspielen meditativer Musik im Hintergrund für die Erarbeitungsphase zusätzlich von Vorteil sein kann.

→ Arbeitsblatt 8, S. 69

→ Zusatzmaterial 8, S. 73

Michael Fresta: Die befreiende und verändernde Kraft des priesterlichen Schöpfungsmythos

Sachanalyse

Der Sachtext bringt im Sinne einer didaktischen Reduktion und sinnvollen Wiederholung der bisherigen Unterrichtsinhalte noch einmal die wesentlichen Aussagen zur Sprache, die Gen 1,1–2,4a zur Stellung und dem Handeln des Menschen bereithält. Mit Blick auf den geforderten Gegenwartsbezug und eine angemessene Schülerorientierung ist der Text so gehalten worden, dass ausgehend von der historischen Verortung des Textes zugleich nach den Applikationsmöglichkeiten für die Gegenwart gefragt wird. Das Wesen des Mythos, der aufgrund seiner existenziellen Dimension zeitlos bleiben möchte, wird offen gelegt und zur Diskussion gestellt. Damit wird das Hauptziel des Religionsunterrichts ernst genommen, das darin besteht, die Schüler zu einem vernünftigen Denken, Urteilen und Handeln in Bezug auf Glaube und Religion zu befähigen. Der einleitende Passus des Textes (Z. 1–18) verweist noch einmal auf den historischen Kontext und die damit verbundene performative Funktion des Textes, der ja im Wesentlichen die Beziehung zwischen dem Volk Israel und seinem Gott JHWH zur Zeit des babylonischen Exils in den Blick nimmt. Diese Beziehung ist existenziell bedeutsam und als Botschaft der Hoffnung zu verstehen, eine naturwissenschaftliche Lesart des Textes verbietet sich demnach. Die nun folgenden Thesen, die natürlich exegetisch fundierte Interpretationen zur Grundlage haben (Z. 19–64), verdeutlichen die wichtigsten Botschaften des Textes und haben einen auffordernden Charakter, d.h. der Mensch der Gegenwart kann bzw. muss sich zu ihnen positionieren. Schon die Überschrift legt dies nahe und kann sich als Türöffner für den Text einordnen lassen. Der Text soll aus der Perspektive des Autors letztlich sogar als Einladung verstanden werden, die befreiende und verändernde Kraft des ersten Schöpfungsmythos in sich selbst zu spüren, also auch emotional-affektiv von ihm angesprochen zu werden. Dass dies freilich nicht bei allen Schülern so sein wird, ist wahrscheinlich und demnach zu erwarten. Diese Spannung soll aber didaktisch fruchtbar gemacht werden. In der perturbativen Kraft des Textes liegt die Chance, ins Gespräch bzw. den Diskurs zu kommen. Im Sinne eines Theologisierens mit Jugendlichen kann dieser Text als Vorbild dienen, nicht nur fachwissenschaftlich wichtige Themen kognitiv zu erarbeiten, sondern auch den eventuell für die Schüler gegebenen existenziellen Bezug zu erörtern, zu diskutieren und zu erspüren.

Alle Thesen sind in sich kurz, kompakt und verständlich gehalten, so dass hier eine genauere Erörterung nicht vonnöten ist. Es soll lediglich auf die neu hinzukommenden Aspekte hingewiesen werden. Mit Ps 72 wird ein intertextueller Bezug des Textes deutlich, der Mensch soll wie ein Hirte über die Schöpfung Gottes wachen. Wichtig ist auch die Erkenntnis, dass der Adam noch nicht religiös oder konfessionell gebunden erscheint, eine Identifikation mit ihm ist also unabhängig davon für jeden Menschen möglich. Vor dem Hintergrund heutiger Entartungen unseres Finanz- und Wirtschaftssystems wird vor allem die Botschaft vom Frieden und Ruhen in der Schöpfung bedeutsam. Zwar ist auch gemäß Gen 1,1–2,4a die Welt für den Menschen da und umgekehrt, eine Übertreibung dieses Ziels ist aber nicht anvisiert. Ganz bewusst wird zwischen einer gesunden Bewirtschaftung der Erde inklusive eines verantwortungsvollen Umgangs mit ihr und einer krankmachenden Befolgung des Herrschaftsauftrages unterschieden. Der Mensch soll in der Schöpfung frei sein und Verantwortung übernehmen und zwar so, dass in ihr Frieden, Respekt gegenüber sich selbst und anderen sowie eine glücklich machende Selbstwerdung möglich sind. Einer Ausbeutung der Erde, der Mitmenschen, aber auch des eigenen Körpers und der eigenen Psyche wird hier eine klare Absage erteilt.

Methodischer Kommentar

SII

Da die Bearbeitung des Textes (**Arbeitsblatt 8**, S. 69) auch als Übung für eine mögliche Klausuraufgabe im Abitur dienen soll und demnach viel Zeit für die Erarbeitungs-, Präsentations- und Sicherungsphase eingerechnet werden muss, kann an sich auf einen separaten Einstieg verzichtet werden. Wer dies dennoch machen möchte, für den bietet es sich an, mit einer Text-Bild-Gegenüberstellung zu arbeiten, die zu einer Problemorientierung als Ausgangslage für die Diskussionsstunde führen kann. Als Bild dient hierbei ein Foto eines Seevogels (**Zusatzmaterial 8**, S. 73), der aufgrund des Verzehrs von Müll im Meer verstorben ist. Die Vermüllung der Meere hat mittlerweile einen so hohen Grad erreicht, dass z. B. im Atlantik sechs Müllteppiche von der Größe der BRD schwimmen. Fische und Vögel verzehren diesen, da sie ihn für Nahrung halten, und sterben daran, was schlimme Folgen für das Ökosystem und damit auch für den Schuldigen dieses Problems hat, den Menschen. Das Bild sollte zunächst beschrieben und dann gedeutet werden. Im Anschluss daran kann eine provokative Aussage zur Bedeutung der Bibel in der Gegenwart die Problemstellung, die das Bild aufwirft und die von den Schülern schnell erkannt werden sollte, erkennbar werden lassen und so der Bezug zum biblischen Medium erkannt werden. Unter dem auf der Folie abgedruckten Foto findet sich das folgende Zitat von Dawkins: „Die Bibel mag eine fesselnde, poetische Erzählung sein, aber sie gehört sicher nicht zu den Büchern, die man Kindern zur Festigung ihrer Moral in die Hand geben sollte." Dieses Zitat ist ein Angriff auf die grundsätzliche Stellung der Bibel und spricht ihr jegliche Bedeutung für eine auch heute noch vertretbare Moral und Ethik ab. Die Schüler müssten aufgrund des bisherigen Lernstandes und der zuvor durchgeführten Bildanalyse erkennen, dass diese Aussage zumindest vor dem Hintergrund von Gen 1,1–2,4a zu korrigieren ist. Gerade dieser Text kann als kritisches Korrektiv zu Problemen der Gegenwart verstanden werden und dienliche Handlungsimpulse liefern. Welche dabei zusätzlich hinzukommen können und wie man diese zu bewerten hat, müsste aus Sicht der Schüler als Leitfrage für die Stunde aufkommen. Es genügt dabei natürlich, dass sie die Frage von der Sache her aufwerfen.

Im Anschluss an diesen fakultativ denkbaren Einstieg wird nun der Text gemäß der Aufgabenstellung bearbeitet. Die als Partnerarbeit oder Gruppenarbeit zu konzipierende **Erarbeitung** sollte so gestaltet sein, dass eine Lösung als **Sicherung** sowie Diskussionsgrundlage auf einer Folie festgehalten wird. Diese soll dann mit Blick auf die Förderung der Methodenkompetenzen der Schüler und auf eine wertschätzende Schüler-Orientierung exemplarisch präsentiert werden. Nach einem kurzen Feedback zur **Präsentation** und zum sachlichen Gehalt kann die abschließende **Diskussion** beginnen. Dabei ist der Redeanteil der Lehrer wenn möglich gering zu halten, um ein wirklich offenes UG zu ermöglichen. In der Diskussion, die die Sequenz abrundet, sollten zusätzliche Argumente eingebracht werden, um im Sinne einer **Vertiefung** eine möglichst differenzierte Bewertung der Problemstellung zu erreichen. Mögliche Kritikpunkte an der Deutung von Gen 1,1–2,4a könnten aus Schülersicht sein: Der Text bietet keine konkreten Handlungsanweisungen für die Lösung der Gegenwartsprobleme; die heutigen Probleme waren ihm auch gar nicht bekannt; der Text ist nur dann als Impuls reizvoll, wenn man gläubig ist; die Kirche folgt der Botschaft des Textes auch nicht immer; es ändert sich sowieso nichts. Für die Klausurschreiber kann es hilfreich sein, die Ergebnisse der Diskussion noch einmal zu verschriftlichen, so dass sie eine Musterlösung für eine mögliche Aufgabe drei im Abitur besitzen. Dafür müssten sich die Lehrer aber auch die Mühe machen, eine angemessene Rückmeldung zu diesen Entwürfen zu geben.

→ Arbeitsblatt 9, S. 70

Silbermond feat. Jan Delay: Nicht mein Problem

Sachanalyse

Das Lied der seit 2002 sehr erfolgreichen deutschen Pop-Rock-Band Silbermond ist Teil des 2009 veröffentlichten Albums „Nichts passiert". Es entstand in Zusammenarbeit mit dem ebenfalls sehr erfolgreichen deutschen Hip-Hop-, Funk-, Soul- und Reggaekünstler Jan Delay. Beide engagieren sich für soziale Projekte und stehen den Entartungen des modernen Wirtschaftssystems und deren Folgen für das gesellschaftliche Miteinander kritisch gegenüber. Jan Delays Unterstützung antikapitalistischer Bewegungen, wie z. B. „Blockupy" geht sogar so weit, dass er Gewalt gegen Gegenstände als Mittel des Protestes gegen die Missstände in der heutigen Gesellschaft nicht grundsätzlich für verwerflich hält. Das von den Schülern zu bearbeitende Lied behandelt ebenfalls ein sozialkritisches Thema und reiht sich somit in das Gesamtwerk der Künstler ein, wenngleich es gerade bei Silbermond auch viele Lieder gibt, die sich mit persönlichen Beziehungen, der Liebe und dem Trennungsschmerz auseinandersetzen.

Mit dem Lied wollen die Künstler den Rezipienten dazu auffordern, die Missstände, die unseren Planeten und unsere Gesellschaft belasten, wahrzunehmen und sie als Probleme jedes Einzelnen zu begreifen. Sie kritisieren damit zugleich die zunehmend egoistischere Haltung vieler Menschen, die nur auf ihren Vorteil bedacht sind, anstatt sich um die mitunter von ihnen selbst verursachten Probleme zu kümmern, die für alle von uns eine Gefahr darstellen. Dabei machen sie vor allem von dem sprachlichen Mittel der Hyperbel Gebrauch, das in den insgesamt sechs Strophen mehrmals begegnet. Die Strophen, die vor allem aus Paarreimen bestehen, werden dabei von Silbermond gesungen, während die als provozierende Antithesen fungierenden Antworten und der Refrain von Jan Delay vorgetragen werden. Hier entsteht ein auch über die Stimmen spürbares Streitgespräch, das jedoch einen besonderen Charakter aufweist, reagiert der angesprochene Partner doch sehr arrogant und desinteressiert auf die formulierten Missstände und geht somit auf seine besondere Art und Weise auf das Streitgespräch ein. Gerade darin liegt aber das didaktisch bedeutsame Spannungspotential, das die Schüler automatisch zu einer engagierten Reaktion und Diskussion führen sollte. Im Lied selbst werden viele, wenngleich nicht alle bedeutsamen Probleme der Gegenwart behandelt, um exemplarisch die bereits dargelegte Intention zu verdeutlichen. Kritisiert werden u. a. der Geschwindigkeitswahn vieler Menschen (vgl. V. 1), das Gewinnstreben einiger Firmen, die sich auf der anderen Seite nicht für ihre Mitarbeiter interessieren (vgl. V. 7–12), oder aber die Zerstörung unseres Planeten (vgl. V. 23–29). Zudem werden nationalistische und konservative Tendenzen in der Politik problematisiert (vgl. V. 17 und V. 21 f.). In den V. 32–39 wird der Fokus auf das Problem der zunehmenden Verwahrlosung von Kindern gelegt. Kinder, die Opfer von Gewalt sind, die nicht von ihren Eltern geliebt werden und um die man sich nicht kümmert, werden hier am Beispiel von „Kevin" zu Schlägern oder übergewichtigen Menschen, die hierüber ihren Frust über ihre eigene Situation zum Ausdruck bringen. Interessant sind zudem noch zwei abschließende Beobachtungen. Erstens ist in das Lied ein sarkastisches Element eingebaut. Auf der formalen Ebene steht Z. 40, der Verweis auf die verlorene Fussball-WM im eigenen Land, zusammen mit der möglichen Explosion eines AKW (V. 42) passend in der Gesamtkonzeption des Liedes. Bei genauerem Hinsehen ist es aber ausgerechnet das an sich gar nicht so wichtige Fussballturnier, das die Deutschen tatsächlich in große Trauer hat verfallen lassen, während existenziellere Probleme nur eine untergeordnete Rolle spielen. Die scheinbare Gleichgültigkeit der Menschen gegenüber den skizzierten Missständen in der Gesellschaft kulminiert in V. 46f.: „Die letzte Zeile reimt sich nicht. Na und nicht mein Problem."

Methodischer Kommentar

SII

Es ist möglich, aber nicht zwingend notwendig, das Lied (**Arbeitsblatt 9**, S. 70f.) im Sinne einer vorentlastenden **Hausaufgabe** vorbereitend hören und deuten zu lassen. Die Aufgabe bestünde dann darin, eine begründete Deutungshypothese zu entwerfen. Unabhängig von dieser Entscheidung kann im **Einstieg** zunächst mit dem Vorspielen des Liedes begonnen werden, beim Verzicht auf die Hausaufgabe würde allerdings das Vorspielen als Einstimmung auf das in seinem Eigenwert zu schätzende Medium einem nochmaligen Vorspielen und einer daran anschließende Analyse vorangehen.

In der **Erarbeitung** sollten die Schüler in Partner- oder Kleingruppenarbeit die beiden Aufgaben lösen und auf einer Folie präsentieren. Wichtig ist hierbei erneut die Vernetzung ihres biblischen Wissens mit den Problemen der Gegenwart. In der **Präsentation** und **Sicherung** sollte deutlich werden, wieso gerade die Erkenntnisse zur Stellung des Menschen und zu seiner Ebenbildlichkeit ethisch bedeutsame Impulse liefern können, die für die Lösung gegenwärtiger Probleme dienlich sein können. Da die neuesten Shell- und Sinus-Studien belegen, dass die Schüler in der Zeit der sog. Postmoderne aufwachsen, d.h. die Errungenschaften und Entwicklungen der Moderne zwar grundsätzlich befürworten, zugleich aber auch deren Fehler, Defizite und Gefahren sehen, die einer wirklichen Sinnfindung und Lebensorientierung oftmals im Weg stehen, dürften hier sehr differenzierte Ergebnisse erzielt werden. In Bezug auf die Umweltzerstörung könnte man bspw. erwarten, dass die Schüler auf die Schönheit der Schöpfung Gottes verweisen und dabei verdeutlichen, dass wir als Stellvertreter Gottes für ihre Erhaltung zuständig sind, um dadurch nicht nur Gott selbst zurück zu lieben, sondern auch um unsere eigene Existenz inklusive möglicher Nachkommen dauerhaft zu sichern. Die zweite Aufgabe ist in diesem Kontext insofern noch einmal von besonderer Bedeutung, als dass hier gezielt nach einer Konkretisierung gefragt wird und die Schüler somit zur Erstellung kreativer Problemlösungsoptionen animiert werden. Dies ist aus biblisch-theologischer Sicht sinnvoll und zugleich alternativlos, bieten die an sich zeitlosen Texte doch oft nur ethische Impulse, nicht aber konkrete Lösungen an. Die besondere Bedeutung des Rezipienten für die Erschließung der Offenbarung Gottes wird hier also deutlich und kann didaktisch fruchtbar gemacht werden. Nach der Präsentation und Sicherung der Ergebnisse sollte dann im Rahmen einer abschließenden **Vertiefung** und **Bewertung** noch diskutiert werden, ob die kritischen Anfragen der Künstler und die eigenen Lösungsentwürfe eventuell auch an Grenzen stoßen. Da die Künstler bewusst überzeichnen, müssten die Schüler anmerken, dass es auch heute durchaus schon viele Menschen gibt, die sich für die Erhaltung unserer Umwelt und Gesellschaft, für Gerechtigkeit und Menschlichkeit einsetzen, dies aber eben noch nicht ausreicht, um die Schöpfung dauerhaft zu retten. Denkbar sind Verweise auf Gruppen oder Institutionen wie Greenpeace, Amnesty International, UNICEF oder auch die Kirchen.

Manfred Fischer: Mensch

Und Gott wollte den Menschen,
ein sichtbares Bild seiner Herrschaft auf Erden.
Nicht als einen Sklaven ohne Ich wollte er ihn,
sondern frei,
nicht als Marionette,
sondern als bündnisfähigen Partner.
Und Gott beschenkte den Menschen
mit Intelligenz und eigenem Willen,
mit Fantasie und Gefühlen,
mit Selbstvertrauen und Tatkraft
und mit der Fähigkeit zur Liebe.

Und Gott ließ die Menschen werden
über Millionen Jahre hinweg.
Aus niederen Stufen stieg er auf,
das Menschenwesen.
Mit höher entwickeltem Gehirn
und mit erwachendem Bewusstsein.
Und Gott ließ die Menschen aufwachsen
im Dunkel undurchdringlicher Vorgeschichte,
aus den Vormenschen, Halbaffenmenschen,
aus Lebewesen, die ihren Gang aufrichteten.
Aus Urwäldern, aus dem Dschungel kamen sie
und drangen vor in die Savannen,
in offene Landschaften,
mit ersten Werkzeugen und Waffen.
In Gruppen lebten sie – füreinander,
und gaben sich Schutz und Hilfe.
So wurde der Mensch ein Ebenbild Gottes.
Und Gott verlieh ihm die Gabe,
Laute zu bilden und Worte zu formen,
Begriffe zu ersinnen und Namen zu geben,
um seine Erfahrungen auszuwerten.

Und Gott schenkte dem Menschen
das Vermögen, sich mitzuteilen,
einem anderen zuzuhören
und ihn zu verstehen.

So schuf Gott den Menschen:
ein offenes, entwicklungsfähiges Wesen,
in der Gemeinschaft,
begabt, die Natur zu beobachten,
ihre Gesetze zu erkennen
und sich dienstbar zu machen.
Und der Mensch wurde ein Partner Gottes,
frei zu verantwortlichem Leben,
geschaffen, Gottes Größe und Liebe zu erahnen,
seine Stimme zu vernehmen
und ihn zu erkennen im Glauben.

Aus: Sigrid Berg und Horst Klaus Berg (Hrsg.), Und siehe, es war sehr gut. Biblische Texte verfremdet. Bd. 9, München, Calwer – Kösel Verlag 1988, 30.

1. *Formulieren Sie in wenigen Sätzen eine Antwort auf die Frage, inwiefern der Text von Manfred Fischer eine Weiterführung bzw. Ergänzung der biologischen Deutung des homo sapiens sapiens (nach Ulrich Lüke) darstellt. Führen Sie dabei Textbelege mit an.*

2. *Bewerten Sie die Schlüssigkeit der von Manfred Fischer vertretenen Deutung der Herkunft/Stellung des Menschen, indem Sie Vor- und Nachteile einer solchen Betrachtung des Menschen gegenüberstellen und sich kritisch mit diesen auseinandersetzen.*

Der priesterliche Schöpfungsmythos (Gen 1,1–2,4a)

1 1Im Anfang schuf Gott Himmel und Erde; 2die Erde
aber war wüst und wirr, Finsternis lag über der Urflut
und Gottes Geist schwebte über dem Wasser. 3Gott
sprach: Es werde Licht. Und es wurde Licht. 4Gott
sah, dass das Licht gut war. Gott schied das Licht von
der Finsternis 5und Gott nannte das Licht Tag und
die Finsternis nannte er Nacht. Es wurde Abend und
es wurde Morgen: erster Tag. 6Dann sprach Gott: Ein
Gewölbe entstehe mitten im Wasser und scheide
Wasser von Wasser. 7Gott machte also das Gewölbe
und schied das Wasser unterhalb des Gewölbes vom
Wasser oberhalb des Gewölbes. So geschah es 8und
Gott nannte das Gewölbe Himmel. Es wurde Abend
und es wurde Morgen: zweiter Tag. 9Dann sprach
Gott: Das Wasser unterhalb des Himmels sammle
sich an einem Ort, damit das Trockene sichtbar wer-
de. So geschah es. 10Das Trockene nannte Gott Land
und das angesammelte Wasser nannte er Meer. Gott
sah, dass es gut war. 11Dann sprach Gott: Das Land
lasse junges Grün wachsen, alle Arten von Pflanzen,
die Samen tragen, und von Bäumen, die auf der Erde
Früchte bringen mit ihrem Samen darin. So geschah
es. 12Das Land brachte junges Grün hervor, alle Arten
von Pflanzen, die Samen tragen, alle Arten von Bäu-
men, die Früchte bringen mit ihrem Samen darin.
Gott sah, dass es gut war. 13Es wurde Abend und es
wurde Morgen: dritter Tag. 14Dann sprach Gott:
Lichter sollen am Himmelsgewölbe sein, um Tag und
Nacht zu scheiden. Sie sollen Zeichen sein und zur
Bestimmung von Festzeiten, von Tagen und Jahren
dienen; 15sie sollen Lichter am Himmelsgewölbe
sein, die über die Erde hin leuchten. So geschah es.
16Gott machte die beiden großen Lichter, das größe-
re, das über den Tag herrscht, das kleinere, das über
die Nacht herrscht, auch die Sterne. 17Gott setzte die
Lichter an das Himmelsgewölbe, damit sie über die
Erde hin leuchten, 18über Tag und Nacht herrschen
und das Licht von der Finsternis scheiden. Gott sah,
dass es gut war. 19Es wurde Abend und es wurde Mor-
gen: vierter Tag. 20Dann sprach Gott: Das Wasser
wimmle von lebendigen Wesen und Vögel sollen
über dem Land am Himmelsgewölbe dahinfliegen.
21Gott schuf alle Arten von großen Seetieren und an-
deren Lebewesen, von denen das Wasser wimmelt,
und alle Arten von gefiederten Vögeln. Gott sah,
dass es gut war. 22Gott segnete sie und sprach: Seid
fruchtbar und vermehrt euch und bevölkert das Was-
ser im Meer und die Vögel sollen sich auf dem Land
vermehren. 23Es wurde Abend und es wurde Morgen:
fünfter Tag. 24Dann sprach Gott: Das Land bringe al-
le Arten von lebendigen Wesen hervor, von Vieh,
von Kriechtieren und von Tieren des Feldes. So ge-
schah es. 25Gott machte alle Arten von Tieren des
Feldes, alle Arten von Vieh und alle Arten von
Kriechtieren auf dem Erdboden. Gott sah, dass es gut
war. 26Dann sprach Gott: Lasst uns Menschen ma-
chen als unser Abbild, uns ähnlich. Sie sollen herr-
schen über die Fische des Meeres, über die Vögel des
Himmels, über das Vieh, über die ganze Erde und
über alle Kriechtiere auf dem Land. 27Gott schuf also
den Menschen als sein Abbild; als Abbild Gottes
schuf er ihn. Als Mann und Frau schuf er sie. 28Gott
segnete sie und Gott sprach zu ihnen: Seid fruchtbar
und vermehrt euch, bevölkert die Erde, unterwerft
sie euch und herrscht über die Fische des Meeres,
über die Vögel des Himmels und über alle Tiere, die
sich auf dem Land regen. 29Dann sprach Gott: Hier-
mit übergebe ich euch alle Pflanzen auf der ganzen
Erde, die Samen tragen, und alle Bäume mit samen-
haltigen Früchten. Euch sollen sie zur Nahrung die-
nen. 30Allen Tieren des Feldes, allen Vögeln des Him-
mels und allem, was sich auf der Erde regt, was
Lebensatem in sich hat, gebe ich alle grünen Pflan-
zen zur Nahrung. So geschah es. 31Gott sah alles an,
was er gemacht hatte: Es war sehr gut. Es wurde
Abend und es wurde Morgen: der sechste Tag.

2 1So wurden Himmel und Erde vollendet und ihr
ganzes Gefüge. 2Am siebten Tag vollendete Gott das
Werk, das er geschaffen hatte, und er ruhte am sieb-
ten Tag, nachdem er sein ganzes Werk vollbracht
hatte. 3Und Gott segnete den siebten Tag und erklär-
te ihn für heilig; denn an ihm ruhte Gott, nachdem
er das ganze Werk der Schöpfung vollendet hatte.
4aDas ist die Entstehungsgeschichte von Himmel
und Erde, als sie erschaffen wurden.

1. *Lesen Sie den Text Gen 1,1–2,4a und erstellen Sie anschließend in Gruppenarbeit (jeweils vier Schüler pro Gruppe) eine Gliederung dazu. Achten Sie dabei auf inhaltliche und sprachlich-formale Gliederungssignale.*

2. *Stellen Sie dem Kurs Ihre Lösung vor und begründen Sie dabei Ihr Ergebnis.*

Michael Fresta: Herkunft und Bedeutung des priesterlichen Schöpfungsmythos (Gen 1,1–2,4a)

Die altorientalischen und somit auch die biblischen Schöpfungsmythen dürfen nicht als naturwissenschaftliche Berichte über die Entstehung der Welt gelesen werden. Vielmehr versuchen die biblischen Erzähler durch Rückgriff auf die Welt der Mythen tiefer gehende, existenzielle Wahrheiten über das Dasein von Kosmos und Mensch zu verkünden, die zwar nicht bewiesen werden können, die wohl aber einen Glauben im biblischen Sinne, also ein begründetes Vertrauen, hervorrufen können. Die Erzähler greifen dabei auf Motive und Symbole zurück, die die Welt der Menschen seit jeher geprägt haben und die vor allem eins wollen: Hoffnung und Mut spenden angesichts einer Welt, in der auch Tod, Leid und Sinnlosigkeit jederzeit präsent sind. In diesem Sinne wollen sie also nicht erklären, wie die Welt entstanden ist, sondern wie die Welt an sich beschaffen sein soll, wie der Mensch sich in ihr sehen soll und welche Rolle JHWH, der Gott Israels, darin einnimmt. Dabei wird deutlich, dass – anders als bei einer naturwissenschaftlichen Deutung des Kosmos – eine Kraft gegenwärtig ist, die die Schöpfung gewollt hat und sie schützen möchte. JHWH ist der liebende Schöpfergott, der die Welt an sich als Paradies, als einen Ort der Hoffnung und der Gemeinschaft eingerichtet hat, einen idealtypischen Ort also, den es gegen alle negativen Aspekte des menschlichen Daseins zu verteidigen gilt.

Die Bibel enthält insgesamt zwei größere und zugleich sehr unterschiedliche Schöpfungsmythen, die auf die Fragen und Probleme der Menschen eine sinnstiftende Antwort bieten wollen. Der jüngere von beiden, der sogenannte priesterliche Schöpfungsmythos (Gen 1,1–2,4a) stammt aus dem 6. Jh. v. Chr. und steht interessanterweise an erster Stelle des Buches Genesis. Der ältere, der sog. vorpriesterliche Schöpfungsmythos (Gen 2,4b–3,24), stammt aus dem 8.–7. Jh. v. Chr. und wurde von den Herausgebern der hebräischen Bibel hinter dem jüngeren Mythos angeordnet. Für das Verständnis beider Mythen ist natürlich der historische Kontext wichtig. Die priesterliche Erzählung ist im 6. Jh. v. Chr. entstanden, genauer gesagt zur Zeit des sogenannten babylonischen Exils (586–538 v. Chr.). Während ihrer Gefangenschaft in Babylon kamen die deportierten Juden mit dem dortigen Schöpfungsmythos, dem *enuma elisch*, in Berührung (entstanden im 8. Jh. v. Chr., Bedeutung: „Als der Himmel noch nicht genannt war"), von dem sie einige Teile übernahmen, andererseits aber auch klare Abgrenzungen dazu vornahmen, zumal in diesem Hymnus der babylonischen Stadtgottheit Marduk eine besondere Verehrung zukommt. Wesentliche Unterschiede gegenüber dem *enuma elisch* sind: Die Schöpfung ist auf einen einzigen Gott, JHWH, den Gott Israels, zurückzuführen. Die Menschen werden nicht geschaffen, um den Göttern lediglich als Arbeiter zu dienen. Die Sterne sind keine Gottheiten, sondern ein Teil der Schöpfung des einen Gottes. Die Schöpfung ist nicht das Resultat eines Kampfes zwischen verschiedenen Chaosmächten, sondern das Ergebnis eines planenden und liebenden Gottes, dessen Macht sich letztlich auch in der Befreiung der Israeliten aus dem babylonischen Exil zeigt.

Bei näherer Betrachtung des jüngeren Mythos fällt sofort dessen grundlegende Struktur ins Auge, die an den jüdischen Wochenrhythmus angelehnt ist, bei dem der Sabbat das heiligende Ende einer Woche darstellt. Der Mythos beginnt zunächst jedoch mit einer Überschrift (V. 1), die die folgenden Schöpfungshandlungen einleitet. Das hebräische Wort bara macht dabei deutlich, dass es sich um ein schöpferisches Handeln Gottes handelt, das nicht bei einem Nichts ansetzt, sondern bei dem aus bereits vorhandener, chaotischer Materie eine Ordnung geschaffen wird. V. 2 beschreibt diesen chaotischen Urzustand, das Tohuwabohu („wüst und wirr"), genauer und macht deutlich, dass Gott bereits vor dem Chaos existiert. Danach beginnt das konkrete Schöpfungshandeln, wobei in den VV. 3–5 zunächst die Erschaffung von Licht und Finsternis erzählt wird, was zum Ausdruck bringen soll, dass die Schöpfung nicht nur eine räumliche, sondern auch eine zeitliche Komponente besitzt. In V. 5 begegnet uns dabei dann zum ersten Mal die typische und sich stets wiederholende Formel: „Es wurde Abend und es wurde Morgen: erster Tag." In den VV. 6–10 wird dann die schöpferische Anordnung von Himmel, Meer und Landmasse beschrieben, die so gestaltet werden, dass nun darin ein gutes Leben geführt werden kann. Abb. 1 verdeutlicht, wie sich die Menschen diese Anordnung genau vorstellten. Die VV. 11–13 beschreiben dann die Ereignisse des dritten Tages, der zur Erschaffung der Natur und Pflanzenwelt dient. Interessant ist hierbei die Erkenntnis, dass diese Pflanzen nach ihrer Erschaffung für ihre eigene Reproduktion nun selbst verantwortlich sind, weil hier bereits deutlich wird, dass auch die Natur Freiheit in der Schöpfung Gottes erlangt. In den VV. 14–19 wird das Entstehen der Himmelskörper berichtet. Dass dies erst jetzt geschieht, hat wohl auch damit zu tun, dass die Relativierung der Bedeutung der Sterne auch auf struktureller Ebene zum Ausdruck kommen soll. Noch vor der Erschaffung des Menschen (VV. 25–31) wird

Das altorientalische Weltbild

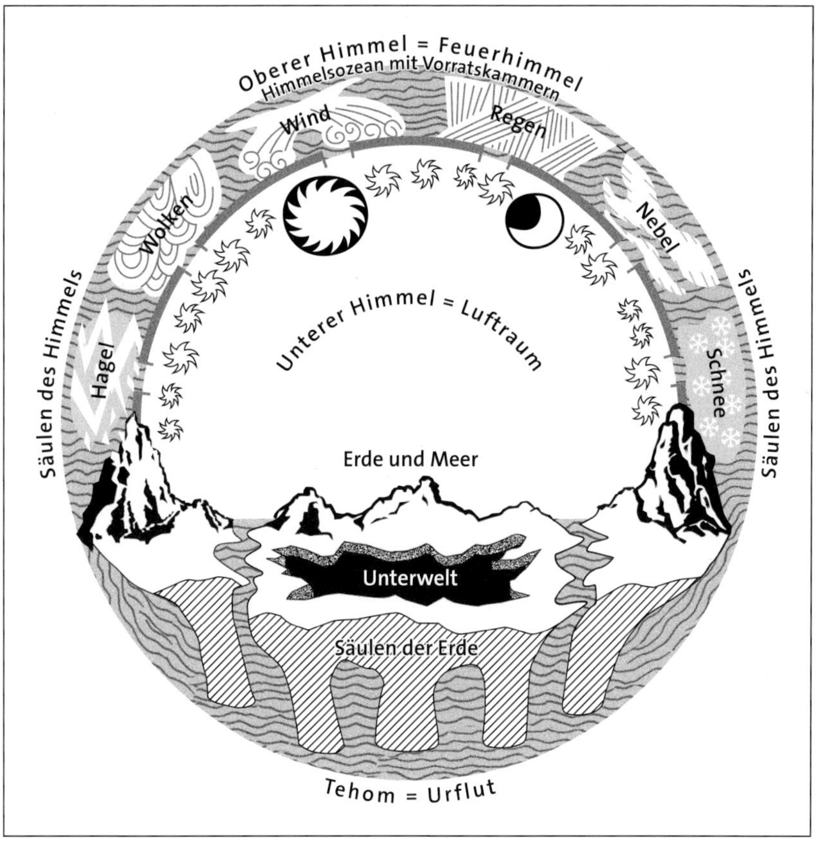

dann in den VV. 20–24 die Schöpfung der Tiere beschrieben, die von Gott gesegnet werden und sich vermehren sollen. Ihre besondere Stellung wird auch dadurch untermauert, dass sie im Gegensatz zu den Pflanzen nicht als Nahrung für die Menschen vorgesehen sind. Der Mensch, dessen Schöpfung als letzter Schritt beschrieben wird, soll sie nicht verzehren, wohl aber als Stellvertreter Gottes auf Erden für sie sorgen. Insgesamt soll die Welt vom Menschen so bewohnt werden, dass sie behütet, gepflegt und geschützt erscheint. Diese Vorstellung erklärt sich vor dem Hintergrund des altorientalischen Königsideals. Die Idee, dass der König als Stellvertreter Gottes auf Erden lebt und handelt, wird hier nun auf alle Menschen übertragen. Gottes Ebenbild zu sein bedeutet, stellvertretend für Gott in der Welt zu agieren (funktionale Bestimmung des Menschen). Es geht nicht um die Beschreibung seines Aussehens oder Seins (ontologische Bestimmung des Menschen). Am Abschluss des ersten Schöpfungshymnus (Gen 2,1–4a) findet sich dann die Vollendung des Schöpfungswirkens am Sabbat, dessen Heiligung durch Ruhen von der Arbeit die besondere Bedeutung der Schöpfung genauso zum Ausdruck bringen will wie die Bemerkung in V. 31: „Gott sah alles an, was er gemacht hatte: Es war sehr gut."

Michael Fresta, Beitrag für diesen Band

1. *Worin besteht die zentrale Funktion der literarischen Gattung „Schöpfungsmythos"? Grenzen Sie den „Mythos" vom „Bericht" ab.*

2. *Nennen und erläutern Sie die besonderen historischen Umstände, die für das Verständnis des priesterlichen Schöpfungsmythos bedeutsam sind.*

3. *Erklären Sie die einzelnen Besonderheiten des siebentägigen Schöpfungswerkes in Gen 1,1–2,4a. Welche Stellung kommt hierbei dem Menschen, dem Adam, zu?*

Hinweis: *Bearbeiten Sie die Aufgaben im sog. „Lerntempoduett". Wenn Sie die Aufgaben in Einzelarbeit schriftlich gelöst haben, stehen Sie ruhig auf und warten Sie auf einen Mitschüler, der den Text ähnlich schnell bearbeitet hat wie Sie selbst. Sie bilden nun ein Paar und tauschen sich im hinteren Teil des Raumes über Ihre Ergebnisse aus. Nehmen Sie ggf. Ergänzungen oder Korrekturen vor. Wer besonders schnell ist, betrachtet die Abbildung und versucht, diese zu erläutern.*

Collage: „Ich – einzigartig"

Foto:

Name:

Fingerabdruck:

Gestalten Sie passend zu der Überschrift eine Collage. Wer sind Sie? Was macht Sie einzigartig? Nutzen Sie das Feld in der Mitte und füllen Sie den Platz außerhalb davon aus.

Michael Fresta: Die befreiende und verändernde Kraft des priesterlichen Schöpfungsmythos

Die exegetischen und religionswissenschaftlichen Forschungserkenntnisse zum sog. priesterlichen Schöpfungsmythos (vgl. Gen 1,1–2,4a) sind ernst zu nehmen: Vor dem Hintergrund der historisch-politischen Konflikte mit den Babyloniern entwerfen die Judäer einen identitätsstiftenden Text, dessen Botschaft nicht informativer, sondern performativer Natur ist, d.h. eine den Menschen befreiende und verändernde Kraft enthält. Diese Botschaft orientiert sich also nicht an der Frage, wie die Entstehung von Welt und Mensch aus naturwissenschaftlicher Sicht zu deuten ist, sondern welche Beziehungen sich zwischen Gott als dem Schöpfer und Kosmos und den Menschen als seinen Geschöpfen ergeben. Diese theologische Antwort auf die Frage nach der Stellung von Kosmos und Mensch kann aufgrund der folgenden Aspekte als befreiend und verändernd empfunden werden:

- Der Mensch ist gemäß Gen 1 nicht ein Produkt des Zufalls, sondern ein geliebter und gleichberechtigter Partner Gottes auf Erden.
- Die Schöpfung fordert aufgrund ihres harmonischen, schönen und geordneten Wesens dazu auf, Freude am Leben zu entwickeln und sein Dasein als Mensch zu genießen.
- Durch die Rückbindung der Schöpfung an einen liebenden Gott kann der Mensch eine tragende Identität entwickeln, die ihn als einzigartiges, aber nicht als herausgehobenes Wesen kennzeichnet.
- Seine Einzigartigkeit zeigt sich vor allem in seiner Funktionsbestimmung als Stellvertreter Gottes auf Erden, bei der ihm die Bestimmung zukommt, über die Schöpfung so zu wachen, dass der Lebensraum ein Raum des Friedens für alle (Shalom) wird.
- Sein Herrschaftsauftrag (vgl. Gen 1,28) ist demnach unter den Vorzeichen von Ps 72 zu verstehen, in dem der Mensch als guter Hirte die Herde führt und dadurch verantwortlich wird für Frieden, Gerechtigkeit und Nächstenliebe.
- Der Mensch (hebr.: adam), den man besser Erdling nennen sollte (hebr.: adama, der Erdboden), ist von Gott gewollt und geliebt, und zwar gemäß Gen 1 zunächst unabhängig davon, welcher Konfession er angehört oder welchen Geschlechts er ist.
- Das Ruhen am Sabbat kann unter den Vorzeichen der Moderne als Aufruf verstanden werden, den Tendenzen des modernen Kapitalismus entgegenzuwirken.
- Der Sabbat wird somit noch mehr zum Symbol der Freiheit und des Endes von Versklavung und Chaos.
- Bei den Chassidim, einer Gruppe des Frühjudentums, erhält der Sabbat sogar noch zusätzliche Bedeutung, weil er zum Tag erklärt wird, an dem Mann und Frau als gleichberechtigte Partner miteinander schlafen sollen.
- Diese Bedeutung des Sabbats erklärt sich vor dem Hintergrund der biblischen Bedeutung des Wortes „segnen“, das auf eine Wertschätzung der Fruchtbarkeit von Tier und Mensch abzielt. Von einer Leibfeindlichkeit ist an dieser Stelle der Bibel also nichts zu spüren.

Michael Fresta, Beitrag für diesen Band

1. *Lesen Sie den Text und markieren Sie die Ihrer Meinung nach wichtigsten Aussagen. Begründen Sie Ihre Auswahl. Welche These spricht Sie besonders an und warum?*
2. *Der Text stellt die Behauptung auf, Gen 1,1–2,4a besäße für den Menschen eine insgesamt befreiende und verändernde Kraft. Diskutieren Sie mit Ihrem Nachbarn über Für und Wider dieser These. Formulieren Sie anschließend ein begründetes Fazit zu Ihren Überlegungen, das Sie dem Kurs vorstellen können. Beziehen Sie hierbei auch die restlichen Thesen und mögliche Kritik daran mit ein.*

Silbermond feat. Jan Delay: Nicht mein Problem

Ein Auto fährt 210
Die Polizei hat's nicht gesehen
Nicht mein Problem
Schon Kinder werden kriminell
Und fielen Bomben auf die Welt es wär
Nicht mein Problem

Eon macht Millionen Profit
Nicht mein Problem
Und schickt die Kündigung gleich mit
Nicht mein Problem
Der Boss macht Urlaub auf Hawaii
während die BVG hier streikt

Das ist mir viel zu unbequem
Und auch überhaupt nicht mein Problem (2x)

Gibt's Korruption im Komitee
Nicht mein Problem
Ganz Deutschland wählt die NPD
Nicht mein Problem
Die Taschen voll die Börsen leer
Nicht mein Problem
Selbst wenn Stoiber Bundeskanzler wär, wär das
Nicht mein Problem

Der nächste Park wird weggeknickt
Nicht mein Problem
Für die Filiale von McFit
Nicht mein Problem
In der Sahara Skilanglauf
Am Nordpol macht ein Freibad auf
Ist auch nicht mein Problem

Das ist mir viel zu unbequem
Und auch überhaupt nicht mein Problem (2x)

Kevin ist ein Einzelkind
Nicht mein Problem
Vater im Knast die Mutter trinkt
Nicht mein Problem
Kevin schlägt Leute ohne Grund
Nicht mein Problem
Kevin wiegt 300 Pfund
Na und, es ist nicht mein Problem

WM im eigenen Land verloren
Nicht mein Problem
Brunsbüttel fliegt uns um die Ohren
Nicht mein Problem
Die Welt schlägt sich die Köpfe ein
Nicht mein Problem
Die letzte Zeile reimt sich nicht
Na und nicht mein Problem

Das ist mir viel zu unbequem
Und auch überhaupt nicht mein Problem (2x)

1. *Hören Sie sich das Lied genau an und lesen Sie den Songtext dazu. Begründen Sie vor dem Hintergrund Ihres Wissens über die Intention und Bedeutung von Gen 1,1–2,4a, wieso die hier geschilderten Beispiele doch auch „Ihr Problem" sind (Einzelarbeit). Verfahren Sie dabei so, dass Sie Ihr Wissen über das biblische Menschenbild und die Bedeutung der Schöpfung in Beziehung zur Intention sowie zu einzelnen Textpassagen des Liedes setzen.*
2. *Versuchen Sie, unter Bezugnahme auf die Ergebnisse zu Aufgabe 1 für zwei bis drei der im Lied angeführten Beispiele erste Lösungsmöglichkeiten zu entwerfen (Partnerarbeit).*
3. *Diskutieren Sie abschließend die Frage, ob man unbedingt religiös sein muss, um Kritik an den Problemen der Gegenwart zu äußern (Vierergruppe und abschließender Austausch im Plenum).*

Tafelbild: Das Konzept der Theistischen Evolution

(Zusammenführung einer evolutionsbiologischen und schöpfungstheologischen Deutung des Menschen)

Evolutionsbiologie: ⟶ **Anschlussfrage:** ⟶ **Grundlegende Deutungsmöglichkeiten:**

Evolutionsbiologie:
nach Lüke
Mensch = Produkt der Natur bzw. der Evolution, also des Zusammenspiels von Zufall und Notwendigkeit (Naturgesetze)

Anschlussfrage:
Sind Mensch und Natur insgesamt Zufallsprodukte, verdanken sie sich also dem Nichts?

Grundlegende Deutungsmöglichkeiten:

1. Atheismus/Materialismus = Ja, der Mensch ist ein zufällig entstandenes Wesen, das aus dem Nichts kommt und im Nichts endet (Dakwins, Monod).

2. Agnostizismus = Frage wird offengelassen, da man nur Dinge beantworten kann, die klar erfahrbar/erkennbar sind (Protagoras, Russell).

---

3. Theismus/Theistische Evolution = Schöpfung geschieht durch Evolution, Gott ist der liebevolle Schöpfer eines sich selbst sowie in Freiheit organisierenden Systems, dem er liebend und kommunikativ gegenübersteht.

↕

Merkmale:
Liebe – Gegenliebe nur möglich durch Freiheit; Freiheit aber nicht als Geschenk ohne Bedeutung, sondern Freiheit bedeutet auch Verantwortung für sich, Gott und den Nächsten (Mk 12,28-34)

↕

implizit angedeutet bei Manfred Fischer, Bezugsquellen hierbei:
Gen 1,1 – 3,24 + Evolutionsbiologische Erkenntnisse

7

Ein Fingerabdruck

Toter Vogel

„Die Bibel mag eine fesselnde, poetische Erzählung sein, aber sie gehört sicher nicht zu den Büchern, die man Kindern zur Festigung ihrer Moral in die Hand geben sollte."

Richard Dawkins, Der Gotteswahn, Berlin 2007, S. 342

Baustein 3

Der Mensch als geliebtes Geschöpf Gottes vor den Herausforderungen von Freiheit und Angst (Gen 2,4b–3,24)

Ziele

- die grundlegende Botschaft und Struktur des vorpriesterlichen Schöpfungsmythos erkennen, indem man den Text analysiert, Fragen an ihn richtet und eine begründete, d. h. in Sinnabschnitte unterteilte Gliederung entwirft, die man abschließend vorstellt.
- das Wissen zu den beiden Schöpfungsmythen vernetzen, indem man beide Texte vergleicht und dabei Unterschiede sowie Gemeinsamkeiten erarbeitet.
- sich der Tiefe, Komplexität und anthropologisch-ethisch ausgerichteten Grundstruktur der Urgeschichte Gen 1–11 bewusst werden, indem man einen Lehrervortrag dazu hört, diesen zusammenfasst und mit einem Schaubild in Verbindung setzt.
- ein Gespür für die bleibende Bedeutung des vorpriesterlichen Schöpfungsmythos entwickeln, indem man dessen theologisch-ätiologische Grundstruktur erkennt, diese mit eigenen Worten wiedergibt und die Ergebnisse gemeinsam in ein Tafelbild einfließen lässt.
- ein Gespür für die tiefenpsychologisch bedeutsame Symbolik der Erzählfiguren in Gen 3,1–4 entwickeln, indem man sich mithilfe einer Figurenanalyse in deren Psyche hineinversetzt, deren Beziehungen untereinander erarbeitet und die damit verbundenen Konsequenzen wahrnimmt.
- den Zusammenhang zwischen Angst und Freiheit erkennen, der in Gen 3,1–14 symbolisch zum Ausdruck kommt, und sich kritisch damit auseinandersetzen, indem man den Text von Eugen Drewermann analysiert und dessen Thesen diskutiert.

Methoden

- Entwurf von Strukturschemata und Tafelbildern
- Tiefenpsychologische Exegese
- Karikaturenanalyse
- Figurenanalyse und Aufstellungsarbeit
- Intratextuelle Bibellektüre/Kompositionskritik
- Diskussion

Der dritte Baustein verfolgt das Ziel, die Betrachtung der in den Schöpfungsmythen angelegten Anthropologie und Ethik zum Abschluss zu bringen. Der zweite Text soll hierbei unter historisch-kritischen und tiefenpsychologischen Gesichtspunkten beleuchtet und in Beziehung zum jüngeren der beiden Texte gesetzt werden. Zusammen wird somit die Grundlage geschaffen, an die im ersten Baustein erarbeiteten und für die Gegenwart der Schüler relevanten Grundlagen anzuknüpfen und von hier aus eine exemplarische Bearbeitung eines → Baustein 4 ethisch bedeutsamen Problemfalls aus der Gegenwart (Gentechnik bzw. Klonen) vorzubereiten.

Die zweite berühmte Schöpfungserzählung nimmt als ätiologisch-theologische Kontrasterzählung den Status sowie die Lebensumstände des Menschen in den Blick und konzentriert sich hierbei vor allem auf die Grundprobleme und Ängste menschlicher Existenz. Sie versucht zu erklären, warum der Mensch (Adam) und seine das Leben hervorbringende Frau

(Eva) in einer Welt leben, die geprägt ist von Tod, Arbeit, Krieg, Schmerzen und Krankheit, wieso er grundsätzlich sterben muss und in Trennung von Gott lebt, obwohl dieser ihn doch aus Liebe erschaffen hat. Aus Perspektive einer Endtextexegese ist auf die redaktionelle und kompositionelle Leistung des Redaktors hinzuweisen, der zwar um die Unterschiede zwischen beiden Texten weiß, aber dennoch will, dass die beiden Erzählungen als Einheit gelesen werden. Schon in Gen 1,27 ist die Rede von der Erschaffung des Menschen (hebr.: adam). Mit der redaktionellen Klammer in Gen 2,4b wird deutlich gemacht, dass dieser Vorgang nun genauer in den Blick kommt. Was für die Beziehung zwischen Gott und Mensch in Gen 1,1–2,4a galt, behält seine Gültigkeit, doch die Ebenbildlichkeit des Adam wird nun mit einer „Lupe" genauer in den Blick genommen.

→ Kapitel 2.2

Interessant ist erneut der Gesichtspunkt, dass die Erzählung kein historischer Bericht sein will, sondern ausgehend von den konkreten Lebensumständen der Menschen eine rückwärtsgewandte Ursachenlehre entwirft, die vor allem aus psychologischer Sicht wichtige Erkenntnisse für die Lebenswelt unserer Schüler erbringt. Auch hier liegt also kein raumzeitlich bedeutsamer Bericht über die ersten Lebewesen vor – das zeigen schon die beiden programmatischen Namen der beiden Hauptfiguren –, sondern eine grundlegende Bestimmung des Menschen, bei der eine Analyse der Ursachen für sein Handeln genauso in den Blick kommt wie mögliche Lösungsoptionen für ein Leben in Übereinstimmung mit sich selbst, der Welt und Gott. Gerade weil hier die Selbstwerdung des Menschen ein Thema ist, seine Ängste und seine Beziehung zur Welt zur Sprache kommen, bietet es sich an, hier noch stärker tiefenpsychologisch orientierte Verfahren der Exegese in den Unterricht miteinzubinden. Da auch die Gefühlslage der Charaktere, die als Identifikationsfiguren für den Leser agieren, wichtig ist, muss zudem Raum und Platz geschaffen werden für narratologische Annäherungen an den Text, z. B. in Form von Analysen der Charakterzeichnung und der Raumsymbolik in Gen 2,4b–3,24.

→ Kapitel 2.2

→ Arbeitsblatt 10, S. 86f.
→ Zusatzmaterial 9, S. 94

Der vorpriesterliche Schöpfungsmythos (Gen 2,4b–3,24)

Methodischer Kommentar

SII

Da der Text (**Arbeitsblatt 10**, S. 86f.) selbst ausführlich kommentiert wurde (vgl. S. 20ff.) kann an dieser Stelle auf eine Sachanalyse verzichtet werden. Bei der Erstbegegnung mit dem Text ist auch diesmal wieder darauf zu achten, dass die Schüler dem Mythos mit gewissen Vorerfahrungen, oft auch Vorurteilen gegenübertreten. Die lange Zeit auch in den Großkirchen vertretene, wortwörtliche Interpretation der Texte inklusive einer Vermittlung dieser Auslegung in Katechese und RU hat auch hier über die Zeit hinweg gesehen bei vielen Schülern eine Distanz zum Text gefördert, die sich dadurch kennzeichnet, dass man den Text als mit naturwissenschaftlichen Erkenntnissen in Konkurrenz stehenden Tatsachenbericht versteht und ihm demnach keinen Glauben schenken will. Mensch und Affe besitzen gemeinsame Vorfahren, Adam und Eva sind erfundene Figuren, an die höchstens noch die Kirche glaubt, so die einhellige, aber doch eben sachlich sehr undifferenzierte Meinung vieler Schüler. Freilich gibt es auch hier wieder die genannten Ausnahmen, da insbesondere in stark kirchlich sozialisierten Gebieten ein wortgetreues Textverständnis weiterhin gegeben ist und auch von einigen Schülern vertreten wird. Hier ist also eine Ablehnung gegenüber wissenschaftlicher Bibelexegese spürbar, die als Gegenpol zur eben beschriebenen Distanz verstanden werden kann. Allerdings sollten diese hermeneutischen Grundprobleme aufgrund der bisher erzielten Ergebnisse schon deutlich an Schärfe verloren haben. Vergessen sollte man sie jedoch als grundsätzliche Gefahr für jedwede Bibeldidaktik nicht.

→ Kapitel 2.2

Im **Einstieg** soll der Text gemeinsam vorgelesen werden. Dieses bei Schülern beliebte Vorgehen nimmt aber auch den Text als literarisches Kunstwerk ernst, was vor dem Hintergrund eines ästhetischen Lernens ebenfalls wichtig ist. Danach kann die **Erarbeitung** in Einzelarbeit beginnen. Da der Text relativ viele Fragen aufwirft, sollten diese im Sinne einer ersten Orientierung schriftlich festgehalten werden. Zudem soll der Text in Sinnabschnitte eingeteilt und mit dem ersten Schöpfungsmythos verglichen werden. Hierüber müssten die Schüler ein erstes Gespür für die bewusst gewählte Gliederung bekommen. Die Fokussierung auf ein ackerbäuerliches Milieu, die bereits eine gewisse kulturgeschichtliche Evolution voraussetzt, dürfte verdeutlichen, dass der Text in einer konkreten historisch bedeutsamen Situation entstanden sein muss und schon daher wohl nicht so zu verstehen ist, als biete er eine Erklärung zur Entstehung der ersten Menschen an. Die genaue Lektüre und die Herausforderung, die Textstruktur wahrzunehmen, dienen hier erneut dem Prinzip eines ästhetischen Lernens und sichern eine angemessene Würdigung des Mediums. Während bei Gen 1,1–2,4a die Aufgabe darin bestand, eine gemeinsame Lösung zu finden und diese dem Kurs begründet auf einer Folie vorzustellen, um das kooperative Lernen und die Präsentationskompetenzen der Schüler zu fördern, wird hier nun im Sinne einer Progression vom einzelnen Schüler mehr Verantwortung bei der Lösungsfindung gefordert. Das schließt nicht aus, dass die Ergebnisse der intensiven Texterschließung mit dem Sitznachbarn verglichen werden können, bevor sie gesichert und bewertet werden. Die Lehrer müssen in der **Präsentation** und **Sicherung** dafür sorgen, dass eventuelle Fehler oder Defizite entweder von den anderen Schülern oder von ihm selbst genannt bzw. ergänzt werden. Sie müssen deshalb unter Umständen durch gezielte Impulse die anvisierte Lösung fördern und ggf. eigenständige Ergänzungen vornehmen. Die Ergänzungen können auch schriftlich mitgegeben werden, vor allem die zur Gott-Mensch-Beziehung in Gen 1–11 (**Zusatzmaterial 9**, S. 94). In jedem Fall sollte dieses der **Vertiefung** dienende Zusatzmaterial dann auch vom Lehrer erörtert werden, um den Schülern die Gesamtkomposition des Textes im Rahmen von Gen 1–11 zu verdeutlichen. Die Schüler erhalten hier eine aufgrund der Unterrichtsrahmenbedingungen nicht selbst zu leistende Visualisierung der erzählstrategischen Funktion der zweiten Schöpfungserzählung und verstehen so, dass Erzählungen der Bibel nicht aus sich selbst heraus verständlich sind, sondern immer in ihrem engeren und weiteren Kontext zu analysieren sind.

Die **Sicherung** anhand der genannten Medien sollte in jedem Fall sicherstellen, dass die Geschichte des Menschen als Beziehungsgeschichte zu denken ist, die von einem deutlich ambivalenten Verhältnis zwischen JHWH und den Menschen gekennzeichnet ist. Dabei ist zu betonen, dass Gott den Menschen aus Liebe schafft und die Welt aus dem Chaos in die Ordnung führt. Der Mensch selber gerät immer wieder in Entfernung zu Gott, weil er mit der Liebe Gottes und der von ihm geschenkten Freiheit nicht umgehen kann. Aus Angst vor der Freiheit und vor der Verantwortung, die diese mitbringt, verfällt er in eine zunehmende Distanz zu seinem Schöpfer, die sich u. a. in Mord, Rache, Vergötzung und Größenwahn zeigt. Wichtig ist aber, dass der Gott des Alten Testaments, den man in der Auslegungsgeschichte oft gegen den Gott des Neuen Testaments ausgespielt hat, ein und derselbe Gott ist, der Juden und Christen eng aneinander bindet. Wichtiger ist aber noch, dass eben dieser Gott kein Gott der Rache ist, sondern ein Gott der Liebe und Vergebung, der zwar teilweise auch zürnend und traurig ob der Sünde des Menschen auftritt, der aber immer wieder neue Bünde mit ihm schließt, ihm neu seine Vergebung zusagt und für eine Überwindung des Chaos sorgt.

Mit Blick auf die Gliederung des Textes sind mehrere Optionen denkbar, in der **Sicherung** kommt es daher auch darauf an, dass die Schüler angemessen begründen, nach welchen Kriterien sie die Textstrukturierung vorgenommen haben. Bei der Nennung der Gemeinsamkeiten und Unterschiede können freilich unzählige Beobachtungen gemacht werden. In jedem Fall sollte aber herausgestellt werden, dass in beiden Texten Gott den Menschen aus Liebe erschafft, ihm einen freien Willen schenkt und ihm die Verantwortung für die Pflege des Garten Eden und der darin vorzufindenden Lebenswelt überträgt. Wichtig ist hier der erneut auftretende Gedanke, dass Gott die Welt so erschafft, dass in ihr Beziehung nicht nur möglich, sondern bewusst gewollt ist. Bezüglich der Unterschiede sollte aber auffallen, dass dieses Beziehungsgeschehen nun mit einer deutlichen Fokussierung auf die Entstehung des Menschen geschildert wird. Vor allem die Beziehung zwischen dem nackten Mann und der nackten Frau, die einander erkennen, wird hier so vorgestellt, als nähme der Autor eben bewusst mit einer Lupe einen genaueren Blick auf die Erschaffung des Menschen in Gen 1,27 vor. Dieser redaktionell bedingte Eindruck darf aber seinerseits nicht dazu führen, die wesentlichen Unterschiede zwischen dem älteren Text und Gen 1,1–2,4a zu übersehen. Dazu gehören vor allem das ackerbäuerliche Milieu, in dem der Mythos offenkundig entstanden sein muss, die detaillierte Schilderung des sog. Sündenfalls, die Versuche, diesen im Sinne einer Ätiologie einzuordnen und die damit verbundene Erzählrichtung des Textes. Letzteres bedeutet, dass der Text nicht chronologisch zu lesen ist, sondern dem Leser in Form einer mythischen Rückschau begegnet.

Michael Fresta: Der Mythos von Adam und Eva

→ Arbeitsblatt 11, S. 88 f.

→ Zusatzmaterial 10, S. 95

Kurze Sachanalyse

Nachdem eine am Prinzip des ästhetischen Lernens orientierte Annäherung an den Text erfolgt ist, die zunächst vor allem die aus formkritischer und kompositionskritischer Perspektive bedeutsamen Elemente beleuchtet hat, geht es nun um eine genauere exegetische Einordnung des Textes. Hier wird zunächst der historisch-kritische Weg weitergegangen, bevor am Ende des Bausteins eine tiefenpsychologisch fundierte Ergänzung die Bearbeitung des zweiten Mythos abrundet. Wichtig ist der Text insofern, als dass seine wesentlichen Aussagen zusammen mit den formkritischen und kompositionskritischen Ergebnissen in Relation gebracht werden sollen und somit die Vernetzung des Gelernten gefördert wird.

Der Text selbst besteht aus zwei großen Blöcken, der erste schildert allgemeine exegetische Fakten (Z. 1–29), der zweite (Z. 30 ff.) präsentiert eine kurze Deutung der einzelnen Passagen des Textes. Durch den Bezug zu älteren, ebenfalls ackerbäuerlich geprägten Mythen wird zum einen die Einbindung des Textes in die Religionsgeschichte des Vorderen Orients erkennbar und zum anderen wird dadurch auch das Wesen des Mythos an sich besser verständlich. Diese bildhafte Erzählung stellt ebenfalls keinen „Bericht" dar, sondern verrät uns etwas über die bleibende Bedeutung des Menschen samt seiner Fragen, Ängste und Sinnsuchbewegungen. Der zweite Block geht dann in die Deutung des Textes über, die an sich selbsterklärend ist und hier keiner genaueren Erläuterung bedarf. In jedem Falle sollten sich die Lehrer noch einmal folgendes verdeutlichen: Der Text lässt sich aufgrund seines Charakters als Ursachenlehre (Ätiologie) besser von seinem Ende her lesen und verstehen. Zudem verdeutlicht er nochmal die besondere Fokussierung des Textes auf den Menschen, der zunächst noch kein Geschlecht hat, der Freiheit und damit Verantwortung besitzt, der eben deshalb aber auch scheitern kann und sich dadurch von Gott, dem er nicht gleichgestellt ist, absondern kann (absondern = Sünde). Das Leben des Menschen an sich ist ambivalent. Er ist von Gott geliebt, trägt Verantwortung für die Schöpfung und ist auf Gemeinschaft und die positiv konnotierte Sexualität angewiesen, um glücklich zu sein. Zugleich ist dieses Geschenk aber auch eine besondere Bürde, an der man zugrunde gehen kann, aus der das Leiden, der Schmerz, die Krankheit und schließlich der Tod resultieren können.

SII

Methodischer Kommentar

Die Aufgabe zum Text (**Arbeitsblatt 11**, S. 88f.), die aufgrund des besonderen Anspruchsniveaus einer etwas längeren Erarbeitungsphase bedarf, soll im Anschluss an eine stille Lesephase im **Einstieg** gelöst werden. Die **Erarbeitung** kann dabei in Einzel- oder aber alternativ in Partnerarbeit gelöst werden. Hierbei genügen Stichworte, da die restliche Zeit für die ausführliche Präsentation und Sicherung im fragend-entwickelnden Unterrichtsgespräch benötigt wird. Die dem Prinzip des dialogisch orientierten Lernens im RU dienende Phase bedarf dann einer souveränen Kommunikationskompetenz der Lehrer, da den Schülern erst allmählich und mit partieller Hilfestellung bewusst werden dürfte, in welche Gesamtrelation die Einzelergebnisse zum zweiten Schöpfungsmythos gebracht werden können. Als Orientierung für die an die **Präsentation** anschließende **Sicherung** und **Bündelung** soll das antizipierte Tafelbild (**Zusatzmaterial 10**, S. 95) dienen. Hier sind nun im Anschluss an eine kurze mündliche Sicherung der Aufgabe die Lehrer gefragt, d. h. nachdem im offenen UG allgemein geklärt wurde, warum der Text als Ätiologie einzuordnen ist und warum Beziehung und Freiheit eine große Rolle für den Text spielen, geht es nun um die im fragend-entwickelnden UG durchzuführende Strukturierung und Visualisierung der Ergebnisse. Bei einer besonders leistungsstarken Lerngruppe ist alternativ auch denkbar, ein Schaubild von den Schülern entwerfen und präsentieren zu lassen. Dann ist aber auf jeden Fall damit zu rechnen, dass eine Präsentation erst in der kommenden Stunde möglich ist. Insgesamt empfiehlt sich folgendes Vorgehen:

Zunächst wird in der Mitte der Tafel begonnen. Dort wird der in Gen 3,1–14 geschilderte Ausgangspunkt des Menschen festgehalten. Die Schüler nennen also alles, was den Menschen in seinem gegenwärtigen Dasein ausmacht und ihm Grenzen setzt, wie z. B. der Tod oder Krankheiten. Ganz unten an der Mitte der Tafel wird im Sinne einer Bündelung der Resultate der Ist-Zustand als solcher charakterisiert. Dann wird mit der rechten inneren Tafelseite fortgefahren. Hier nun erfolgt die Sammlung des ursprünglichen War- bzw. Soll-Zustandes. Letzteres ist wichtig, da hier deutlich wird, dass das ursprüngliche Verhältnis zwischen Gott und Mensch kein geschichtlich verloren gegangenes Verhältnis ist, sondern als Beziehung gedacht ist, die erneuert werden soll. Nun erfolgt nach der von L-Impulsen getragenen Phase eine kurze Info, dass die geänderte Erzählrichtung des Textes deshalb so gewollt ist, weil hier eine Ursachenlehre über die Herkunft und Stellung des Menschen in Gottes Schöpfung vorliegt, die nicht als raumzeitlicher Bericht, sondern als mythische Rückschau zu interpretieren ist. Der Mensch des 8. und 7. Jh. fragt sich nach dem Warum und Wozu seines Lebens und deutet diese Fragen vor dem Hintergrund seines Gottesglaubens. Bei diesem mythischen Rückblick wird dessen Funktion erkennbar, er dient dem Menschen als Möglichkeit, seine Suche nach Heil und Erlösung zu formulieren. Zugleich zeigt er aber auch auf, dass der Mensch sich bewusst ist, was ethisch-moralisch von ihm gefordert ist und dass ihn dieses Handeln erlösen kann. Zuletzt ist Gen 3,1–7 als Gelenkstelle für die anderen Passagen in das Tafelbild zu integrieren. Ausgehend von der Schilderung des mythischen Ideals ist zu konstatieren, dass der Mensch aufgrund seiner Angst vor der Freiheit die Beziehung zu sich selbst, damit aber auch zu Gott und den Mitmenschen zerstört und sich daher in der Welt des Ist-Zustandes wiederfindet. Fakultativ denkbar ist es, die unterschiedlichen Begriffsbedeutungen der Antike für das Wort Liebe sowie die unterschiedlichen Formen der Störung der Schöpfung mit an die Tafel zu bringen. Sie müssten dann von den Lehrern auf der linken inneren Tafelseite festgehalten und erläutert werden, um auch diesen Kontext miteinzubinden.

Achim Greser/Heribert Lenz: Aus den Anfängen der Frauenquote

→ Arbeitsblatt 12, S. 90

Sachanalyse

Die Karikatur von Greser und Lenz aus der F.A.Z ist Bestandteil eines Artikels zum Thema „Frauenquote – Ein Machtwort unter Frauen" aus dem Jahre 2011. Der Artikel selbst wurde von Stephan Löwenstein verfasst, der Text spielt jedoch für die Erarbeitung der Karikatur im Unterricht keine Rolle, so dass der Fokus auf der Analyse und Interpretation der Karikatur liegen soll. Die Arbeit mit diesem Medium bietet sich nicht nur an, weil hierdurch visuelle Lerntypen angesprochen werden, sondern weil hier eine interessante Rezeption der Beziehung zwischen Adam und Eva vorliegt. Die beiden werden hier richtigerweise als Symbol für die Beziehung zwischen Männern und Frauen insgesamt gesehen, andererseits liegt der Rezeption aber ein problematisches Bibelverständnis zugrunde.

Aus den Anfängen der Frauenquote

Auf der Karikatur sind zunächst die bekannten Figuren Adam und Eva, die Schlange, Gott und einer der Cherubim zu sehen. Sie befinden sich im Garten Eden, der von einer Pforte und einer Mauer umgeben ist. Die Mitte der Karikatur zieren die nackte Eva und eine weitere nackte Frau. Auf diesen beiden Personen liegt das besondere Augenmerk der Karikaturisten. Im Hintergrund sind die beiden wichtigen Bäume des Gartens Edens zu erkennen, zum einen der der Erkenntnis von Gut und Böse und zum anderen der des Lebens. Auf dem Baum auf der rechten Seite windet sich die Schlange und betrachtet die Szenerie in der Mitte. Sie spielt hier genauso wie der Engel mit Nimbus keine wesentliche Rolle. Die beiden Evas, die eng beieinander stehen, schauen amüsiert und selbstbewusst auf den nackten Adam, der mit der Situation sichtlich unzufrieden ist. Das zeigen seine verschränkten Arme und sein Gesichtsausdruck. Er wurde an den Rand gedrängt, eine Wolke mit Blitz zieht über ihm auf, so dass der Vorgang der Trennung und Degradierung als göttlich sanktioniert erscheint. Dies bestätigt die Darstellung Gottes, der ganz typisch als auf einer Wolke thronender, souveräner und hier ebenfalls amüsierter und selbstbewusster alter Mann mit Bart gezeichnet ist. Über ihm ist das sehende, von Glanz umgebene Auge in der Pyramide zu erkennen, das für die Allwissenheit des trinitarischen Gottes steht. Für die Aussageabsicht der Karikatur ist die Gedankenblase entscheidend. Mit der Gott zugeschriebenen Formulierung („Die soll mir erst einmal einer nachmachen, meine Quotenregelung"), die hier interessanterweise einem Verhältnis von zwei zu eins für die Frauen entspricht, wird allem Anschein nach die Forderung nach einer angemessenen, rechtlich festgesetzten Frauenquote in der gegenwärtigen deutschen Gesellschaft ins Lächerliche gezogen. Es entsteht unter der Verwendung der Erzählung von Adam und Eva eine komplette Umkehrung der Geschlechterrollenverteilung und somit eine Benachteiligung des Mannes, was eigentlich nicht das Ziel der aktuellen Diskussion sein dürfte. Es ist denkbar, dass die Karikaturisten die Geschichte deswegen rezipieren, weil sie als klassisches Beispiel für die Bevorteilung des Mannes in den patriarchalisch geprägten Gesellschaften der Geschichte gilt. Hier erfolgt nun eine problematische Umkehrung dieser der ursprünglichen Intention des biblischen Textes entgegenstehenden Deutung, die die Karikaturisten kritisch betrachten. Das Kämpfen um eine Frauenquote darf nicht dazu führen, dass der Mann benachteiligt wird. Statt einer Quotenregelung wäre wohl eher eine Gleichbehandlung oder Gleichberechtigung anzuvisieren, bei der das Geschlecht an sich gar keine Rolle spielen dürfte.

Methodischer Kommentar

Im **Einstieg** kann die Karikatur ggf. auch ohne Bildunterschrift (**Arbeitsblatt 12**, S. 90) zunächst aufgelegt und als stiller Impuls präsentiert werden. Eine genauere Analyse und Interpretation soll hier noch nicht erfolgen. Vielmehr geht es um spontane Assoziationen und Eindrücke der Schüler. Diese sollen verbalisiert werden. Dadurch wird nicht nur ihr Vorwissen aktiviert, die Thematik als solche ist ihnen aus ihrer Lebenswelt bekannt und dürfte daher motivierend wirken. Die Bezüge zu ihrem bisher erworbenen Wissen zur Erzählung können als Überleitung zur Erarbeitung genutzt werden.

Die **Erarbeitung** erfolgt dann ganz in Ausrichtung am Dreischritt Analyse, Interpretation und Bewertung. Die Ergebnisse, die hierbei erzielt werden und auf einer Folie oder aber an der Tafel vorgestellt werden können, wurden in der Sachanalyse bereits ausführlich erläutert. In Bezug auf die Wahl der Sozialformen ist es wichtig, zunächst eine angemessene Wahrnehmung des Mediums durch jeden einzelnen Schüler möglich zu machen. Für den **Transfer** kann ein Wechsel in die Partnerarbeit erfolgen, da hier eine Steigerung des Schwierigkeitsgrades erfolgt, der man besser begegnen kann, wenn man kooperiert. Die **Bewertung**, die später im Plenum noch ausgeweitet und intensiviert werden sollte, muss in den Kleingruppen vorbereitet werden, um ein angemessenes Niveau zu gewährleisten. Die **Präsentation** und **Sicherung** der Aufgabenlösungen zu Nummer eins und zwei sollte somit vorab erfolgen. Die zentralen Argumente, die in der Diskussion begegnen, können dann an der Tafel festgehalten werden. Hierbei müsste sicherlich darauf hingewiesen werden, dass die Eignung, nicht aber das Geschlecht darüber entscheiden dürfen, ob man im Beruf Erfolg hat. Zudem sollte deutlich werden, dass die Diskussion über Quoten zu stark das Trennende zwischen Mann und Frau betont anstatt das Verbindende, das im Mythos von Adam und Eva begegnet, zu sehen. Der Blick auf das Geschlecht müsste an sich überflüssig werden, was nicht bedeutet, dass man deswegen die problematischen Entwicklungen in unserer Zeit kaschieren darf.

Figurenanalyse und Aufstellungsarbeit zu Adam, Eva, Gott und der Schlange in Gen 3,1–14

→ Arbeitsblatt 13, S. 91

→ Zusatzmaterial 11, S. 96.

Sachanalyse

Nach der Fokussierung auf die Stellung Evas und auf ihre Beziehung zum Adam wird nun die Analyse der Beziehungskonstellationen in der Erzählung ausgeweitet. Diese werden nun im Sinne einer kurzen Sachanalyse erläutert, wenngleich eine ausführliche Deutung des Textes bereits erfolgt ist. Die nun folgenden Ausführungen sind im antizipierten Schaubild zusammengefasst (**Zusatzmaterial 11**, S. 96). Im Anschluss an eine erneute Lektüre von Gen 3,1–14 sollen die Charakterisierungen und Figurenkonstellationen in Bezug auf Adam, Eva, Gott und die Schlange von den Schülern erarbeitet werden. Die Psychologie der Erzählfiguren, der man sich hierbei über ein narratologisches Verfahren nähert, ist dabei insbesondere für die anschließende, theologische und tiefenpsychologisch relevante Frage nach den Gründen für das moralisch-ethische Handeln der beiden Ur-Menschen von Bedeutung.

→ Kapitel 2.2

Das Wesen und die Handlungen der Schlange, die aus psychologischer Sicht als innere Stimme des Menschen verstanden werden muss, als Symbol für seine tiefsten Ängste, Fragen und Zweifel, sind insgesamt als hinterhältig zu bezeichnen. Ihre besondere Bedeutung ergibt sich dabei schon deshalb, weil sie ganz im Sinne der gerade implizierten psychologischen Symbolik die Szene eröffnet und der Frau mit den Strategien der Verunsicherung und Verführung entgegen tritt. Sie ist listig, ohne dabei zu lügen, ihre Verdrehung der Tatsachen ist als Übertabuisierung der Gebote Gebotes nahezu genial. Trotzdem wird sie von Gott bestraft, da sie auch ihn hintergeht und Gott seine Stellung als Souverän der Schöpfung unter Beweis stellt. Sie soll für immer auf dem Boden kriechen, während Adam und Eva aus Eden vertrieben werden. Eva, die zunächst blind gehorcht und damit Gott gegenüber als autoritätsgläubig erscheint, kann dem Locken der Schlange nur kurz widerstehen. Ihr eigener Perfektionismus mutiert zu Angst, Neugierde und Sünde. Adam, der die Gebote Gottes eigentlich kennen müsste, weil sie ihm mitgeteilt werden, noch bevor Eva geschaffen wird, lässt sich hierbei von Eva verführen, weist aber dann alle Schuld von sich. Beide fliehen vor Gott, weil ihre Anmaßung, wie Gott sein zu wollen, also Gut und Böse erkennen zu können, bestraft wird und Gott nun als konsequenter Richter auftritt, der aber eine Chance auf einen Neuanfang außerhalb von Eden ermöglichen wird.

Methodischer Kommentar

SII

Im **Einstieg** kann mit einem kurzen Lehrervortrag zum weiteren Vorgehen begonnen werden. Der Text (**Arbeitsblatt 13**, S. 91) wird zunächst verteilt, die Kleingruppen von bis zu vier Schülern lesen diesen dann erst einmal alleine und tauschen sich danach darüber aus. Dann werden in der nun beginnenden **Erarbeitung** zunächst arbeitsteilig die Figuren genauer in den Blick genommen, d. h. direkte Formen der Charakterisierungen (z. B. schlau, stark) und indirekte Formen der Charakterisierungen (Handlungen und Worte) festgehalten. Diese sollen dann in der Gruppe ausgetauscht werden, bevor im Anschluss daran die Beziehungen zu anderen Figuren untersucht werden. Diese Beziehungen schärfen das Profil einer Erzählfigur und sind daher sehr wichtig. Abschließend werden die Beobachtungen zunächst in einem Entwurf, dann auf einer Folie festgehalten und präsentiert. Da hierfür genügend Zeit vorhanden sein sollte, können mehrere Gruppen ihre Ergebnisse vorstellen und diese danach bewerten lassen. Die Lehrer moderieren diese **Präsentation** sowie gleichzeitige **Sicherung** und greifen nur ein, wenn Fehler auftreten oder Dinge ergänzt werden müssen.

Zusätzlich denkbar ist eine handlungsorientierte Vertiefung der Ergebnisse der narratologischen Interpretation von Gen 3,1–14. In Orientierung an der aus der Systemischen Therapie stammenden Aufstellungsarbeit, die dazu dient, tiefergehende Konfliktsituationen mithilfe von Stellvertretern zu lösen, kann man in die Rolle der betroffenen Konfliktpartner schlüpfen. Dadurch sollen die Schüler zu einer intensiveren Auseinandersetzung mit den Figuren, ihren Problemen untereinander und ihren Gefühlslagen animiert werden. Die **Vertiefung** besteht im Wesentlichen darin, dass die SuS die der Erzählung innewohnende Konfliktlösungsoption und Versöhnungswilligkeit durch einen spielerischen Umgang mit dem Text freilegen.

Dieses Vorgehen benötigt inklusive Vorbereitung anderthalb bis zwei weitere Stunden, die Lehrer müssen also genau überlegen, ob dieses an sich sehr wertvolle Vorgehen in ihre Unterrichtsplanung passt oder nicht. Die Schüler sollen nach der **Präsentation** der Ergebnisse die Figurenkonstellation zunächst standbildartig darstellen. Wichtig sind hierbei die Abstände und Anordnungen der Figuren, Mimik und Gestik sowie ggf. die Verwendung von Gegenständen. Auf den Beispielfotos (**Zusatzmaterial 12**, S. 97) sieht man eine Schülerinterpretation der oben genannten Charaktere und Beziehungskonstellationen in Gen 3,1–14. Danach gehen die Lehrer in die Szenerie hinein und beginnen mit der Befragung der Figuren. Fragen, die hierbei gestellt werden sollten, lauten: Wer bist du? Warum stehst du genau hier? Wie fühlst du dich? Wie stehst du zu den anderen Figuren? Nach einer ersten Runde, bei der alle Figuren zu Wort kommen sollen, geht man ein zweites Mal zu den Figuren, zunächst zu der Figur, die die meisten Probleme mit der Situation hat. Dies dürfte in der Regel Eva sein. Sollte sich jedoch herausstellen, dass eine andere Figur offener für die Methode ist, kann auch hier begonnen werden. Gerade Schüler, die zurückhaltender im RU sind, haben oft Probleme, sich zu öffnen. Genau das ist aber wichtig für diese aus der Systemischen Therapie stammende Methode. Der Verlauf dieser immer wieder wechselnden Befragung ist an sich ergebnisoffen und kann daher hier im Detail nicht beschrieben werden. Das grundsätzliche Ziel der Methode sollte es sein, durch geschickte Fragestellungen und auch Provokationen eine Zusammenführung der Figuren zu erreichen.

Rechtfertigen lässt sich dieses Vorgehen insofern, als man aus tiefenpsychologischer Sicht die Figuren als Seelenanteile eines Menschen bezeichnen kann, die in ein Ungleichgewicht zueinander gekommen sind und daher krank machen können. Der innere Gott tritt als Figur auf, der sich um innere Ordnung, Harmonie und Zufriedenheit kümmern will. Selbstwerdung wäre dann als Prozess zu verstehen, bei dem Freiheit und Verantwortung die Triebfedern sind, um mit sich selbst glücklich zu sein. Die Schlange ist als innere Stimme des Menschen der Anteil, der das wichtige Zweifeln und Hinterfragen des eigenen Lebens symbolisiert. Sie ist nur dann als Gegensatz, als Verführerin zu verstehen, wenn sie so mächtig wird, dass die Freiheit und die Verantwortung, die das eigene Leben ausmachen, zur Angst vor sich selbst und Gott führen. Wenn die Selbstwerdung als Ausrichtung an seinen eigenen Bedürfnissen zur Folge hat, dass Fremdbestimmung und Unsicherheit eine Selbstentfremdung verursachen, dann wird dieser Seelenanteil zum eigenen Gegner. Der Wunsch, man selbst zu werden, was deutlich macht, dass dies immer ein Prozess ist, kann dann durch die eigenen Fragen, die wichtig sind, ins Stocken geraten und die eigene Identitätsbildung gefährden. In diesem Kontext sind die Rollen der Eva und des Adam relativ schnell zu durchschauen. Eva symbolisiert die Entfremdung, die sich aus der eigenen Angst gegenüber den bewusst werdenden Ängsten und Zweifeln ergibt. Der an sich wichtige Wunsch, diese Fragen aufzuarbeiten, die in einem vorgehen, weicht hier der Angst, diese auch wirklich beantworten oder psychologisch gesprochen integrieren zu können. Adam erscheint hier als der Anteil, der die Schuld für die eigene Versagensangst bei anderen sucht. Wenn der Mensch davon spricht, dass die Frau ihn verführt hat, nimmt er gar nicht mehr wahr, dass es eben genau diese Rolle ist, die er integrieren muss. Nur wenn er und Eva zusammenspielen, d.h.

die Bereitschaft zeigen, die inneren Fragen ernsthaft anzugehen, ohne ins Misstrauen zu stürzen, kann ein erfolgreicher Umgang mit der Schlange stattfinden und eine Selbstwerdung, also der Weg zum inneren Gott bzw. zu Gott in uns erfolgen. In diesem Sinne erlöst Gott die Menschen auch auf seelischer Ebene, wenngleich das die Narratologie erweiternde systemische Verfahren besonderen Wert auf die eigenständige Lösungsbereitschaft des Menschen legt. Am Ende des Verfahrens müsste, wie auf den Beispielfotos auch, eine Zusammenführung der Figuren stehen, die sich an sich automatisch durch das Wechselspiel zwischen Lehrer und Schülern ergeben wird. Hier ist sehr gut zu erkennen, dass an sich alle Figuren mit der anfänglichen Distanz nicht leben konnten und durch das innere Hinterfragen und Suchen nach Lösungsoptionen ihre Stellung verändert haben. Die sich permanent verändernden Bewegungen der Figuren, die sich durch die Moderation und das Beantworten der Fragen ergeben werden, müssen nicht linear erfolgen, d. h. die Distanz kann zwischendurch auch zunehmen, gegen Ende müsste sich aber zeigen, dass diese Distanzerweiterung nur als Zwischenschritt zur Zusammenführung der inneren Anteile aufzufassen ist.

Die aufwendige Methode ist inklusive der Vorbereitung und **Reflexion** der Methode und des hermeneutischen Zugangs in 90 Minuten zu leisten. Allerdings sollten die Lehrer beachten, dass der Erfolg von mehreren Faktoren abhängig ist, so dass genau geprüft werden muss, ob diese Vertiefung sinnvoll ist. Eine Kenntnis grundsätzlicher tiefenpsychologischer bzw. systemischer Verfahren, eine sensible und flexible Moderation sowie eine für dieses Verfahren offene Lerngruppe sollten vorhanden sein, da ansonsten das Kernanliegen nicht erreicht werden kann. Im Vorfeld sollte man sich in Orientierung an dem Ziel und den Rollen geschickte Impulse überlegen, die einen Erfolg dieses Verfahrens wirklich gewährleisten können.

Eugen Drewermann: Die Angst vor der Freiheit. Zur symbolischen Bedeutung des Sündenfalls

→ Arbeitsblatt 14, S. 92 f.

Sachanalyse

Der Text von Eugen Drewermann stammt aus dem Jahre 2002 und stellt eine längere Antwortpassage im Rahmen eines von Richard Schneider geführten Interviews dar. Drewermann, der neben Hans Küng und Leonardo Boff zu den großen internen Kirchenkritikern des letzten und des gegenwärtigen Jahrhunderts gehört, befasst sich in diesem Abschnitt mit der Frage nach der Bedeutung der Sündenfallerzählung, also dem Teil des Mythos, der versucht eine Ursachenlehre des Abfalls des Menschen von Gott zu entwerfen. Ausgehend von seinem tiefenpsychologischen bzw. symbolischen exegetischen Ansatz will Drewermann aufzeigen, dass der Text lange Zeit falsch verstanden wurde. Das zeigt z. B. noch die sehr wortgetreue Lesart der Herausgeber des Weltkatechismus von 1992 (vgl. Z. 1–11). In deutlicher Abgrenzung von dieser klerikal ausgerichteten Auslegung, die vor allem die Sündhaftigkeit des Menschen betont und die Drewermann u. a. auch seine Lehrerlaubnis und seine Mitgliedschaft in der Kirche gekostet haben, wenngleich andere Faktoren hier ebenfalls von Bedeutung waren, versucht er aufzuzeigen, dass der Text eigentlich eine menschenfreundliche Intention verfolgt. Nach Drewermann geht es hier nämlich eher um die in Symbolsprache gekleideten negativen Erfahrungen des Menschen beim Umgang mit seiner von Gott geschenkten Freiheit, von dem Druck und der Angst, Entscheidungen treffen zu müssen, die für die Selbstwerdung und Identitätssuche des Menschen wichtig sind. Die Schlange symbolisiert hierbei das innere Fragen und Zweifeln des Menschen, eine Fähigkeit die in der Evolutionsgeschichte nur dem homo sapiens sapiens zukommt, da dieser nicht nur ein allgemeines Bewusstsein besitzt, sondern ein starkes Ich-Empfinden bzw. die Möglichkeit, Entscheidungen frei zu treffen und über diese und das Leben an sich nachzudenken (vgl. Z. 12–29).

Die Tatsache, dass die Menschen aus Angst beginnen, die Grenzen Gottes und der Schöpfung zu übertreten, sich von sich selbst und der Welt abzusondern (= Sünde), hängt laut Drewermann damit zusammen, dass die Fragen, die sich in einem aufdrängen, das innere Zweifeln und Suchen, den Menschen überfordern können und sich dadurch ein Vertrauensverlust in Gott ergeben kann. Das Misstrauen und die mangelnde Fähigkeit, man selbst zu sein, bringen einen dann vom Weg ab. Dass der Mensch in der Folge wie Gott sein will, bedeutet hierbei, seine Funktion als Ebenbild Gottes über zu interpretieren. Als Ebenbild Gottes kommt ihm eigentlich die Aufgabe zu, als Gottes Stellvertreter auf Erden zu agieren, d. h. frei und verantwortlich Gottes Schöpfung zu bewahren. Dieses Handeln erfolgt also aufgrund des Geschenks der Freiheit an den Menschen, die allerdings nicht immer positiv genutzt wird, vor allem dann wenn sie Angst macht und Misstrauen hervorruft. In der Erzählung wird dies sehr schön durch die Szene verdeutlicht, in der die Menschen merken, dass sie nackt, d. h. symbolisch gesprochen frei sind und sich deswegen schämen anstatt diesen Zustand zu akzeptieren. Das Essen vom Baum und die damit verbundenen möglichen Folgen sind also keine Darstellung eines historischen Geschehens, sondern müssen als grundlegende Vorgänge des menschlichen Lebens in Freiheit verstanden werden. Hier findet die sog. „strukturelle Sünde" als Folge des Vertrauensverlustes in Gott und sich selbst ihren literarischen Ausdruck. (vgl. Z. 84–91).

Die Frage, die sich im Anschluss zwangsläufig stellt, ist laut Drewermann, wieso viele Menschen diese Angst vor der Freiheit, vor dem „Selbst-ständigen" Handeln nicht überwinden können, wieso also der Mensch sich überhaupt von sich selbst und Gott weiter absondert. Die Antwort lautet, weil der Mensch diese Angst oft nicht wahrhaben möchte, führt sie ihm doch seine eigene Begrenztheit vor Augen. Sie liefert ihm eine Erkenntnis über sich selbst und die eigenen vermeintlichen Unzulänglichkeiten, über seine Fehler und Probleme, die sein Leben und seine Entscheidungen belasten und blockieren, aber auch über den Tod als der zentralen Kontingenzerfahrung. Anstatt sich dieser Situation zu stellen, also diese Situation zu integrieren und sich so zu lieben, wie man ist, und auf Gottes Liebe und Barmherzigkeit zu vertrauen, kehrt sich die Angst in Stolz um. Der Mensch wird böse und setzt sich eine Maske auf, er macht sich abhängig vom Druck und den Erwartungen anderer anstatt seine eigene Identität herauszubilden (vgl. Z. 108–115). Dadurch wird er „ein chronischer Lügner an sich selber", der „aus lauter Angst das eigene Maß verliert" (Z. 115, 108 f.). Was dies bedeutet, also was es heißt, böse zu sein und die Freiheit nicht dazu zu nutzen, man selbst zu werden, veranschaulicht Drewermann dabei sehr schön mit Hilfe der Etymologie des Wortes „böse" und der Parabel von Lafontaine. In der Summe zeigt Drewermann also auf, dass der Text keine informative Ausrichtung hat, sondern eher performativen Charakters ist. Er bietet eine Lösung für die Frage an, wieso Menschen trotz der Liebe Gottes das Moralisch Falsche tun, welche Ängste hierbei eine Rolle spielen und wie man mit diesen angemessen umgehen kann.

SII

Methodischer Kommentar

Weil mit der Betrachtung des Textes von Drewermann (**Arbeitsblatt 14**, S. 92 f.) das Hauptziel verfolgt wird, dass die Schüler den Zusammenhang von Angst und Freiheit erkennen und beurteilen, der in Gen 3,1–14 symbolisch zum Ausdruck kommt, ist es angemessen mit einer sog. „Dilemma-Geschichte" in die Stunde einzusteigen. Diese Dilemma-Geschichten haben sich aus der Sicht eines ethischen Lernens im RU als besonders wertvoll erwiesen, um aufseiten der Schüler ein ethisches Problembewusstsein zu entwickeln und sie zum Perspektivwechsel zu animieren. Im Sinne einer Problemorientierung im RU dient der **Einstieg** also vor allem der Wahrnehmung der Schwierigkeiten, die das freie menschliche Handeln mit sich bringt und die in der Erarbeitungsphase vertieft werden sollen. Hier lässt sich also eine wunderbare Vernetzung dieser beiden Phasen erreichen.

Mit welcher Geschichte man startet, bleibt dem Lehrer überlassen. Es gibt eine ganze Reihe an Erzählungen, auf die man hier zurückgreifen kann. Hier soll daher ein mögliches Beispiel genügen: „Mary ist 16 und wohnt in einem armen, afrikanischen Land. Sie hat keine Ausbildung und findet nirgends einen Job. Die Aussichten sind gering, je einen zu bekommen, da es bereits viele Arbeitslose gibt. Auch ihre Eltern sind ohne Arbeit und ihre jüngeren Geschwister gehen noch zur Schule. Sie hört davon, dass ein großer Pharmakonzern Embryonen für neue gentechnische Heilungsmethoden benötigt und junge Frauen sucht, die sich für fünf Jahre verpflichten, sich einmal pro Jahr künstlich befruchten zu lassen und den Embryo der Firma zu geben. Das Geld, das Mary angeboten wurde, würde genügen, sich und ihre Familie zu ernähren und dazu noch eine Ausbildung als Lehrerin zu machen. Mary plagen Zweifel. Sie ist streng katholisch erzogen worden und eine Abtreibung würde ihr schwer fallen. Aber sie weiß nicht mehr, wovon sie in Zukunft leben soll. Daher beschließt sie, den Vertrag zu unterschreiben, den ihr die Ärztin angeboten hat. War Marys Entscheidung richtig?" (in Anlehnung an: www.schule-bw.de/unterricht/faecher/biologie/medik/meth/dilemma [Prof. Dr. Lina]) Die Geschichte kann entweder von den Schülern oder aber von dem Lehrer vorgelesen werden und dann im offenen Unterrichtsgespräch diskutiert werden. Denkbar bzw. sinnvoll ist es, die genannten Pro- und Contra-Argumente an der Tafel zu sammeln und darunter im Sinne einer übergeordneten und zugleich generalisierenden und weiterführenden **Problemfindung** die grundlegende Problemstellung dieses Exempels zu formulieren. So erhält man bei Einsatz geschickter Impulse eine Leitfrage, die zur Erarbeitungsphase überleitet. Sie kann bspw. lauten: „Freie Entscheidungen – Schwierige und Angst machende Entscheidungen?"

Vor der eigentlichen **Erarbeitung** wird der Text auch aufgrund seines Schwierigkeitsgrades laut vorgelesen. Die weiteren Vorteile eines solchen Vorgehens wurden bereits mehrfach erläutert. Nach einer Klärung allgemeiner Fragen zum Text werden die Aufgaben im Think-Pair-Share-Verfahren bearbeitet, so dass hierdurch eine Förderung des kooperativen Lernens erfolgt. Unter Think – Pair – Share versteht man eine Vorgehensweise beim sog. „kooperativen Lernen". Ganz allgemein ist diese Form des Lernens, die zuvor von den Lehrern erläutert werden muss, gekennzeichnet durch: 1. Think (Denken): Man beschäftigt sich zunächst alleine mit der gestellten Aufgabe, schreibt seine Gedanken auf und stellt Verbindungen zu bisher Gelerntem auf. 2. Pair (Paar): Man wechselt in die Partnerarbeit und vertieft gemeinsam seine Ergebnisse. 3. Share (Teilen): Man präsentiert dem Rest der Klasse seine Ergebnisse und diskutiert sie. Die Gedanken des Einzelnen werden dadurch in eine immer größer werdende Relation zu den Ergebnissen der anderen bzw. der gesamten Gruppe gebracht. So werden sowohl die Ergebnisse jedes einzelnen gewürdigt als auch das Ergebnis der Gruppe wertgeschätzt. Der Austausch fördert die Präsentations- und Sozialkompetenzen der Schüler und bindet alle mit ein. In der **Präsentation** und **Sicherung**, die mit einer Schüler-Präsentation (frei oder auf Folie) beginnen sollte, müssen dann die Schwerpunkte des Textes zunächst benannt und dann unter Rückgriff auf eigene Beispiele vertieft werden. Dieser **Transfer** bereitet zugleich die Bewertung vor, die im Idealfall noch einmal Bezug auf die Dilemma-Geschichte aus der Einstiegsphase nimmt. Die **Bewertung** erfolgt hier, indem die zu diskutierenden Schwierigkeiten als Grundlage für die Formulierung von Regeln im Umgang damit verwendet werden. Mögliche Regeln könnten z. B. lauten: „Lass dich von schwierigen Entscheidungen nicht verängstigen, sondern geh sie selbstbewusst und mutig an!", „Nimm dir Zeit, um eine Entscheidung zu fällen, bedenke Vor- und Nachteile sowie Folgen einer möglichen Wahl!" Mit dieser Übung werden die Überlegungen zur wichtigen Erzählung von Adam und Eva abgerundet und zugleich erste Ansätze für die Lösung konkreter moralisch-ethischer Problemfelder entwickelt. So wird eine Basis für das in Baustein vier folgende Beispielproblem „Klonen und Gentechnik" geschaffen, das in ähnlicher Form auch schon bei der Geschichte von Mary anklingt, was einem nachhaltigen Lernen dient.

Der vorpriesterliche Schöpfungsmythos (Gen 2,4b–3,24)

2 [4b]Zur Zeit, als Gott, der Herr, Erde und Himmel machte, [5]gab es auf der Erde noch keine Feldsträucher und wuchsen noch keine Feldpflanzen; denn Gott, der Herr, hatte es auf die Erde noch nicht regnen lassen und es gab noch keinen Menschen, der den Ackerboden bestellte; [6]aber Feuchtigkeit stieg aus der Erde auf und tränkte die ganze Fläche des Ackerbodens. [7]Da formte Gott, der Herr, den Menschen aus Erde vom Ackerboden und blies in seine Nase den Lebensatem. So wurde der Mensch zu einem lebendigen Wesen. [8]Dann legte Gott, der Herr, in Eden, im Osten, einen Garten an und setzte dorthin den Menschen, den er geformt hatte. [9]Gott, der Herr, ließ aus dem Ackerboden allerlei Bäume wachsen, verlockend anzusehen und mit köstlichen Früchten, in der Mitte des Gartens aber den Baum des Lebens und den Baum der Erkenntnis von Gut und Böse. [10]Ein Strom entspringt in Eden, der den Garten bewässert; dort teilt er sich und wird zu vier Hauptflüssen. [11]Der eine heißt Pischon; er ist es, der das ganze Land Hawila umfließt, wo es Gold gibt. [12]Das Gold jenes Landes ist gut; dort gibt es auch Bdelliumharz und Karneolsteine. [13]Der zweite Strom heißt Gihon; er ist es, der das ganze Land Kusch umfließt. [14]Der dritte Strom heißt Tigris; er ist es, der östlich an Assur vorbeifließt. Der vierte Strom ist der Eufrat. [15]Gott, der Herr, nahm also den Menschen und setzte ihn in den Garten von Eden, damit er ihn bebaue und hüte. [16]Dann gebot Gott, der Herr, dem Menschen: Von allen Bäumen des Gartens darfst du essen, [17]doch vom Baum der Erkenntnis von Gut und Böse darfst du nicht essen; denn sobald du davon isst, wirst du sterben. [18]Dann sprach Gott, der Herr: Es ist nicht gut, dass der Mensch allein bleibt. Ich will ihm eine Hilfe machen, die ihm entspricht. [19]Gott, der Herr, formte aus dem Ackerboden alle Tiere des Feldes und alle Vögel des Himmels und führte sie dem Menschen zu, um zu sehen, wie er sie benennen würde. Und wie der Mensch jedes lebendige Wesen benannte, so sollte es heißen. [20]Der Mensch gab Namen allem Vieh, den Vögeln des Himmels und allen Tieren des Feldes. Aber eine Hilfe, die dem Menschen entsprach, fand er nicht. [21]Da ließ Gott, der Herr, einen tiefen Schlaf auf den Menschen fallen, sodass er einschlief, nahm eine seiner Rippen und verschloss ihre Stelle mit Fleisch. [22]Gott, der Herr, baute aus der Rippe, die er vom Menschen genommen hatte, eine Frau und führte sie dem Menschen zu.

[23]Und der Mensch sprach: Das endlich ist Bein von meinem Bein und Fleisch von meinem Fleisch. Frau soll sie heißen, denn vom Mann ist sie genommen. [24]Darum verlässt der Mann Vater und Mutter und bindet sich an seine Frau und sie werden *ein* Fleisch. [25]Beide, Adam und seine Frau, waren nackt, aber sie schämten sich nicht voreinander.

3 [1]Die Schlange war schlauer als alle Tiere des Feldes, die Gott, der Herr, gemacht hatte. Sie sagte zu der Frau: Hat Gott wirklich gesagt: Ihr dürft von keinem Baum des Gartens essen? [2]Die Frau entgegnete der Schlange: Von den Früchten der Bäume im Garten dürfen wir essen; [3]nur von den Früchten des Baumes, der in der Mitte des Gartens steht, hat Gott gesagt: Davon dürft ihr nicht essen und daran dürft ihr nicht rühren, sonst werdet ihr sterben. [4]Darauf sagte die Schlange zur Frau: Nein, ihr werdet nicht sterben. [5]Gott weiß vielmehr: Sobald ihr davon esst, gehen euch die Augen auf; ihr werdet wie Gott und erkennt Gut und Böse. [6]Da sah die Frau, dass es köstlich wäre, von dem Baum zu essen, dass der Baum eine Augenweide war und dazu verlockte, klug zu werden. Sie nahm von seinen Früchten und aß; sie gab auch ihrem Mann, der bei ihr war, und auch er aß. [7]Da gingen beiden die Augen auf und sie erkannten, dass sie nackt waren. Sie hefteten Feigenblätter zusammen und machten sich einen Schurz. [8]Als sie Gott, den Herrn, im Garten gegen den Tagwind einherschreiten hörten, versteckten sich Adam und seine Frau vor Gott, dem Herrn, unter den Bäumen des Gartens. [9]Gott, der Herr, rief Adam zu und sprach: Wo bist du? [10]Er antwortete: Ich habe dich im Garten kommen hören; da geriet ich in Furcht, weil ich nackt bin, und versteckte mich. [11]Darauf fragte er: Wer hat dir gesagt, dass du nackt bist? Hast du von dem Baum gegessen, von dem zu essen ich dir verboten habe? [12]Adam antwortete: Die Frau, die du mir beigesellt hast, sie hat mir von dem Baum gegeben und so habe ich gegessen. [13]Gott, der Herr, sprach zu der Frau: Was hast du da getan? Die Frau antwortete: Die Schlange hat mich verführt und so habe ich gegessen. [14]Da sprach Gott, der Herr, zur Schlange: Weil du das getan hast, bist du verflucht unter allem Vieh und allen Tieren des Feldes. Auf dem Bauch sollst du kriechen und Staub fressen alle Tage deines Lebens. [15]Feindschaft setze ich zwischen dich und die Frau, zwischen deinen Nachwuchs und ihren Nachwuchs. Er trifft dich am Kopf und du triffst ihn an der Ferse. [16]Zur Frau sprach er: Viel Mühsal bereite ich dir, sooft du schwanger wirst. Unter Schmerzen gebierst du Kinder. Du hast Verlangen nach deinem Mann; er aber wird über dich herrschen. [17]Zu Adam sprach er: Weil du auf deine Frau gehört und von dem Baum gegessen hast, von dem zu essen ich dir

verboten hatte: So ist verflucht der Ackerboden deinetwegen. Unter Mühsal wirst du von ihm essen alle Tage deines Lebens. [18]Dornen und Disteln lässt er dir wachsen und die Pflanzen des Feldes musst du essen.
[19]Im Schweiße deines Angesichts sollst du dein Brot essen, bis du zurückkehrst zum Ackerboden; von ihm bist du ja genommen. Denn Staub bist du, zum Staub musst du zurück. [20]Adam nannte seine Frau Eva (Leben), denn sie wurde die Mutter aller Lebendigen. [21]Gott, der Herr, machte Adam und seiner Frau Röcke aus Fellen und bekleidete sie damit.
[22]Dann sprach Gott, der Herr: Seht, der Mensch ist geworden wie wir; er erkennt Gut und Böse. Dass er jetzt nicht die Hand ausstreckt, auch vom Baum des Lebens nimmt, davon isst und ewig lebt! [23]Gott, der Herr, schickte ihn aus dem Garten von Eden weg, damit er den Ackerboden bestellte, von dem er genommen war. [24]Er vertrieb den Menschen und stellte östlich des Gartens von Eden die Kerubim auf und das lodernde Flammenschwert, damit sie den Weg zum Baum des Lebens bewachten.

1. *Lesen Sie gemeinsam den Text und klären Sie offene Fragen.*
2. *Gliedern Sie nun in Einzelarbeit den Text, indem Sie ihn in Sinnabschnitte unterteilen und diesen Sinnabschnitten Überschriften geben. Übertragen Sie dazu die Tabelle in Ihr Heft.*

Sinnabschnitt	**Überschrift**
1 (Z. XX–XY)	…
2 (Z. XX–XY)	…
…	…

3. *Vergleichen Sie Gen 2,4b–3,24 mit Gen 1,1–2,4a. Welche Gemeinsamkeiten und welche Unterschiede können Sie feststellen? Auch hier kann Ihnen eine Tabelle helfen.*

Gen 2,4b–3,24 und Gen 1,1–2,4a

Gemeinsamkeiten	**Unterschiede**
…	…

Vergleichen Sie Ihre Ergebnisse abschließend auch mit denen Ihres Sitznachbarn und bereiten Sie sich auf eine begründete Präsentation der Resultate vor dem Kurs vor.

Der Mythos von Adam und Eva

Einleitung

Der zweite Text der biblischen Urgeschichte (Gen 2,4b–3,24) erzählt vom Garten Eden, von Adam und Eva sowie vom Sündenfall. Er stammt sehr wahrscheinlich aus dem 8. oder 7. Jahrhundert v. Chr. und muss in einem ackerbäuerlichen Umfeld entstanden sein. Aufgrund seines höheren Alters nennt man ihn mittlerweile nur noch den vorpriesterlichen Schöpfungsmythos.

Der ältere Schöpfungstext (Gen 2,4b–3,24) weist Parallelen zu den ägyptischen und mesopotamischen Mythen auf. Es könnte sein, dass von dort einige literarische Bilder übernommen worden sind. Zu denken ist an das Bild Gottes als Töpfer, an den Garten mit den Flüssen, an den Baum der Erkenntnis oder auch an das Engelmotiv.

Als Mythos will dieser Text nicht über einen raumzeitlichen Beginn der Menschheit informieren, sondern eine zeitlos gültige Botschaft übermitteln. Es geht um die grundsätzliche Bestimmung des Menschen, jedes Adam und jeder Eva also. Adam und Eva sind nämlich keine Eigennamen, wie man zunächst denken könnte, sondern Chiffren für das Menschsein an sich oder auch Figuren, die stellvertretend für uns alle stehen. Das, was sich in der Geschichte ereignet, hat sich nicht einmal ereignet, sondern ist eine Grundbedingung des menschlichen Lebens zu allen Zeiten. Der Mythos übersteigt also die für die Naturwissenschaften so bedeutsame Frage nach zeitlichen Entwicklungen.

Die Deutung der einzelnen Textpassagen

Das Leid des Menschen

Der Text hat einen stark ätiologischen Charakter (Ätiologie = Ursachenlehre). Daher erschließt er sich leichter, wenn man ihm von seinem Ende her (3,14–24) liest. Hier beschreibt der Verfasser, in was für einer Welt er lebt. In ihr muss er hart arbeiten, Konflikte, Schmerzen bei der Geburt eines Kindes und den Tod ertragen. All dies wirft die Frage auf, warum es all das Leid in Gottes eigentlich guter Schöpfung überhaupt gibt (Theodizeefrage). Der Erzähler versucht in Gen 2,4–24 eine Antwort darauf zu geben. Der Garten Eden ist die Schöpfung, so wie sie von Gott gewollt ist. Erst durch das Misstrauen des Menschen in und die Abkehr von Gott ändert sich dieser Ur-Zustand.

Gott als Schöpfer des Kosmos

Auch hier ist Gott der Schöpfer des Kosmos und somit auch des Menschen. Wie ein Töpfer hat Gott die Menschenfigur liebevoll geformt. Aus der Sicht des Mythos ist der Mensch kein Wesen, das aus der Natur selbst heraus erklärt werden kann. Alles verdankt sich einem Urgrund, Gott. Der Mensch, der hier stärker in den Blick kommt als in Gen 1,1–2,4a, wird durch den lebensspendenden Atem Gottes ins Leben gerufen.

Adam als Gegenüber Gottes

Trotz ihrer engen Beziehung sind Gott und Mensch klar voneinander unterschieden. Gott hat ihn von der vergänglichen Erde genommen und ihn lebendig gemacht. Gott und Erde sind die beiden ungleichen Gegensätze, von denen aus der Mensch verständlich wird. Weil der Mensch aus der Erde (hebr. „adama") geformt wurde, heißt er „Adam" (d. h. „der aus Erde Genommene" oder „Erdwesen"). „Adam" ist ursprünglich also kein Eigenname, sondern eine Wesensbestimmung des Menschen. Sie bringt seine Verbindung mit der Erde und damit seine Sterblichkeit zum Ausdruck. Jeder Mensch ist ein Adam. Jeder kommt von der Erde, lebt auf ihr und kehrt beim Tod zu ihr zurück („jemanden beerdigen"). Eine Unterscheidung in Mann und Frau gibt es hier noch nicht.

Der Garten Eden als utopische Vision

In einer Art Rückschau entwirft der Mythos das utopische Bild eines Gartens („Eden, Wonneland"), den besten Ort, den sich Nomaden und Wüstenbewohner damals vorstellen konnten. Bäume, Früchte und Flüsse sorgen dafür, dass es in ihm Leben in Fülle gibt. Adam darf die Früchte der Bäume essen und sich an der Schönheit Edens erfreuen. Der Garten ist ein Kontrastbild zu unserer leidvollen Welt, in dem es kein Chaos, keine Feindschaft, keinen Fluch, keine menschenunwürdige Arbeit, keinen Schmerz und keinen Tod gibt.

Die Gebote Gottes

Aber auch in diesem harmonischen Zustand gibt es Gebote, an die sich der Mensch halten soll. Vom „Baum der Erkenntnis von Gut und Böse" darf er nicht essen. Von einem Apfelbaum ist hier nicht die Rede. Die Vorstellung erklärt sich auch aus einem sprachlichen Missverständnis. Im Lateinischen heißt

‚malum' mit langem a ‚Apfel' und mit kurzem a ‚böse', ‚schlecht'. „Gut und Böse" meint in der Sprache des Mythos gottgleiches Wissen. Wenn sich der Mensch dieses Wissen anmaßt, überschreitet er seine Grenzen. Das Gebot setzt natürlich voraus, dass der Mensch Freiheit besitzt. Ohne Freiheit wären Gott und Verbote sinnlos. Frei zu handeln, zwischen nützlichen und schädlichen Handlungen unterscheiden zu können, ist ein besonderes Geschenk, das dem Menschen zukommt. Die an sein Bewusstsein gekoppelte Voraussetzung unterscheidet ihn von den Tieren.

Die Tiere als Geschöpfe Gottes

Trotz seiner göttlichen Herkunft und seiner Verbundenheit mit der Erde, trotz seines Lebens im Garten Eden kann der Mensch nicht wirklich glücklich sein, weil er noch nicht vollständig ist. Er fühlt sich, solange er allein ist, einsam. Auch hier offenbart der Mythos ein Stück seines Wesens. Poetisch-mythische Bilder zeigen, wer Adam ergänzen bzw. ihn ganz machen kann und wer nicht. So schafft Gott zuerst die Tiere. Doch so sehr Adam sie auch erkennt und liebt („Namen geben"), so wenig sind sie dem Menschen gleichwertige Partner. Sie können seine Einsamkeit nicht vollends aufheben.

Die Frau als Partnerin Adams

Adam braucht einen Partner, der ihm gleicht bzw. gleichwertig ist. Ohne ein solches Gegenüber ist der Mensch unvollständig. Daher schafft Gott eine Frau, die aus Adam selbst stammt und von seiner Art ist. Nur sie kann ihm geben, was ihm bislang fehlte. Erst im Gegenüber zu ihr erfährt sich Adam erstmals als „Mann" (hebräisch: isch). Nur zusammen mit der Frau (hebräisch: „ischa") wird er ein vollständiger Mensch. In der Szene vom Schlaf Adams ist angedeutet, dass der Mensch das Wunder nicht sehen kann, das Gott wirkt. Dass die Frau aus der Rippe des Menschen genommen wird und somit aus der Herzmitte Adams kommt, erklärt das bleibende Gefühl, zusammenzugehören und zusammenzupassen. Sie ist ihm völlig gleichwertig. Manche Feministinnen sehen sie sogar als Adam überlegen an, da der Mann nur aus der Erde, die Frau aber vom Menschen stammt. Adam nannte seine Frau „Eva", d. h. „Mutter der Lebendigen". Auch das ist mehr eine Wesensdefinition als ein Name. Jede Frau ist eine „Eva".

Mann und Frau in ihrer Beziehung zueinander

Mann und Frau haben ein starkes Verlangen zueinander. Ihr unterschiedlicher Eros und ihre unterschiedliche Sexualität führen sie zusammen. Dieser Drang ist den Menschen von Gott gegeben. Erst gemeinsam stellen beide die Ganzheit des Menschseins dar. Auch hier wird die Frau nicht diskriminiert, denn es heißt, dass der Mann Vater und Mutter verlässt, um der Frau anzuhängen, und nicht umgekehrt.

Nach: Trutwin, Werner: Neues Forum Religion. Mensch. Arbeitsbuch Anthropologie. Religionsunterricht Sekundarstufe II, München 2010, Patmos Verlag, 76f.

1. *Erklären Sie mit eigenen Worten, wieso man Gen 2,4b–3,24 auch als Ursachenlehre („Ätiologie") menschlicher Lebensverhältnisse definieren kann. Welche beiden Zustände menschlicher Existenz werden hier miteinander verglichen und in welcher Beziehung stehen diese aus Sicht des Verfassers zueinander?*
2. *Wieso sind die Aspekte „Beziehung" und „Freiheit" für das Verständnis der Erzählung wichtig? Denken Sie hierbei auch an die Ergebnisse zum Konzept der „Theistischen Evolution" zurück.*

Karikatur: Aus den Anfängen der Frauenquote

Aus den Anfängen der Frauenquote

1. *Analysieren und interpretieren Sie in Einzelarbeit die vorliegende Karikatur. Aus welchen Bildelementen besteht sie und wie stehen diese in Beziehung zueinander? Was ist die Aussageabsicht der Karikaturisten?*

2. *Vergleichen Sie gemeinsam mit Ihrem Nachbarn die Darstellung der Erzählung von Adam und Eva mit Ihrem Wissen zur ursprünglichen Bedeutung der Beziehung zwischen beiden in der biblischen Erzählung. Deckt sich die Deutung der Karikaturisten mit dem dort entworfenen Bild von Mann und Frau?*

3. *Diskutieren Sie in Kleingruppen über Für und Wider einer Frauenquotenregelung. Was kann das biblische Menschenbild, das Sie in Gen 1,1–3,24 kennengelernt haben, zur Diskussion beitragen?*

Figurenanalyse und Aufstellungsarbeit zu Adam, Eva, Gott und der Schlange in Gen 3,1–14 (Objektebene)

3 [1]Die Schlange war schlauer als alle Tiere des Feldes, die Gott, der Herr, gemacht hatte. Sie sagte zu der Frau: Hat Gott wirklich gesagt: Ihr dürft von keinem Baum des Gartens essen? [2]Die Frau entgegnete der Schlange: Von den Früchten der Bäume im Garten dürfen wir essen; [3]nur von den Früchten des Baumes, der in der Mitte des Gartens steht, hat Gott gesagt: Davon dürft ihr nicht essen und daran dürft ihr nicht rühren, sonst werdet ihr sterben. [4]Darauf sagte die Schlange zur Frau: Nein, ihr werdet nicht sterben. [5]Gott weiß vielmehr: Sobald ihr davon esst, gehen euch die Augen auf; ihr werdet wie Gott und erkennt Gut und Böse. [6]Da sah die Frau, dass es köstlich wäre, von dem Baum zu essen, dass der Baum eine Augenweide war und dazu verlockte, klug zu werden. Sie nahm von seinen Früchten und aß; sie gab auch ihrem Mann, der bei ihr war, und auch er aß. [7]Da gingen beiden die Augen auf und sie erkannten, dass sie nackt waren. Sie hefteten Feigenblätter zusammen und machten sich einen Schurz. [8]Als sie Gott, den Herrn, im Garten gegen den Tagwind einherschreiten hörten, versteckten sich der Mann und seine Frau vor Gott, dem Herrn, unter den Bäumen des Gartens. [9]Gott, der Herr, rief dem Mann zu und sprach: Wo bist du? [10]Er antwortete: Ich habe dich im Garten kommen hören; da geriet ich in Furcht, weil ich nackt bin, und versteckte mich. [11]Darauf fragte er: Wer hat dir gesagt, dass du nackt bist? Hast du von dem Baum gegessen, von dem zu essen ich dir verboten habe? [12]Der Mann antwortete: Die Frau, die du mir beigesellt hast, sie hat mir von dem Baum gegeben und so habe ich gegessen. [13]Gott, der Herr, sprach zu der Frau: Was hast du da getan? Die Frau antwortete: Die Schlange hat mich verführt und so habe ich gegessen. [14]Da sprach Gott, der Herr, zur Schlange: Weil du das getan hast, bist du verflucht unter allem Vieh und allen Tieren des Feldes. Auf dem Bauch sollst du kriechen und Staub fressen alle Tage deines Lebens.

1. *Lesen Sie zunächst in Kleingruppen den Textauszug.*
2. *Wie stellt der Erzähler die Figuren (Schlange, Frau, Mann und Gott) in Gen 3,1–14 dar? Listen Sie direkte und indirekte Charakterisierungen auf. Wie sind die Beziehungen der Figuren untereinander gekennzeichnet (Figurenkonstellation)?*
3. *Entwerfen Sie ausgehend von Ihren Charakterisierungen ein Strukturschema zu den Beziehungen. Sammeln Sie dafür zunächst alle Informationen auf einem separaten Blatt und übertragen Sie diese am Ende auf die beiliegende Folie. Beachten Sie dabei, dass Sie diese Folie den anderen Gruppen vorstellen und Ihr Ergebnis begründen müssen.*
4. *Gegebenenfalls können Sie die Beziehungskonstellation auch szenisch darstellen. Wählen Sie dafür Personen aus, die die Figuren darstellen. Wichtig ist hierbei, dass die Figuren in einer Art „eingefrorener" Szene so zueinander stehen, dass ihre Beziehung über die Körperhaltung bzw. Distanz, die Mimik und Gestik erkennbar wird.*

Eugen Drewermann: Die Angst vor der Freiheit. Zur symbolischen Bedeutung des Sündenfalls (Subjektebene)

In welchem Sinne kann eine Schlange listig genannt werden? Natürlich lebt diese Schlange, von der da die Rede ist, nicht in einem Zoo, sondern sie ist hier ein Symbol. Man muss hinzufügen, dass gerade die Kirche bis heute mit einem der wichtigsten Texte der Bibel nicht zurechtkommt. Sie hat am Anfang dieses Jahrhunderts in vatikanischen Erklärungen gesagt: Man muss den Text ganz wörtlich nehmen. Die Schlange hat so gesprochen, das muss man glauben. Und noch 1992 wird im Weltkatechismus behauptet: Dieser Text ist historisch. Aber man tut dem Text damit Unrecht, denn es geht im Grunde um eine Wesensbeschreibung dessen, was in jedem Menschen vor sich geht. [...] Und da müsste man dieses Symbol der Schlange, so wie es in den Mythen oder den Märchen auftaucht, einmal beim Wort nehmen. Im Untergrund der Welt liegt notwendig der gähnende Rachen des Abgrundes, des Nicht-seins, des Zufalls, der Kontingenz und den symbolisiert die Schlange. Menschen beginnen, darüber nachzudenken, warum es sie gibt und in welch eine Welt sie hineingeboren sind. Nur wir Menschen können darüber nachdenken und wir werden finden, dass wir eines Tages sterben müssen. Wir begreifen die Endlichkeit dieser Welt. Wir fragen uns, welch eine Berechtigung wir haben zu existieren – und finden keine Antwort. Dafür steht die Schlange: dass sich in unserem Bewusstsein Fragen aus dem Abgrund zu Wort melden und eine Antwort haben möchten. [...]

So fängt die Geschichte des Bösen an. Sie beginnt damit, dass man fragt, was Gott wohl gesagt hat. Harmloser kann es nicht beginnen. Was sollte weniger verboten sein, als wissen zu wollen, was Gott gesagt hat. Das Geschick der Schlange liegt nun darin, dass sie das, was Gott gesagt hat, in die Angst hineintaucht. Könnte es sein, dass ein einziges Gebot, an einer einzigen Stelle der Welt, nicht den Zweck hat, den Menschen zu schützen – vor seinem Elend, vor seinem Leid, vor seinem Grauen vor dem Sterben? Sondern, dass Gott vielmehr ein Diktator ist, der dem Menschen die ganze Welt zu Füßen legt, nur um sie zu verbieten? Würden wir unter unseren Kanzeln die Leute fragen, wie sie sich Gott vorstellen, hätte das viel Ähnlichkeit mit unserem Gottesbild! Die Guten sind gewissermaßen damit bestraft, dass sie gut sind, denn die Bösen haben die Möglichkeit, die Gebote zu übertreten. Im Schatten dieser Vorstellung ist Gott ständig zwiespältig. Er ist im Grunde immer ein Straf- und Würgeengel, der Dinge gebietet und verbietet, die man gar nicht richtig versteht. Das wäre dann die Überautorität, bei der die Menschen einer Sache nur folgen müssen, weil sie geboten wurde. Das erreicht die Schlange mit einer einzigen Frage, mit der Frage nach dem, was Gott gesagt hat. Und dann ist die Antwort der Frau an dieser Stelle so wichtig. Sie erklärt, das, was die Schlange Gott in den Mund gelegt hat, hat Gott doch gar nicht gesagt. Gott hat nur ein Einziges verboten. Aber dann fügt sie das scheinbar wörtliche Zitat von Gott hinzu, der gesagt hat: Esset nicht davon und rührt nicht daran, sonst müsst ihr sterben! – Doch dieses „Rührt nicht daran!" hat Gott überhaupt nicht geboten. [...] Es formt sich die ganze Welt plötzlich zu einer Bühne der Angst. Da steht etwas wie ein Magnetberg, der jedes Schiff zum Zerschellen bringen wird. Und nun das Entscheidende: In diese Angst hinein spricht die Schlange sinngemäß: Du musst vor Gott nicht Angst haben. Die Wahrheit ist, dass Gott Angst hat vor den ungeheuren Möglichkeiten, die in euch Menschen liegen. Und wenn ihr die ergreift, seid ihr genauso wie Gott. Statt Gott zu fürchten, müsst ihr die Möglichkeiten entdecken, die in euch sind. Durch ein bloßes Essen könnt ihr wissend werden wie Gott! [...]

Dieser Text ist eigentlich die Grundanregung für das Christentum. Wenn das Christentum, wenn die Kirchen begreifen würden, mit welchen Urkunden sie hier arbeiten, was Paulus oder Luther gemeint haben, müsste es sich Rechenschaft darüber abgeben, dass das Sprechen von der menschlichen Freiheit entweder zu früh oder zu spät kommt. Diese Geschichte erzählt ja gerade, wie die Freiheit des Menschen selber Angst macht. Man könnte den verbotenen Baum berühren, aber darauf steht die Todesstrafe. Wenn die Freiheit selber Grund der Angst ist, wie hält der Mensch dann seine Angst aus? Das ist die Frage solcher Texte. Sie versuchen zu zeigen, wie Menschen nicht mal hier und nicht mal da etwas falsch machen, sondern wie sie in ihrer ganzen Lebensausrichtung ins Leidvolle, ins Quälende geraten und dann auch noch um sich her Leid und Zerstörung verbreiten. Was geht da in Menschen vor?

Gehen wir nochmal auf die Ausgangsbestimmung der kirchlichen Doktrin zurück: das Böse sei der Ungehorsam gegenüber Gott oder der Stolz des Menschen, sein zu wollen wie Gott. Selbst diese Auslegungen verlangen ja eine tiefere Erklärung. Ein Mensch, der stolz ist, ist ja nicht in Übereinstimmung mit sich selber. Das deutsche Wort böse kommt aus der indogermanischen Wurzel bhou-, was so viel heißt wie: sich aufblasen. Wenn wir eine Vorstellung davon gewinnen wollen, wie Menschen böse werden, können wir an eine Fabel von Lafontaine erinnern: An einem Nachmittag sieht ein Frosch auf einer Wiese einen Ochsen. Der macht ihm Angst, weil er so riesenhaft groß ist, und der Frosch beginnt sich aufzublasen. Er möchte ähnlich imposant erscheinen. Er bläst und bläst sich auf, bis dass er platzt. – Das eigentlich ist das Böse: dass man aus lauter Angst das eigene Maß verliert. Jemand, der stolz ist, kann nicht glauben, dass er so, wie er ist, geliebt werden könnte. Darum läuft er ständig mit Attrappen herum, stellt dauernd etwas dar, das er gar nicht ist, und bildet sich darauf etwas ein. Er verliert das eigene Maß. Und dadurch verliert er seine Identität, wird er im Grunde ein chronischer Lügner an sich selber.

Eugen Drewermann, Wie zu leben wäre. Ansichten und Einsichten. Im Gespräch mit Richard Schneider, Freiburg i.Br. 2002, Herder Verlag, 25-28 (in Auszügen).

1. *In Gen 1,1–3,24 haben Sie erfahren, dass die Freiheit des Menschen und sein Selbst-Bewusstsein Geschenke Gottes sind und zwei der Voraussetzungen dafür, wieso der Mensch als Stellvertreter Gottes auf Erden fungieren kann. Versuchen Sie vor dem Hintergrund des Textes von Eugen Drewermann zu verdeutlichen, inwiefern diese Freiheit auch eine „negative Seite" besitzt bzw. besitzen kann.*

2. *Welche Konsequenzen können sich aus dieser „negativen Seite" menschlicher Freiheit für das Selbstverständnis und Handeln des Menschen ergeben? Vor welchen Entscheidungen und Situationen haben Sie selbst Angst?*

3. *Formulieren Sie Regeln für Ihre innere Haltung und Ihr äußeres Handeln, die Sie davor schützen, aus Angst vor Ihrer Freiheit gegen sich selbst und andere zu agieren. Beziehen Sie dabei wenn möglich auch die Geschichte von Mary mit ein, über die zu Beginn der Stunde diskutiert wurde.*

Hinweis: *Lösen Sie die Aufgaben im Think-Pair-Share-Verfahren!*

Die Gott-Mensch-Beziehung in der Urgeschichte (Gen 1–11)

In Gen 1,3–2,4a und in Gen 2,4b–25 wird Gottes Schöpfung als harmonische, friedliche und geordnete Einheit beschrieben, in der das anfängliche Chaos, die Urflut und der wüstenähnliche Zustand der Erde (vgl. Gen 1,2; 2,5) durch den liebenden Gott beseitigt werden. Durch das Misstrauen des Menschen in Gottes gute Absichten kommt es zum Bruch mit ihm, der aber nie endgültig bleibt. Im Bund mit Noah bietet Gott erneut seine vergebende Liebe an, aber wieder einmal kann der Mensch darauf nicht angemessen reagieren. Es entsteht in Gen 1–11 also eine Geschichte der immer wieder auftretenden Entfremdung oder Absonderung. Wichtig ist hierbei, dass die Absonderung des Menschen von Gott niemals nur hingenommen wird. Gott sucht den Menschen immer wieder aufs Neue und schließt Bünde mit ihm, er ist ein vergebender und barmherziger Gott. Für Gen 1–11 stellt sich das Ganze schematisch wie folgt dar:

Trennungszustände:

Ein Leben in Einheit mit Gott:

Gen 1,2; 2,5:
Urzustand:
Urflut, Tohuwabohu, Wüste

ÜBERWINDUNG →

Gen 1,3–2,4a; 2,4b–25:
Gott schafft eine friedliche und harmonische Welt für den Menschen (Adam)

ENTFREMDUNG/MISSTRAUEN

Gen 3,1–24:
Sündenfall (Adam und Eva)

Gen 4,1–16:
Mord (Kain und Abel)

Gen 4,17–24:
Rache (Die Nachkommen Kains)

Gen 6,5:
Schlechtigkeit der Menschen

A B S T I E G

Gen 7,10–24:
Sintflut, Chaos und Tod

NEUBEGINN →

Gen 8,21:
Gott sorgt für eine Neuordnung des Lebens (Bund mit Noah), zweite Chance für die Menschen

ERNEUTE ENTFREMDUNG UND ERNEUTER ABSTIEG

Gen 9,17–27:
Noahs Fluch

Gen 11,1–4:
Größenwahn (Der Turmbau zu Babel)

Tafelbild: Gen 2,4b–3,24 als Kontrastbild und Ätiologie menschlicher Lebensverhältnisse

Zusatzinformationen:

Adamah (Erdboden)
↓
Adam (Erdling)
↙ ↘
Isch (Mensch-Mann) **Ischah** (Mensch-Frau)

Liebe im ganzheitlichen Sinne:

Eros + *Philia* + *Agape*:
Sexualität + Freunschaftsliebe + Nächstenliebe

Partnerschaft heißt den anderen erkennen: also Liebe und Sexualität als untrennbare Einheit, um sich im Anderen selbst besser zu erkennen.

Malum morale vs. Malum physicum
Menschliche Sünde vs. Naturkatastrophen

Gen 2,4b–3,24 als ätiologisch-theologische Kontrasterzählung

Ausgangspunkt (Gen 3,14–24):

- Menschliches Leid
- Tod
- Schmerzen bei Geburt
- Krankheit
- Konflikte
- Harte Arbeit
- Bedrohung durch Tiere und Naturkatastrophen

Mythische, also nicht raumzeitliche „Rückschau" →

Bruch/Scheitern und Fall des Menschen (Gen 3,1–13): Ursachenlehre darüber, wieso der Mensch vom War- bzw. Soll- zum Ist-Zustand gelangt ist

Ist-Zustand: Negatives menschliches Dasein

Datum

Kontrastwelt: Mythos vom Garten Eden (Gen 2,4b–25):

- Mensch von Gott aus Liebe geschaffen
- wohnt in einem Paradies auf Erden: Nahrung, Natur, Flüsse, Gemeinschaft mit den Tieren, keine menschenunwürdige Arbeit, kein Tod, kein Leid
- hat auch hier eine Stellvertreterfunktion
- Mann (isch) und Frau (ischah) gehören zusammen, bilden eine ganzheitliche und gleichwertige Liebesgemeinschaft, so wird der Adam (Erdling) vollwertiger Mensch aus dem adama (Erdboden)

Angst vor Freiheit ←

War- bzw. Soll-Zustand: Der Mythos als Sehnsucht des Menschen nach Heil (mit und durch Gott), Ursprung und Aufforderung zum Tun (Ethik)

Gen 3,1–14: Die Figuren der Erzählung und ihre Beziehungen untereinander (Objektebene)

Schlange:
- eröffnet die Szene
- schlauer als alle Tiere
- verführerisch
- listig, lügt aber nicht, sondern verwischt Chancen und Grenzen des Gebotes
- Geschöpf, das bestraft wird

Frau:
- gehorcht zunächst blind
- autoritätsgläubig
- aber dadurch dann auch ängstlich und neugierig
- Schlange wird zu ihrer eigenen Stimme: aus Perfektionismus werden Angst und dann Neugier und Sünde

Mann:
- lässt sich von Frau verführen
- teilt Angst nach Sündenfall
- weist Schuld von sich

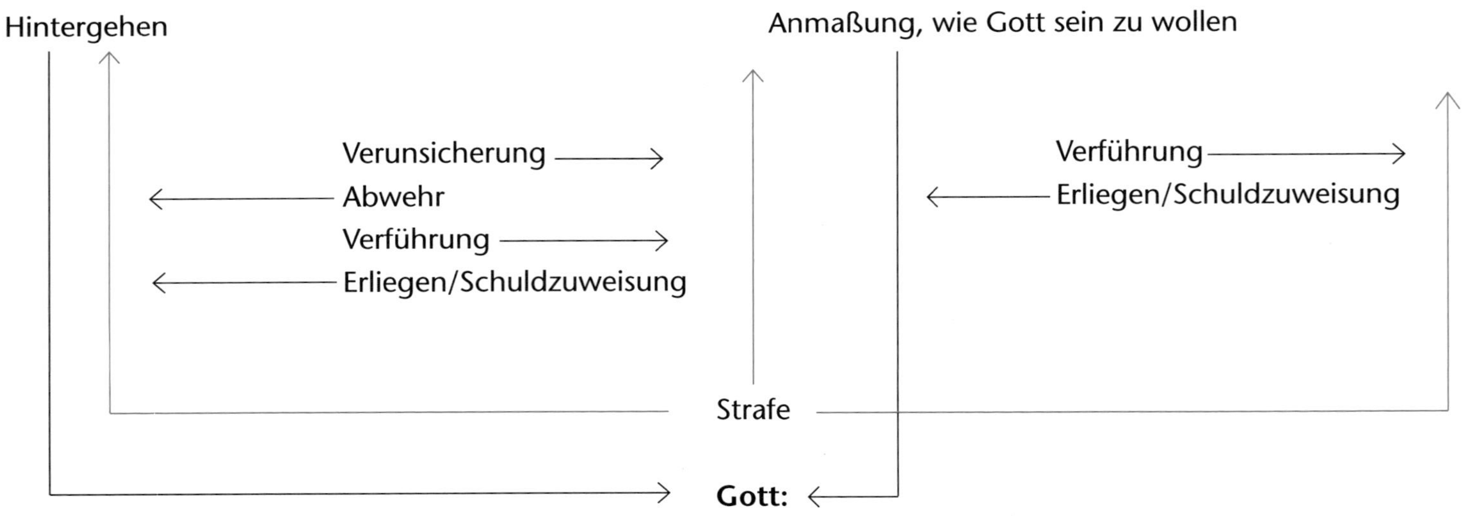

- bestraft das Vergehen, indem er Schlange zum Kriechen auf dem Boden verurteilt und den Menschen aus Eden vertreibt
- konsequent, autoritär

Fotos zur standbildartigen Darstellung der Figurenkonstellation in Gen 3,1–14 und zum Ergebnis der Aufstellungsarbeit zu Gen 3,1–14

Baustein 4

Mensch sein und menschlich handeln angesichts aktueller Problemfelder

Ziele

- den wichtigen Zusammenhang zwischen menschlicher Willensfreiheit und menschlicher Ethik erkennen, indem man sich kritisch mit dem aktuellen Stand der Hirnforschung auseinandersetzt und diesen in Beziehung zu den Resultaten zu Gen 1–3 setzt.
- ein Gespür für grundlegende Probleme der Ethik und exemplarische Lösungsmöglichkeiten entwickeln, indem man sich die Definitionen der deontologischen und der teleologischen Ethik erarbeitet und an Fallbeispielen Chancen und Grenzen diskutiert.
- sensibel für die kriteriengeleitete Wahrnehmung und Analyse des Mediums Spielfilm werden, indem man ausgehend von Beobachtungsaufgaben den Film „Moon" guckt und eine Rezension dazu verfasst.
- die handlungsorientierten Fähigkeiten im Umgang mit modernen Medien vertiefen und das Wissen aus der Unterrichtsreihe anwenden, indem man in einer kleineren Projektarbeit zum offenen Ende von „Moon" eine Gerichtsverhandlung vorbereitet.
- sich auf der Grundlage der Resultate zu Gen 1–3 sowie unter Berücksichtigung weiterer ethischer Aspekte mit dem Problem des „Klonens" auseinandersetzen, indem man in einer „Gerichtsverhandlung" den Fall „Sam Bell" aus „Moon" erörtert und abschließend beurteilt.

Methoden

- Produktionsorientierte Sachtexterschließung
- Filmanalyse und Rezensionserstellung
- Gerichtsverhandlung/Rollenspiel
- Diskussion

Mit der handlungsorientierten Bearbeitung eines konkreten ethischen Problemfalls der Gegenwart soll das Unterrichtsvorhaben zum Abschluss gebracht werden. Dabei kommt es darauf an, einen Transfer des bisher Gelernten zu ermöglichen. Die Auseinandersetzung mit der Frage nach dem Für und Wider der Gentechnologie bzw. der Technik des Klonens soll also auf Basis der anthropologischen und theologischen Erkenntnisse zu Gen 1,1–3,24 erfolgen. Zusätzlich müssen jedoch weitere Aspekte erarbeitet werden, um eine angemessene, d. h. differenzierte Betrachtung des Problems zu erreichen. Es genügt nicht, das Klonen von Menschen, das im Film „Moon" (2009) das Zentrum bildet, vor dem Hintergrund des Menschenbildes in den ersten beiden Schöpfungsmythen zu beleuchten, da man dadurch eine enorm biblizistische und damit verkürzte ethische Gesinnungsbildung aufseiten der Schüler fördern würde. Ein begründetes und gut reflektiertes Denken, Urteilen und Handeln in Bezug auf Religion und Glaube ließe sich so nicht erreichen. Vielmehr würde hierdurch eine implizite Indoktrination erfolgen, die man im Bereich des ethischen Lernens mit dem Begriff der Werteübertragung bezeichnen würde. Da es aber um Perspektivübernahme und Empathie, um Werterhellung, Wertekommunikation und Werteentwicklung geht, müssen weitere Aspekte erarbeitet werden, um am Ende eine kritisch-reflektierende Urteils- und Handlungskompetenz im Bereich Ethik und Moral erreichen zu können. Hierfür kommt es im nun folgenden Baustein darauf an, wesentliche ethische, biologische, neurowissenschaftliche und rechtliche Grundinformationen nicht nur kognitiv zu erfassen, sondern in die Analyse des Films sowie in die daran anschließende handlungsorientierte Erschließung des Mediums so zu integrieren, dass es den Schülern gelingt, diese Informationen möglichst umfassend und eigenständig zu erarbeiten und für ihre eigene Urteilsbildung zu verwenden. Besonders bedeutsam ist in diesem Kontext freilich die grundlegende Frage nach der Freiheit des Menschen aus neurowissenschaftlicher Sicht, steht und fällt doch jedes theologische, aber auch juristische Reden von der Freiheit und Verantwortung des Menschen letztlich mit dem Wissen darüber, ob diese Freiheit und Verantwortung eine Illusion sind oder nicht.

Michael Fresta: Willensfreiheit als Voraussetzung für menschliche Ethik

→ Arbeitsblatt 15 S. 107

Sachanalyse

Da es sich bei dem selbständig verfassten Text um einen Sachtext handelt, sollen nur einige wenige erläuternde Bemerkungen dazu gemacht werden. Der Text ist in drei Passagen unterteilt, wobei im Sinne einer Problemorientierung mit der kritischen Anfrage aus dem Bereich der Neurowissenschaften begonnen wird (Z. 1–33). Ganz getreu dem Verfahren der dialektischen Problemerörterung werden nun die kritischen Gegenanfragen aus dem Bereich der Theologie, Philosophie, aber eben auch dem der Naturwissenschaften selbst präsentiert (Z. 34–58). Abgerundet werden die Ausführungen mit einer Art Synthese beider Positionen (Z. 59–79), die verdeutlichen soll, dass es gerade bezüglich der Frage nach der Willensfreiheit des Menschen nur differenzierte Antwortmöglichkeiten geben kann.

Im ersten Teil wird (Z. 1–33) auf das berühmte Experiment des Physiologen Benjamin Libet verwiesen, der versucht hat aufzuzeigen, dass Entscheidungen zwar als bewusst erlebt werden, diese aber bereits zuvor durch das Gehirn selbst getroffen wurden und der Vorgang der Bewusstwerdung nur der Absicherung dient, das Gefühl zu haben, man habe etwas frei entschieden. Die radikale Deutung greift der reduktionistische Materialismus auf, wie er uns z. B. bei Gerhard Roth begegnet. Willensfreiheit wäre demnach eine Illusion, die Rede vom freien und verantwortlichen menschlichen Wesen, die u. a. in der Bibel entfaltet wird, erschiene somit als obsolet. Der zweite Passus (Z. 34–58) knüpft an eben dieses Problem an, indem er die juristischen, gesellschaftlichen und ethischen Konsequenzen benennt, die man insgesamt als fatal bezeichnen muss. Unser ganzes Strafrecht baute demnach auf falschen Grundannahmen auf, Täter wären für ihre Handlungen nicht wirklich länger verantwortlich.

Die Probleme, die bei aller Wertschätzung der Neurowissenschaften immer noch da sind und auch einer rein materialistischen Weltanschauung gegenüberstehen, werden daher nun (Z. 59–79) skizziert, wobei auch ein kurzer Rückverweis auf die epistemologischen Grenzen des Menschen erfolgt, die bereits im ersten Halbjahr der EF thematisiert worden sein müssten. Zudem werden Beispiele genannt, wieso auch die Materie von psychischen und geistigen Erlebnissen beeinflusst werden kann, was den Blick für eine Kritik am reduktionistischen Materialismus schärft. Abschließend werden die Korrekturen vorgestellt, die Libet selbst wenige Jahre später vorgenommen hat, und ein Versuch unternommen, die Willensfreiheit als relative Freiheit zu charakterisieren. Frei ist der Mensch insofern, als dass er auch als materielles Wesen Entscheidungen treffen kann, die er bewusst zuvor durchdacht hat und deren Folgen ihm bekannt sind und unter denen er auch ggf. leiden kann. Hier meldet sich dann die sog. moralische Instanz im Menschen, das Gewissen. Zugleich sind seine freien Entscheidungen, die eine materielle Basis, das Gehirn und den Körper brauchen, auch eingeschränkt durch z. B. die Erziehung, die historischen und gesellschaftlichen

Rahmenbedingungen oder auch durch Gott, der als absolute Freiheit und Liebe der relativen Freiheit des Menschen eine Grenze setzt. Der Text vermittelt den Schülern also ein Problembewusstsein und mögliche Antwortoptionen, wie man dem Problem begegnen kann. Zudem werden wichtige Fachbegriffe, wie z. B. Materialismus, Reduktionismus und Relative Freiheit eingeführt.

SII

Methodischer Kommentar

Unabhängig davon ob man mittlerweile wieder bei einer Einzel- oder bei einer Doppelstunde angelangt ist, sollte die Bearbeitung des Themas innerhalb von 45 Minuten möglich sein. Da der Text (**Arbeitsblatt 15**, S. 107) kurz, aber dicht ist, und eine produktionsorientierte Erarbeitung anvisiert ist, die in der Regel inklusive Auswertung und Feedbackrunde 20-25 Minuten erfordert, kann ein informierender **Einstieg** genügen. Die Vorteile eines solchen Vorgehens, aber eben auch der immer mal wieder einzusetzenden Lenkungs- und Moderationsphasen des Lehrers als wichtigstem Medium des Unterrichts wurden erst vor kurzem durch die ausführliche Studie zur Unterrichts- und Schulqualität von John Hattie aufgezeigt. Für den Einstieg in diese Stunde bedeutet dies, dass die Lehrer mit einer vernetzenden Überleitung von Baustein 3 zu Baustein 4 beginnen und dann das weitere Vorgehen erläutern. Denkbar wäre es, noch einmal zu betonen, wie wichtig die Freiheit des Menschen für die biblischen Schöpfungsmythen ist und dass eben diese durch die aktuellen Ergebnisse der Neurowissenschaften in Frage gestellt werden. Die daraus resultierende Problemstellung soll daher als Ausgangspunkt für die Stunde dienen. Der Text selbst sollte gemeinsam gelesen werden, die Vorteile sind bekannt. Insbesondere bei diesen für Schüler der EF sehr anspruchsvollen Themen mit interdisziplinärer Ausrichtung stellt man hierdurch eine hohe Schüler-Aktivierung sicher, die auch die etwas leistungsschwächeren in den Unterricht miteinbezieht.

In der **Erarbeitung** gilt es dann, in die Einzelarbeit überzugehen. Ähnlich wie bei der Textleerstellenarbeit zum Lied „Mensch", der Collagengestaltung oder auch der Formulierung von Verhaltensregeln sind produktionsorientierte Verfahren immer wieder einzuüben, um Schülern, die wenig vertraut damit sind, die Distanz zu nehmen. Das Verfassen des Briefes in der Erarbeitungsphase ist daher durch eine klare Struktur unterstützt. Dies schult auch das Erstellen angemessener Lösungen von Aufgaben im Abitur. Folglich setzt die kreative Aufgabenstellung zunächst dabei an, den Vertreter der Gegenposition zu benennen, diesen anzusprechen und dabei zunächst Verständnis für seine Argumente zu zeigen. Hierdurch werden sowohl die Perspektivübernahme als auch das differenzierte Diskutieren geschult. Dann sollen die kritischen Anfragen referiert werden, die sich aus theologischer, philosophischer, juristischer, aber auch neurowissenschaftlicher Perspektive ergeben. Der Rollenwechsel und das dialektische Problemlösungsverfahren kommen in den Blick. Ein kurzes Fazit mit Anknüpfungen an die eigene Lebenswelt rundet den Brief ab. Denkbar sind hierbei Verweise auf eine als unangenehm empfundene unfreie Partnerwahl, die Unmöglichkeit, berufliche und private Entscheidungen frei treffen zu können oder aber die Wahl gewisser Hobbies und Vorlieben. Im ersten Teil des Briefes – es können bei der **Präsentation** zwei oder drei Briefe vorgelesen und im Plenum kritisch reflektiert werden – sollten möglichst viele Aspekte genannt werden, die in der Sachanalyse vorgestellt wurden. Die Ergebnisse können, müssen aber nicht zwingend an der Tafel festgehalten werden, da eine schriftliche **Sicherung** bereits durch das Verfassen der Briefe gewährleistet ist.

Werner Trutwin: Deontologische und teleologische Ethik

→ Arbeitsblatt 16 S. 108

Sachanalyse

Für eine angemessene Beurteilung ethischer Grundprobleme der Gegenwart ist es zwingend nötig, eine an der Fachwissenschaft und an den Kriterien ethischer Urteilsbildung orientierte Einführung anzubieten, von der aus eine Vernetzung der bisherigen Erkenntnisse mit der noch folgenden Fallbearbeitung erfolgen kann. Hierfür wird aus dem breiten Spektrum ethischer Grundmodelle eine Auswahl getroffen. In diesem Sinne dient der Text von Werner Trutwin dem exemplarischen Lernen, er führt die Modelle der deontologischen und teleologischen Ethik samt Beispielen und kritischer Bewertung ein, die für die spätere Urteilsbildung im Rahmen der handlungsorientierten Erschließung des Films „Moon" vonnöten sind. Der an sich selbsterklärende Sachtext ist in vier Teile untergliedert. Er beginnt mit einer Hinführung, in der die o.g. Begriffe definiert werden (Z. 1–7). Danach folgt eine genauere Erörterung dieser Begriffsbestimmung anhand von Beispielen (Z. 8–16). Einer pflichtorientierten Ethik zufolge verbietet sich aufgrund der Orientierung an den Gesetzen bspw. das Foltern von Menschen, während eine an den Zielen orientierte Ethik dies durchaus als zulässig bewertet, wenn diese Handlung dazu dienen kann, Menschenleben zu retten. Im Folgenden werden Vor- und Nachteile beider Modelle skizziert (Z. 17–31). Im Sinne einer Bildung einer differenzierten Synthese wird auf die Möglichkeit verwiesen, beide Modelle miteinander in Einklang bringen zu können (Z. 32–39). Gewisse Grundregeln menschlichen Handelns einzuhalten bedeutet nicht, dass in konkreten Einzelfällen auch eine Orientierung an den Zielen einer Handlung dienlich sein kann.

Methodischer Kommentar

SII

Der Text (**Arbeitsblatt 16**, S. 108) soll aufgrund der eben benannten didaktischen Begründungen vor allem kognitiv erschlossen werden, wenngleich die Bewertung auch eine affektiv-emotionale Ebene besitzt. Da die zuvor behandelte Dilemma-Geschichte von Mary bereits dazu geführt haben dürfte, dass ein ethisch-moralisches Problembewusstsein aufseiten der Schüler entstanden ist, kann auf einen separaten **Einstieg** verzichtet werden. Wer dies dennoch tun möchte, kann sich an konkreten Beispielen der Gegenwart orientierten. Eine von einer Bild-Text-Gegenüberstellung ausgehende Problematisierung könnte hier hilfreich sein. So könnte man bspw. einen Aufruf zum militärischen Einschreiten in Syrien mit der Weisung Jesu, seine Feinde zu lieben (Mt 5,38–44) kontrastieren und dies mithilfe eines stummen Impulses in einer offenen Einstiegsphase diskutieren lassen. Hieraus ließe sich die **Problematisierung** entwickeln, auf der Grundlage welcher ethischer Kriterien man ein solches ethisch-moralisches Problem lösen kann. Von da aus wird von den Lehrern zur **Erarbeitung** übergeleitet. Ziele und Vorgehensweise müssen hierbei gemäß dem Grundsatz einer Transparenz des Unterrichtsgeschehens erläutert werden. Der Text kann dann in Partnerarbeit gelesen und erschlossen werden. Eine tabellarische Gegenüberstellung der Ergebnisse bei der **Präsentation** bietet sich hierbei an. Ob dies mithilfe einer Folie oder aber der Tafel geschieht, ist von den Lehrern zu entscheiden. Um eine Bewertung auf Grundlage des Wissens um die beiden Modelle zu erreichen, ist es durchaus sinnvoll, auf das Eingangsproblem zurückzugreifen, das aber auch jetzt erst präsentiert werden kann, vorausgesetzt man hat im Einstieg darauf verzichtet. So wird ein angemessener Rahmen geschaffen, der einen **Transfer** des Gelernten ebenso ermöglicht wie eine Schulung der ethischen **Urteilsbildung**.

→ Arbeitsblätter 15 bis 21, S. 107–114

Der Film „Moon" von Duncan Jones

→ Zusatzmaterial 13, S. 115

Sachanalyse

Eine der Neuerungen des Unterrichtsvorhabens stellt der Versuch dar, die Schüler mithilfe eines modernen, motivierenden und herausfordernden Filmbeispiels am Ende der Reihe ihre bis dahin erworbenen Kompetenzen anwenden, kritisch reflektieren und dauerhaft festigen zu lassen. Weil eine genauere Begründung dieser Zusammenhänge bereits vorgenommen wurde, soll an dieser Stelle nun das konkrete Filmbeispiel „Moon" genauer erläutert werden. Zunächst erfolgt dabei eine kurze Charakterisierung der Story, bevor ausgehend davon nach den anthropologisch-ethischen Implikationen des Films gefragt wird.

→ Kapitel 3.3

Der Film „Moon" ist ein mehrfach ausgezeichneter, britischer Science-Fiction-Film aus dem Jahre 2009. Regisseur des Werkes ist Duncan Jones, der Hauptdarsteller heißt Sam Rockwell. Die Story erzählt davon, dass in einer nicht näher definierten Zukunft der Mond zur wichtigsten Energiequelle der Erde geworden ist, da in seinem Boden von der Sonne stammendes Helium-3 gebunden wird, mit dem man 70 % des Energiebedarfs der Erde abdecken kann. Der Abbau und Transport dieses Heliums wird durch die Firma „Lunar Industries" organisiert, die dafür die Mondstation „Sarang" (koreanisch = Liebe) errichtet hat, auf der nur ein Astronaut für jeweils drei Jahre lebt und arbeitet. Die genaue Geschichte des Films beginnt, als dieser Astronaut, Sam Bell, der auf der Erde angeblich eine Frau und eine junge Tochter besitzt, zwei Wochen vor seiner Rückkehr einen Unfall außerhalb der Station erleidet. Nachdem Sam auf der Krankenstation wieder aufwacht und von seinem einzigen Gefährten auf der Station, einem Computer namens Gerty betreut wird, ahnt der Zuschauer noch nicht, dass dieser Sam bereits nicht mehr der Sam ist, der kurz zuvor aufgrund von körperlichen und psychischen Einschränkungen eine der vier Abbaumaschinen (Matthew, Mark, Luke und John) mit einem Mondfahrzeug gerammt hatte. Erst im weiteren Verlauf löst sich dieser Sachverhalt auf und es zeigt sich, dass beide Sams Klone sind, also genetische und memetische Kopien eines echten Menschen namens Sam Bell, und sie nach den drei Jahren nicht zur Erde zurückkehren, sondern getötet werden. Die Aufschrift auf den gelben T-Shirts der Klone „Wake me when it's quitting time" ergibt so einen Sinn: „Lunar Industries" hat einen kostengünstigen und scheinbar humanen Weg gefunden, die für die Erde wichtige und gesunde Energie abzubauen. Jedesmal wenn ein programmierter Klon seine Arbeit verrichtet hat, wird er, geplagt von Gen-Defekten, in der angeblichen Raumkapsel, die ihn nach Hause bringen soll, getötet, und ein neuer Klon aktiviert. Da die Kommunikation mit der Erde gezielt gestört ist und mit Gerty eine vermeintliche Kontrollinstanz das Vorhaben überwacht, kann normalerweise nichts passieren. Doch durch den Zwischenfall decken die zunächst von Wut, Trauer, Unverständnis und Misstrauen getriebenen Klone Sam 1 und Sam 2 das ganze Ausmaß des Betrugs auf. Mithilfe einer List und der Unterstützung von Gerty, dessen höchstes Gebot es ist, Sam zu helfen, tricksen sie das angebliche Rettungsteam, das eigentlich ein „Säuberungsteam" ist, aus. Nachdem sie einen weiteren Klon aktiviert haben, opfert sich Sam 1 im Raumfahrzeug auf und stirbt, Sam 2 flüchtet über eine andere Raumkapsel zur Erde und berichtet dort von den Geschehnissen, wobei offen bleibt, ob ihm wirklich geglaubt wird.

Der Film lädt sowohl aufgrund seiner dunklen und traurigen Atmosphäre, die durch das beklemmende Setting, die Reduktion auf wenige Darsteller und die Filmmusik gefördert wird, als auch durch die Themenwahl zu einer kritisch-reflektierenden Anwendung christlicher anthropologisch-ethischer Wahrheiten ein. Zentral ist dabei sicherlich die Frage nach der Einzigartigkeit, Identität und Gottesebenbildlichkeit des Menschen, die durch die bei den Zuschauern Verunsicherung auslösende Begegnung der beiden Klone neu gestellt wird und beantwortet werden will. Zudem ist aber auch die Wahl des Ortes, also des kahlen, finsteren und chaotisch-lebensfeindlichen Mondes interessant, erscheint dieser menschlichem

Machtkalkül und Gewinnstreben dienende Ort doch als klares Gegenmodell zur guten und liebevollen Schöpfung Gottes in Gen 1,1–3,24. Des Weiteren zeigt der Film auf, wie wichtig für den Menschen die Kommunikation ist, die hier nur bedingt möglich ist. Vor diesem Hintergrund kann die biblische Botschaft, dass „es nicht gut ist, dass der Mensch allein bleibt" (Gen 2,18) neu an Kontur gewinnen. Zudem wird durch die positive Würdigung des Handelns der beiden Klone die Frage nach dem Umgang mit dem Thema Gentechnik nicht in banaler Form gestellt, sondern so, dass eine differenzierte Argumentation dazu entworfen werden muss. Zuletzt ist aber auch auf die insgesamt kritische Perspektive des Filmes hinzuweisen, die den Schülern bereits eine gewisse Denkrichtung vorgibt, und die in Anbetracht der religiösen Einspielungen, wie z. B. die Verwendung der Namen der vier Evangelisten (evtl. sogar mit impliziten Verweis auf Mt 9,8 und Mk 11: „Macht der Menschen und Beginn der Passion Jesu") oder dem Verweis auf das höchste Gebot der Nächstenliebe (ausgerechnet praktiziert durch Gerty), logischerweise von einer christlichen anthropologisch-ethischen Perspektive aus weitergedacht werden kann. Zu den Stellen im Markusevangelium ist anzumerken, dass in Minute 14:36 die Stände der Maschinen beziffert werden (Matthew = 9,8 Meilen und Mark = 11 Meilen). Im Hintergrund ist dabei zu erkennen, dass der Name Luke auf den Armaturen durch Judas ersetzt worden ist, was ein weiterer Hinweis auf einen Bezug zum Leiden Jesu, des Menschensohnes, sein könnte.

Methodischer Kommentar

SII

Die Klärung wesentlicher neurowissenschaftlicher Grundvoraussetzungen sowie ethisch bedeutsamer Modelle bzw. Kriterien menschlichen Handelns ist nun abgeschlossen, so dass mit der Präsentation des Filmes, der gerade einer Sachanalyse unterzogen worden ist, die projektartige, handlungsorientierte Erschließung des konkreten Fallbeispiels eingeläutet werden kann. Zunächst ist im Sinne einer an den Prinzipien des ästhetischen Lernens orientierten Würdigung des Mediums die Erarbeitung des Eigenwerts des Mediums zu vollziehen. Das bedeutet auch mit Blick auf das Ziel einer Schulung der Methodenkompetenz den Film nicht nur zu sehen, sondern ihn durch die Abfassung einer Rezension kritisch zu reflektieren. Vor aller Fokussierung auf einzelne Aspekte soll der Film also als Ganzes in den Blick kommen, ein Vorgehen, das auch in den Fächern Deutsch, Geschichte oder auch Englisch in derselben Weise gängige und sinnvolle Praxis ist. Die Schüler werden dabei in mehrfacher Hinsicht ernst und in Anspruch genommen. Zum einen wird ihr Interesse an der Betrachtung von und der kritischen Diskussion über Filme gewürdigt. Schüler nutzen das Medium Film viel stärker als das Medium Buch, in ihrer Freizeit dienen sie aber nicht bloß der Unterhaltung, sondern sind auch Anstoß für Diskussionen über den ästhetischen und performativen Gehalt des Filmes. Die Internetseite imdb.de bezeugt dies. Auf ihr werden Filme insbesondere von Jugendlichen ausführlich bewertet und kommentiert. Zudem wird ihr Drang danach ernst genommen, ihre Schreibkompetenzen zu verbessern und sich in der kritischen Reflexion religiös relevanter Themen zu üben.

→ Kapitel 3.3

Die für die Rezension wichtigen Aspekte sollten nun vor der **Präsentation** des Filmes nochmal ausführlich besprochen werden. Auch die Kriterien, die zur Bewertung der von den Lehrern einzusammelnden Rezensionen herangezogen werden, müssen gemeinsam mit den Schülern erläutert werden. Insbesondere die Unterscheidung zwischen einer reinen Inhaltsangabe und einer Rezension, bei der der Inhalt nur einen Aspekt darstellt, muss klar werden. Zudem kann es hilfreich sein, vor Plagiatsversuchen zu warnen, zu denen das Internet gerne einlädt. Wenn man abschließende Fragen geklärt hat, wird man am Ende einer 45-Minuten-Einheit angelangt sein, so dass mit einer Filmvorführung begonnen werden kann. Dass dabei sowohl die technischen als auch räumlichen Gegebenheiten im Vorfeld beachten müssen, versteht sich von selbst. Es bietet sich m.E. an, den Film in einer Doppelstunde zu zeigen, um keine Unterbrechung der Wahrnehmung und Analyse zu erhalten. Die

Länge des Filmes ermöglicht es zudem, nach der Betrachtung noch die so wichtige Ausdrucksphase miteinzubinden, z. B. durch die Methode „Blitzlicht".

Die Auseinandersetzung mit dem Film visiert insgesamt das Ziel an, die Schüler am Ende der Reihe mittels analytischer und produktions- sowie handlungsorientierter Erschließungs- und Transferaufgaben die Kompetenzen herausbilden zu lassen, anthropologisch-ethische Themen in einem exemplarisch ausgewählten Medium, das ihrer Lebens- und Erfahrungswelt entstammt, zu entdecken, die Herausforderung, die darin zum Ausdruck kommt, zu erkennen und auf Basis der sog. elementaren Wahrheiten, d. h. in diesem Falle der spezifischen anthropologisch-ethischen Positionen der jüdisch-christlichen Tradition (vgl. Gen 1,1 – 3,24), diese Herausforderungen anzunehmen und sich kritisch damit auseinanderzusetzen. Um hierbei nicht den Fehler zu machen, den Film „Moon" zu funktionalisieren, d. h. ihn direkt und ohne angemessene Würdigung in Beziehung zur Reihe zu setzen, muss der Film wie oben bereits beschrieben sorgfältig vor- und nachbereitet werden. Die nicht nur aus methodischer Sicht wichtige Rezension (**Arbeitsblatt 17**, S. 109) als Form der **Erarbeitung** dient dabei zum einen der kritisch-reflektierenden Vertiefung der Botschaft des Filmes und zum anderen der Bewusstwerdung der damit verbundenen anthropologisch-ethischen Problemfelder, die nun in der abschließenden Gerichtsverhandlung so wichtig sind. So muss nach einer exemplarischen **Präsentation** von zwei Rezensionen die weiterführende Fragestellung nach dem Ende des Filmes gestellt werden. Die Schüler werden gemäß meiner Erfahrungen bereits in der Rezension auf das offene Ende hinweisen, so dass diese wichtige Gelenkstelle von den Schülern selbst erkannt werden dürfte.

Der Film „Moon" endet mit einem Blick auf den Planeten Erde und eingespielten Beiträgen aus Funk und Fernsehen, die verdeutlichen, dass infolge der Flucht des Klons von Sam Bell die Aktien von Lunar-Industries um 33%-Punkte gefallen sind und es zu einer Anhörung vor dem Verwaltungsrat des Unternehmens in Seattle gekommen ist. Des Weiteren wird die Stimmungslage einiger Sender wiedergegeben, die es für möglich halten, dass Sam Bell ein „Spinner" oder „illegaler Einwanderer" ist. Es bleibt also offen, wie genau die Machenschaften von Lunar-Industries abschließend bewertet werden, was den Zuschauer in die Pflicht nimmt, sich zu dem Sachverhalt zu positionieren. Ergo werden die Schüler darüber informiert, dass eine Gerichtsverhandlung zu dem Fall vorbereitet und durchgeführt werden soll, um sich in handlungsorientierter Form mit den komplexen anthropologisch-ethischen Problemen des Films kritisch auseinanderzusetzen und damit die Reihe zu den anthropologisch-ethischen Aspekten in Gen 1 – 3 sinnvoll abzuschließen.

Nach der Überleitung werden die Rollen verteilt, Teams gebildet und die Rollenaufträge genauestens besprochen (**Arbeitsblatt 18**, S. 110f.). Als besonders wichtig erweist sich bei dieser Phase die angemessene Organisation der kommenden drei bis vier Stunden, in denen die Schüler in kleineren Teams und Gruppen die Gerichtsverhandlung in Eigenverantwortung vorbereiten sollen. Dies dient der **Vertiefung** und dem **Transfer** des Gelernten. Denn um sicherzustellen, dass „im spielerischen Kontext Kräfte und Lernpotenziale freigesetzt werden, die sonst kaum zum Tragen kommen" (Wolfgang Mattes: Methoden für den Unterricht. Kompakte Übersichten für Lehrende und Lernende, Paderborn 2011, Schöningh Verlag, 163), muss deutlich werden, dass die Arbeit in den Projektgruppen und die anschließende Präsentation im Rollenspiel kein Selbstzweck sind, sondern der kritischen Erörterung der in der Reihe thematisierten anthropologisch-ethischen Aspekte dienen. Folglich werden zusätzlich zu den Rollenaufträgen weitere Materialien verteilt, welche die Schüler zusammen mit ihren Unterlagen zur Reihe als Bezugsmedien für die Erfüllung der Aufträge und Gestaltung der Gerichtsverhandlung verwenden sollten (siehe dazu die **Arbeitsblätter 19 – 21**, S. 112 – 114 und die noch folgenden Ausführungen dazu). Grundsätzlich handelt es sich hierbei um Grundinformationen zur Technik des Klonens, zu Vor- und Nachteilen der Gentechnik, zu ethischen

Grundfragen und zum Embryonenschutzgesetz. Ob man sie selbständig in den Kleingruppen auswerten lässt, was der Idealfall wäre, oder aber ob man sie zuvor in einer Doppelstunde gemeinsam bespricht, was eher bei einer schwächeren Lerngruppe sinnvoll wäre, müssen die Lehrer nach einer Diagnose der Lernfähigkeiten ihrer Schüler entscheiden. Die Materialen dienen an sich neben den in der Reihe kumulativ-vernetzend gewonnenen Erkenntnissen zur anthropologisch-ethischen Botschaft von Gen 1,1 – 3,24 als Basis für die in spielerischer Form durchzuführende Diskussion und Bewertung des Problemfelds „Klonen". Der Lehrperson kommt in der Planungsphase im Idealfall nur noch die Funktion des Beobachters und Helfers zu. Bei einer sorgfältigen Planung sollte es möglich sein, die Gerichtsverhandlung in 60 Minuten durchführen zu lassen und im Anschluss kritisch zu reflektieren. Sie muss getragen sein von einem hohen schauspielerischen Niveau, aber auch von einer sachlich angemessenen Diskussion über die Thematik des Films „Moon" (zu Anregungen siehe das **Zusatzmaterial 13**, S. 115). Den Schülern muss es dabei gelingen, die exemplarische Problematik differenziert sowie vor dem Hintergrund von Gen 1 – 3 zu diskutieren und zu beurteilen. Welche Aspekte in den Texten aus der Arbeitsblattsammlung dafür noch bedeutsam sind, wird nun erläutert.

Es sei abschließend noch angemerkt, dass die Gerichtsverhandlung nicht eins zu eins heutigen Verfahren im deutschem Rechtsraum entsprechen muss. Das ist sachlich auch kein Fehler, geht es doch hier um eine mögliche Problematik in einer fiktiven Zukunft, so dass hier eine von der Sache her mögliche Umsetzung der Erarbeitung in dieser Form gegeben ist. Mögliche Zukunftsszenarien werden vor dem Hintergrund ethischer und rechtlicher Dimensionen unserer Geschichte und unter Einbeziehung religiöser Tradition erarbeitet, kritisch reflektiert und beurteilt. Die Wahl von Geschworenen, deren Anzahl je nach Kursgröße variiert, ist eher aus den USA bekannt. Hier dient sie vor allem der gemeinschaftlichen Urteilsfindung, wenngleich sie sich mit Elementen des deutschen Rechts vermischt, hat hier doch der Richter eine wichtigere Stellung im Rahmen der Urteilsfindung. Zudem darf man bei aller Beachtung der von der Sache her zu beachtenden Vorgaben nicht zu stark reglementieren, wird so doch die Freude und Kreativität der Lerngruppe u. U. stark eingeschränkt. Das bedeutet aber wiederum nicht, dass die Form, aber auch der Sachbezug völlig willkürlich sein dürfen. Vor allem die nun zu erläuternden Aspekte sind genauso wie die anthropologisch-ethischen Erkenntnisse zu Gen 1,1 – 3,24 auch, angemessen in die Verhandlung miteinzubeziehen.

Volker Pfeifer: 2 x Klonen

→ Arbeitsblatt 19
S. 112

Sachanalyse

Der Text bietet Grundinformationen zur Technik des Klonens, die im Film „Moon" vorausgesetzt wird und somit für die Schüler erläutert werden muss. Er zeigt auf, dass es zwei verschiedene Formen des Klonens gibt, die beide jedoch auf demselben technischen Verfahren basieren: „Aus Körperzellen des Patienten wird der Zellkern mit der DNA entnommen und in eine entkernte Eizelle gespritzt." (Z. 29 – 31). Es erfolgt darüber hinaus eine genauere Erläuterung des technischen Vorgehens, die auch visuell unterstützt wird (Abb. „Tatort Zelle"). Wichtig ist die Unterscheidung der beiden Formen des Klonens, nämlich des therapeutischen und des reproduktiven Klonens, wobei Pfeifer den ersten Begriff für problematisch hält und vorschlägt, besser vom „Forschungsklonen" (Z. 10). zu sprechen. Während die erste Form das Ziel hat, für den Spender und zugleich Empfänger Organe zu erzeugen, die ihm z. B. bei einer Krankheit von Nutzen sein können, dient die zweite Form der reinen Reproduktion genetisch identischer Kopien von Menschen. Für die Schüler ist es wichtig zu erkennen, dass die im Film „Moon" angedachte Technik einer direkten Erstellung erwachsener Klone, die nicht nur genetische, sondern auch memetische Kopien eines menschlichen Originals sind, an sich noch nicht möglich ist, sich wohl aber als zusätzliches Problem entwickeln kann.

→ Arbeitsblatt 20, S. 113

Ägidius Engel und Stephan Ernst: Gentechnik in Deutschland

Sachanalyse

Der Text ist ähnlich wie die beiden zuvor an sich selbst erklärend. Das liegt an seiner Form, da er als kurzer, gut verständlicher Sachtext vor allem Informationen vermittelt will und daher nicht wirklich deutungsbedürftig ist. Trotzdem sollen einige Hinweise erfolgen. Der Text soll dafür sorgen, dass aufseiten der Schüler ein konkreteres Problembewusstsein für den Prozess der ethisch-moralischen Urteilsbildung entsteht. Dass auch die Gentechnik in Deutschland kein Thema ist, das man einfach nur einer Schwarz-Weiß-Betrachtung unterziehen kann, sondern dass auch hier wichtige Argumente gegeneinander stehen, die man kennen, erörtern und diskutieren muss, bevor man ein Urteil fällt, sollte hierbei im Sinne einer Förderung des multiperspektivischen Denkens als Erkenntnisgewinn in die Projektarbeit mitgenommen werden. Für die Verhandlung sollte z. B. die Gegenüberstellung der beiden ersten Argumente klar werden. Während die Vertreter der Lunar-Industries vor allem darauf verweisen können, dass Gentechnik dem menschlichen Fortschritt dient und für alle nützlich ist (Utilitarismus, Teleologische Ethik), kann die Anklage dies als Impuls verstehen, aufzuzeigen, wie unsere Gesellschaft zunehmend kontrollierter und unfreier wird. Hier wäre also eine Orientierung an festen Werten (Deontologische Ethik) angezeigt. Für die Verhandlung ist es wichtig, sowohl die dem eigenen Ziel dienenden Argumente zu kennen und zu verwenden als auch die der Gegenseite verstanden zu haben. Letzteres dient der gezielten Entkräftung der Argumente der Gegenseite.

→ Arbeitsblatt 21, S. 114

Die Rechtslage: Das Embryonenschutzgesetz – § 6 Klonen

Sachanalyse

Mit dem Auszug aus dem ESchG wird ein normativer Text in das Unterrichtsgeschehen eingeführt, der dazu dienen soll, den Diskurs an die Rechtslage in Deutschland anzubinden. Dies ist von der Sache her sicherlich nicht gänzlich unproblematisch, spielt der Fall doch in den USA. Zwar ist dort derzeit das therapeutische Klonen im Gegensatz zur BRD gestattet, da der Film jedoch in einer nicht näher definierten Zukunft spielt, kann man im Film selbst keine klare Orientierung an geltenden Gesetzen erkennen. Der Film suggeriert aber eine starke Ablehnung des Klonens an sich, so dass auch mit Blick auf den Lebensweltbezug unserer deutschen Schüler der Bezug zum deutschen Gesetz absolut legitim sowie sinnvoll erscheint. Aus dem Gesetz wird hier nun Paragraph sechs vorgestellt, der drei Absätze enthält. Diese werden danach in den größeren Kontext des ESchG eingeordnet. Dieses macht deutlich, dass im Reagenzglas gezüchtete Embryonen nur der Schwangerschaft dienen dürfen und alle anderen Vorgänge, die auf das Klonen von Menschen abzielen, strafbar sind, selbst wenn es nur zum Versuch kommt. Des Weiteren werden die Vorgaben erklärt, die beim Import von überschüssigen embryonalen Zellen beachtet werden müssen. Hierzu zählen z. B. das Verbot von Zahlungen sowie die Orientierung an den Herstellungsdaten der Embryonen. Zuletzt erfolgt ein Vergleich des Gesetzes mit der Rechtslage in Großbritannien, Südkorea und den USA, die als Vorreiter der Gentechnik und des therapeutischen Klonens gelten. Für die Schüler ist es wichtig, die geltenden Gesetze als Ausdruck einer gesellschaftlichen Mehrheitsmeinung kennenzulernen, ein Gespür für die strafrechtlichen Folgen bei Nichtbeachtung zu bekommen und die Unterschiede zur Rechtslage in anderen Ländern zu erfassen, was letztlich wiederum der Schulung multiperspektivischen Denkens dient.

Michael Fresta: Willensfreiheit als Voraussetzung für menschliche Ethik

Die Frage, ob der Mensch wirklich frei ist und demnach für seine Handlungen und Entscheidungen verantwortlich gemacht werden kann, so wie es die biblischen Schöpfungsmythen, aber auch unsere Gesellschafts- und Rechtsordnung voraussetzen, ist eine der meist diskutierten Problemstellungen der Gegenwart. Dies hängt insbesondere mit den Erkenntnissen der so wichtig gewordenen Neurowissenschaften zusammen, die in den letzten Jahrzehnten wichtige Erkenntnisse über das Zusammenspiel von neuronalen und psycho-somatischen bzw. physischen Vorgängen gesammelt haben. Dazu gehören u. a. die Ergebnisse, die sich aus dem sog. Libet-Experiment ergeben haben, benannt nach dem amerikanischen Physiologen Benjamin Libet (1916–2007). Libet konnte nachweisen, dass Entscheidungen erst dann vom Menschen als bewusst erlebt werden, wenn sie im Gehirn bereits „getroffen wurden“. Schon bevor wir Menschen uns also entscheiden, den Arm zu heben, gibt es im Gehirn ein sog. Bereitschaftspotential, so dass der Eindruck entsteht, dass das Gehirn vorab entschieden hat, was es tun möchte, und das Ich diese Entscheidung im Nachhinein so wahrnimmt, als sei sie bewusst von ihm, nicht aber dem Gehirn getroffen worden. Eine radikale Deutung dieses Experiments begegnet uns bei dem Bremer Neurowissenschaftler Gerhard Roth, der die These vertritt, dass die ganze Willensfreiheit des Menschen eine Täuschung ist und eigentlich die neuronalen Prozesse im Gehirn entscheiden, was ich wann, wie, wo und warum tue. Mentale Prozesse wären demnach also sog. „Epiphänomene“ des Neuronalen, sie entstehen erst infolge materieller Prozesse (Materialistischer Reduktionismus).

Die Probleme, die eine solche Deutung mit sich bringt, werden schnell erkennbar. So würde unser Strafrecht letztlich sinnlos werden, die Verbrechen der Nazis wären dann bspw. auch nur deshalb entstanden, weil deren Gehirne sich damals entschieden haben, so zu handeln. Doch es ist Vorsicht geboten, eine radikale Deutung des Experiments ist sowohl wegen unterschiedlicher Folgeexperimente als auch wegen der grundsätzlichen Erkenntnisprobleme des Menschen keineswegs ein Beweis. Die Grenzen der Hirnforschung sind hierbei nicht zu vergessen, denn die Messungen sind bislang noch sehr simpel und Libets Experiment gleicht darüber hinaus auch eher dem Versuch, die Funktionsweise eines PCs darüber zu bestimmen, wie viel Strom er verbraucht, während er gewisse Aufgaben verrichtet. Das größere Ganze kommt also hier nicht in den Blick. Daher ist es sinnvoller, auf das Wechselspiel zwischen Geist, Körper und Seele hinzuweisen, die im Materiellen zwar zusammenkommen, jedoch trotzdem einen gewissen Eigenwert besitzen. So kann z. B. psychischer Stress (Trennungs- oder Todeserfahrung) ein Magengeschwür verursachen, was bedeutet, dass nicht allein die Materie Folgeerscheinungen verursachen kann.

Libet selbst hat im Jahre 1985 eine Korrektur seiner Ergebnisse vorgenommen. Das Gehirn zeige zwar Bereitschaftspotentiale an, der Wille müsse diese aber nicht nutzen. Insgesamt ist der Wille ja auch kein „unbeschriebenes Blatt“, sondern ein relativer, freier Wille, der im Zusammenspiel von Individualität, geschichtlichen und sozialen Bedingungen, von Erziehung und gesellschaftlichen Werten oder auch von Gott als dem, der mir Freiheit schenkt, sie zugleich aber eingrenzt, indem er z. B. den Tod ans Ende des Lebens setzt, entsteht. Bedingte Willensfreiheit wäre hier also als eine Art Kompromiss: Der Wille als freie Entscheidungsinstanz im Menschen, der gebunden ist an Körper, Charakter, Persönlichkeit, (Lebens-) Geschichte, Entwicklungspotentiale etc. und der vor dem Hintergrund dieser Faktoren Entscheidungen bewusst und überlegt treffen sowie auf Dauer dafür Verantwortung tragen kann, wäre demnach nicht eine reine Illusion, wohl aber eine von verschiedenen Faktoren begrenzte, letztlich aber dennoch eigenständige Größe im Menschen.

Michael Fresta, Beitrag für diesen Band

■ *Verfassen Sie einen Brief von ca. einer Seite Länge an den Bremer Neurowissenschaftler Gerhard Roth. Versuchen Sie, ihn darin zu überzeugen, seine These zu widerrufen oder zumindest zu überdenken, dass die Willensfreiheit des Menschen eine Illusion ist. Verfahren Sie dabei so, dass Sie zunächst seinen Standpunkt darstellen, um ihm zu zeigen, dass Sie diesen verstanden haben. Führen Sie dann die Argumente an, die gegen Roths Deutung sprechen, und beenden Sie Ihren Brief mit einem kurzen persönlichen Fazit, bei dem Ihre eigenen Schwierigkeiten anklingen, die Sie mit der Vorstellung haben, nicht wirklich frei zu sein.*

Werner Trutwin: Deontologische und teleologische Ethik

Hinführung

Die neuere ethische Diskussion unterscheidet zwei *Grundrichtungen der Ethik* (= Wissenschaft vom sittlich-moralischen Handeln des Menschen), die mit der Gesinnungs- und Verantwortungsethik verwandt, aber begrifflich klarer sind. (1) Die **deontologische** (gr.: „pflichtorientierte") **Ethik** fordert, dass die ethischen Normen immer zu beachten sind, ohne dass die Folgen einer Handlung berücksichtigt werden können. (2) Die **teleologische** (gr.: „zielorientierte") **Ethik** steht auf dem Standpunkt, dass auch die Folgen einer moralisch gebotenen Handlung gesehen und berücksichtigt werden sollen.

Unbedingte Erfüllung der Pflicht oder Beachtung aller Folgen?

Für die **deontologische Ethik** heiligt der Zweck niemals moralisch fragwürdige Mittel. Beispiele: Die absichtliche direkte Tötung eines unschuldigen Menschen, Folter, Abtreibung oder Lüge sind auch dann nicht erlaubt, wenn damit menschliches Leben gerettet werden kann.

Für die **teleologische Ethik** darf eine normalerweise geltende Norm dann übertreten werden, wenn das Gute, das die Übertretung mit sich bringt, größer ist als jede moralische Alternative. In bestimmten Konfliktfällen heiligt also der Zweck auch normalerweise unerlaubte Mittel. Beispiele: Man darf oder muss sogar ausnahmsweise lügen, wenn man dadurch Menschenleben retten kann. Man darf ausnahmsweise foltern, wenn dadurch tödliche Anschläge vermieden werden können.

Was spricht dafür? Was spricht dagegen?

Für die deontologische Ethik spricht ihr ernstes Pflichtbewusstsein, ihre vorbehaltlose Anerkennung moralischer Pflichten, Normen und Gebote. Sie lässt nicht zu, dass der gute Zweck moralisch bedenkliche Mittel heiligt. Immanuel Kant hat sich entsprechend rückhaltlos für eine solche Pflichtethik ausgesprochen und ein ethisches Verhalten, das sich an Neigungen, Interessen oder Nutzen orientiert, entschieden abgelehnt. **Für die teleologische Ethik** sprechen ihr Verantwortungsbewusstsein und ihre Menschenfreundlichkeit. Sie will nicht, dass unter Berufung auf eine sittliche Pflicht ein großer Schaden für einen selbst, für andere, für viele entsteht.

Gegen die deontologische Ethik wird eingewandt, sie sei in schwierigen Situationen erbarmungs- und verantwortungslos und richte somit großen Schaden an. Sie schaffe manchmal durch Gutes Böses. **Gegen die teleologische Ethik** wird – auch von vielen katholischen Moraltheologen – eingewandt, dass häufig die Ergebnisse einer Handlung nicht vorauszusehen sind, während die ethischen Maßstäbe klar seien. Die teleologische Ethik könne zu Beliebigkeit, zum Utilitarismus und zum Relativismus führen, weil sie nicht genau sagen kann, wann die Übertretung moralischer Standards/Gebote ethisch zulässig ist und wann nicht. Der gute Zweck darf nie moralisch falsche Mittel rechtfertigen.

Heutige Fragen

Heute wird häufig darauf hingewiesen, dass **beide ethischen Typen** je nach Situation und konkretem Fall ihr **Recht** haben. So sollten ohne Rücksicht auf die Folgen, also deontologisch, die Menschenrechte, die Grundrechte, die Liebe als unverhandelbarer Maßstab gelten. Andere Normen (z. B. Wahrheit, Recht auf Eigentum) könnten im Konfliktfall teleologisch mit Blick auf gravierende Folgen vernachlässigt werden. Aber auch bei dieser Unterscheidung bleiben **Fragen offen**, z. B.: Gelten in schweren Fällen von Verletzung der Menschenrechte die hohen ethischen Maßstäbe der Grundrechte wirklich unbedingt? Darf oder muss man einen Tyrannen oder blutrünstigen Diktator umbringen?

Werner Trutwin: Neues Forum Religion. Mensch. Arbeitsbuch Anthropologie. Religionsunterricht Sekundarstufe II, München 2010, Patmos Verlag, S. 70

1. *Definieren Sie die Begriffe „deontologische" und „teleologische" Ethik und grenzen Sie sie voneinander ab.*
2. *Benennen Sie Vor- und Nachteile dieser beiden ethischen Grundrichtungen. Finden Sie auf der Basis der beiden Grundrichtungen ein oder zwei weitere Beispiele.*

Rezension zum Film „Moon"

(2009, Großbritannien, Regie: Duncan Jones, Hauptdarsteller: Sam Rockwell, Genre: Science-Fiction)

Das Ziel der Rezension besteht darin, den sog. ästhetischen Eigenwert des Mediums durch eine produktionsorientierte Erschließung bzw. Reflexion der Filmbetrachtung zu würdigen. Gleichzeitig stellt die Rezension eine Grundlage für den noch folgenden Transfer der Ergebnisse zu Gen 1,1–3,24 dar, den Sie bei der Gerichtsverhandlung leisten sollen. Verfassen Sie daher eine Rezension zum Film „Moon" (Länge ein bis zwei DIN-A4-Seiten auf dem PC). Achten Sie dabei auf folgende Aspekte:

- *Angemessene, d. h. kritische Darstellung der Story des Films, bei der Inhaltsangabe und Bewertung sich in etwa die Waage halten. Wichtige Gesichtspunkte sind hierbei u. a.:*
  - *Allgemeine Angaben (s.o.)*
  - *Kurze, aber präzise Inhaltsangabe*
  - *Verständlichkeit und Spannung der Story*
  - *Bild- und Toneffekte*
  - *Filmmusik*
  - *schauspielerische Leistung*
  - *Bezug des Themas zu Fragen unserer Gesellschaft*

Rollenkarten und Arbeitsaufträge für die „Gerichtsverhandlung"

Das Ziel des Rollenspiels ist eine kritische Auseinandersetzung mit dem anthropologisch-ethischen Problemfeld „Klonen" in handlungsorientierter bzw. spielerischer Form. Als Bezugsmedien dienen Ihnen Ihre Resultate zu Gen 1,1–3,24, Ihre Erkenntnisse zu ethischen Grundbegriffen und Problemen sowie der Film, Ihre Filmrezension und das Zusatzmaterial.

I. Einzelne Rollen

Richter (Moderator/Leiter der Verhandlung)
Staatsanwalt (Chefankläger vs. Lunar-Industries)
Angeklagter (Chef von Lunar-Industries)
Verteidiger (pro Lunar-Industries)
Sam Bell 1 (Original)
Sam Bell 2 (geflüchteter Klon und Hauptzeuge der Anklage)
Gerty (Computergehilfe und Zeuge)
Cop1 Shaw (Mitglied des Rettungsteams Eliza und Zeuge, im Auftrag von Lunar-Industries)
Geschworene (Urteilsfindung, Richter hat auch eine Stimme, bei einem Verhältnis von 50:50 entscheidet er)

II. Teams

Verteidiger/Vertreter von Lunar-Industries: Verteidiger, Angeklagter, Cop1 Shaw
Staatsanwalt/Kläger: Staatsanwalt, Sam Bell 2
Weitere Zeugen: Sam Bell 1, Gerty
Richter/Geschworene

III. Rollenaufträge

a) Richter/Geschworene

Als Richter/Geschworener stehen Sie dem Sachverhalt zunächst neutral gegenüber, die Tatsache, dass es zu einer Anklage gegen Lunar-Industries kommt, bedeutet noch nicht, dass die Firma auch schuldig ist. Ihre Aufgabe ist es, die Verhandlung zu organisieren und die Hintergründe des Falls genau aufzuarbeiten, um am Ende zu einem begründeten Urteil zu gelangen. Überlegen Sie, wieso Lunar-Industries vor dem Hintergrund geltender Gesetze sowie vor dem Hintergrund von Gen 1,1–3,24 richtig/falsch gehandelt hat, und entwerfen Sie Kriterien, die Sie bei der Verhandlung heranziehen können. Nach den beratenden Sitzungen treffen Sie sich als Richter/Geschworene erneut, um ein Urteil zu fällen. Der Richter verkündet dieses Urteil dann am Ende.

b) Verteidiger:

Als Verteidiger stehen Sie auf der Seite von Lunar-Industries und sind der Meinung, dass die Firma richtig gehandelt hat.
Formulieren Sie auf dieser Basis zunächst ein kurzes Anfangsplädoyer (ca. ½–¾ Seite) sowie mögliche Fragen, die Sie den Zeugen (s.o.) stellen können, um Lunar-Industries in einem guten Licht dastehen zu lassen. (Denken Sie daran, dass Sie auf Entscheidungsfragen immer nur sehr kurze Antworten erhalten werden.)
Bereiten Sie ein kurzes Schlussplädoyer von drei bis vier Sätzen vor, in dem Sie die Position von Lunar-Industries unterstützen und die Firma für unschuldig erklären, weshalb sie freigesprochen werden sollte.

c) Angeklagter

Als Angeklagter vertreten Sie die Interessen von Lunar-Industries und sind der Meinung, dass die Firma richtig gehandelt hat.
Überlegen Sie sich genau, wieso der Betrieb der Mondstation „Sarang" durch Klone ethisch gesehen richtig ist und eine Verurteilung daher nicht rechtmäßig wäre. Stellen Sie sich zugleich auf mögliche Fragen der Staatsanwalt bzw. deren Argumente ein und versuchen Sie, angemessen darauf zu reagieren. (Halten Sie sich jedoch die Möglichkeit offen, sich schuldig zu bekennen).

d) Zeuge der Verteidigung (Cop1 Shaw)

Als Zeuge der Verteidigung stehen Sie den Interessen von Lunar-Industries positiv gegenüber und sind der Meinung, dass die Firma richtig gehandelt hat.
Überlegen Sie sich genau, wieso der Betrieb der Mondstation „Sarang" durch Klone und Ihre spezielle Aufgabe hierbei ethisch gesehen richtig sind und eine Verurteilung daher nicht rechtmäßig wäre. Stellen Sie sich zugleich auf mögliche Fragen der Staatsanwalt bzw. deren Argumente ein und versuchen Sie, angemessen darauf zu reagieren. (Halten Sie sich jedoch die Möglichkeit offen, Ihre Meinung dann zu ändern, wenn Sie von den Argumenten der Gegenseite überzeugt werden.)

e) Staatsanwalt

Als Staatsanwalt stehen Sie auf der Seite von Sam Bell, der geltenden menschlichen Gesetze und ethischen Ideale der Bibel und sind der Meinung, dass Lunar-Industries falsch gehandelt hat.
Formulieren Sie auf dieser Basis zunächst ein kurzes Anfangsplädoyer (ca. ½–¾ Seite) sowie mögliche Fragen, die Sie den Zeugen (s.o.) stellen können, um Lunar-Industries in einem schlechten Licht dastehen zu lassen. (Denken Sie daran, dass Sie auf Entscheidungsfragen immer nur sehr kurze Antworten erhalten werden.)
Bereiten Sie ein kurzes Schlussplädoyer von drei bis vier Sätzen vor, in dem Sie die Position von Lunar-Industries als Verbrechen am Menschen entlarven und die Firma für schuldig erklären, weshalb sie verurteilt werden sollte.

f) Zeuge der Anklage (Sam Bell 2)

Als einer der Klone von Sam Bell, dem es gelungen ist, die Machenschaften von Lunar-Industries aufzudecken und von der Mondstation „Sarang" zu flüchten, dienen Sie der Staatsanwaltschaft als Hauptzeuge und sind der Meinung, dass Lunar-Industries falsch gehandelt hat.
Überlegen Sie sich genau, wieso der Betrieb der Mondstation „Sarang" durch Klone und Ihre spezielle Aufgabe hierbei ethisch gesehen falsch sind und eine Verurteilung daher rechtmäßig wäre. Stellen Sie sich zugleich auf mögliche Fragen der Verteidigung bzw. deren Argumente ein und versuchen Sie, angemessen darauf zu reagieren. (Halten Sie sich jedoch die Möglichkeit offen, Ihre Meinung dann zu ändern, wenn Sie von den Argumenten der Gegenseite überzeugt werden.)

g) Weitere Zeugen (Sam Bell Original, Gerty)

Als weiterer Zeuge stehen Sie dem Sachverhalt zunächst neutral gegenüber, weil Sie in Ihrer Rolle sowohl Unterstützer als auch Gegner der Machenschaften von Lunar-Industries waren.
Überlegen Sie sich genau, wieso der Betrieb der Mondstation „Sarang" durch Klone und Ihre spezielle Aufgabe hierbei ethisch gesehen falsch/richtig sind und eine Verurteilung daher rechtmäßig/unrechtmäßig wäre. Stellen Sie sich zugleich auf mögliche Fragen der Verteidigung/der Staatsanwaltschaft bzw. deren Argumente ein und versuchen Sie, angemessen darauf zu reagieren. (Halten Sie sich bis zuletzt die Möglichkeit der Entscheidung offen, welche der beiden Seiten Sie eher unterstützen würden.)

Volker Pfeifer: 2 x Klonen

Die gängige Bezeichnung *„therapeutisches Klonen"* wird nicht selten als missverständlich kritisiert, da das gemeinte Klonverfahren selbst nicht therapeutisch ist. Vielmehr werden Zellen hergestellt, die die Potenz haben, sich zu einem vollständigen Individuum zu entwickeln (Totipotenz). Damit ist das „therapeutische Klonen" keine Therapie, sondern ein Forschungsansatz mit dem Ziel der Entwicklung neuer Therapieverfahren, sodass vorzuziehen ist, vom „Forschungsklonen" oder „Klonen zu Forschungszwecken" zu sprechen.

Hiervon abzugrenzen ist das *„reproduktive Klonen"*, womit der Einsatz von Klontechniken zum Zweck der Fortpflanzung bezeichnet wird. Der Unterschied zwischen dem Klonen zu Forschungszwecken und dem reproduktiven Klonen ist somit in der verschiedenartigen Intention der Handelnden zu sehen, die Technik selbst ist bis zu einem bestimmten Zeitpunkt identisch. Ziel des therapeutischen Klonens ist nicht die Kopie eines Lebewesens, sondern die Erzeugung eines Embryos. Aus ihm können dann maßgeschneiderte embryonale Stammzellen gewonnen werden. Mit diesen Zellen wollen Mediziner in der Zukunft neues Gewebe züchten und einpflanzen. Der Vorteil: Im Gegensatz zu der Transplantation eines Spenderorgans wird das gezüchtete Gewebe nicht vom Immunsystem des Empfängers abgestoßen. Die Methode beim therapeutischen ist dieselbe wie beim reproduktiven Klonen. Aus Körperzellen des Patienten wird der Zellkern mit der DNA entnommen und in eine entkernte Eizelle gespritzt. Diese entwickelt sich zu einem Embryo, aus dem nach einigen Tagen die Stammzellen gewonnen werden. Diese embryonalen Stammzellen können sich in jede beliebige Körperzelle entwickeln. Die Mediziner hoffen, dass sie einmal jede beliebige Gewebeart – z. B. Herzmuskeln, Nerven oder Bauchspeicheldrüsen – züchten und damit Krankheiten wie Herzversagen, Parkinson und Diabetes heilen können.

Volker Pfeifer, Ethisch argumentieren. Eine Anleitung anhand von aktuellen Fallanalysen, Paderborn 2009, Schöningh Verlag, S. 156f.

DNA-Klonierung

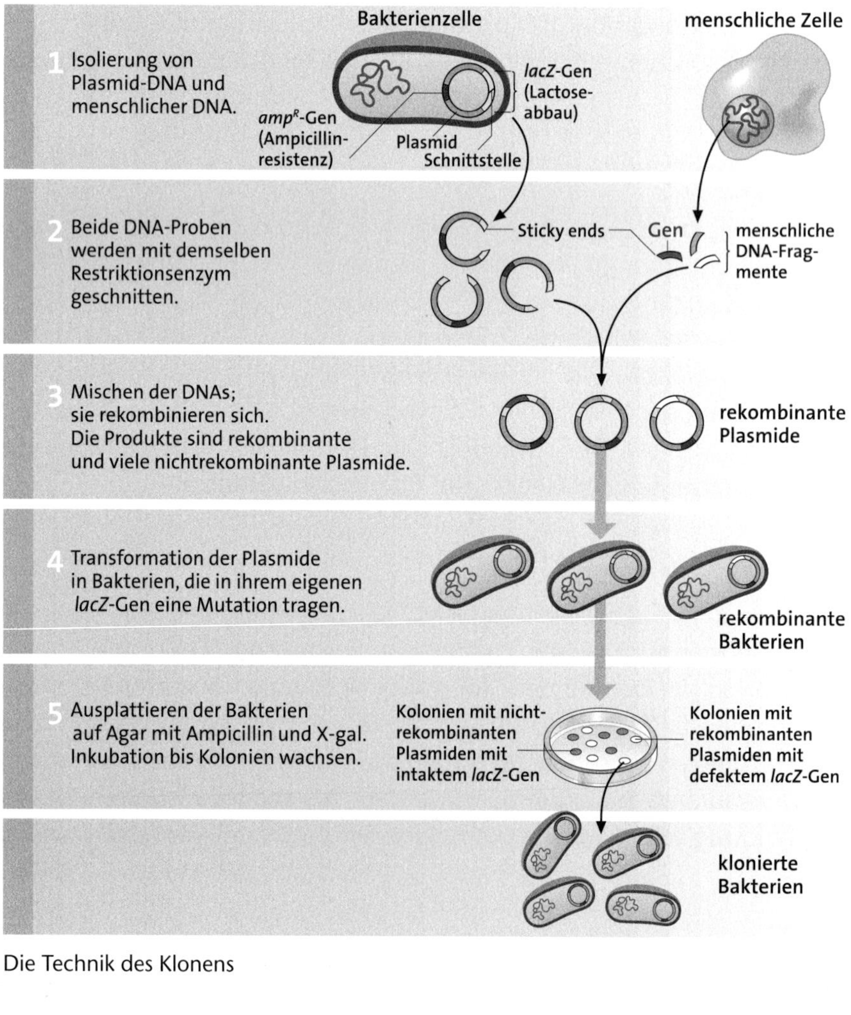

Die Technik des Klonens

Stephan Ernst / Ägidius Engel: Gentechnik in Deutschland

Pro	Kontra
• **Gentechnik eröffnet völlig neue Perspektiven.** Ohne Gentechnik – verantwortungsbewusst eingesetzt – gibt es keinen Fortschritt für Gesundheit, Umwelt, Lebensqualität.	• **Gentechnik eröffnet völlig neue Perspektiven** für unseren Widerstand gegen undemokratische gesellschaftliche Entwicklungen.
• **Gentechnik hat zentrale Bedeutung** für die Erforschung und Bekämpfung von AIDS, Krebs, Alzheimer, Parkinson usw. Die Gentechnik bietet die Chance, bisher unheilbare Krankheiten zu heilen – schneller und gezielter.	• **Gentechnik hat zentrale Bedeutung** für die Anpassung des Menschen an zerstörerische Arbeitsbedingungen und eine vergiftete Umwelt, für die Anpassung der mangelhaften Natur an unser perfektes Wirtschaftssystem, für die Umformung der Landwirtschaft zum Anhängsel der Großindustrie.
• **Gentechnik ist der Schlüssel** für die Produktion mit weniger Rohstoffen, weniger Energie, weniger Abfall.	• **Gentechnik ist der Schlüssel** zur Schaffung einer „zweiten Natur", während die erste, ursprüngliche Natur durch Umweltverschmutzung stirbt.
• **Eine große Industrienation wie Deutschland** braucht Gentechnik, um leistungsfähig zu sein. Statt wie andere Staaten die Gentechnik zu fördern, setzen wir ein Stück Zukunft aufs Spiel. Wir dürfen nicht zulassen, zweitklassig zu werden.	• **Eine große Industrienation wie Deutschland** sollte den Anfang machen und sich jetzt von Großtechnologien abwenden hin zu alternativen, umwelt-, gesundheits- und sozialpolitisch verantwortlichen Techniken.
• **Durch Gesetze und Verordnungen** wird die Gentechnik bei uns zu Tode verwaltet. Unsere Forscher wandern in Länder wie USA, Frankreich, Japan ab, deutsche Unternehmen müssen im Ausland forschen und produzieren.	• **Durch Gesetze und Verordnungen** allein lassen sich die Gefahren der Gentechnik nicht mindern. Es gilt, die Versprechungen der Gentechniker/innen als Großspurigkeit und an den Bedürfnissen der Menschen vorbeigehende Ansinnen zu entlarven.

Ägidius Engel/Stephan Ernst, Christliche Ethik konkret. Werkbuch für Schule, Gemeinde und Erwachsenenbildung, München 2001, Kösel Verlag, S. 46.

Volker Pfeifer: Das Embryonenschutzgesetz § 6

§ 6 Klonen

1) Wer künstlich bewirkt, dass ein menschlicher Embryo mit der gleichen Erbinformation wie ein anderer Embryo, ein Foetus, ein Mensch oder ein Verstorbener entsteht, wird mit Freiheitsstrafe bis zu fünf Jahren oder mit Geldstrafe bestraft.
2) Ebenso wird bestraft, wer einen in Absatz 1 bezeichneten Embryo auf eine Frau überträgt.
3) Der Versuch ist strafbar.

Das 1991 in Kraft getretene Embryonenschutzgesetz (ESchG) verbietet, einen im Reagenzglas gezeugten Embryo für etwas anderes als eine Schwangerschaft heranzuzüchten. Nach dem im Juni 2002 verabschiedeten Stammzellgesetz (StZG) ist die Einfuhr menschlicher embryonaler Stammzellen zu Forschungszwecken nur unter Auflagen zulässig. So dürfen etwa nur Stammzelllinien importiert werden, die vor dem 1. Januar 2002 gewonnen wurden, die Zellen dürfen nur aus „überzähligen" Embryonen nach einer Reagenzglas-Befruchtung stammen, für das Überlassen der Zellen darf nichts gezahlt werden. Im April 2008 ist eine neue Stichtagsregelung vom deutschen Bundestag beschlossen worden: Es dürfen jetzt Stammzellen importiert werden, die vor dem 1.5.2007 gewonnen wurden.
In Großbritannien und Südkorea ist das therapeutische Klonen ausdrücklich erlaubt, ebenso in den USA, wo das Klonen von Embryonen aber nicht mit staatlichen Mitteln gefördert wird.

Volker Pfeifer, Ethisch argumentieren. Eine Anleitung anhand von aktuellen Fallanalysen, Paderborn 2009, Schöningh Verlag, S. 157.

Foto der Gerichtsverhandlung in der EF

Baustein 5

Leistungsüberprüfung

Ziel

- das in dem Unterrichtsvorhaben gewonnene Verständnis für die Herkunft und Bedeutung der beiden Schöpfungsmythen anhand von Sachtexten, einem Lied und einem Interview vertiefen und überprüfen

Methoden

- Analyse und Interpretation eines naturwissenschaftlichen Sachtextes
- Analyse und Interpretation eines Liedes
- Analyse und Interpretation eines theologisch bedeutsamen Interviews (Antwort)

Da die Bearbeitung des Themas in der EF obligatorisch ist und in dieser Jahrgangsstufe in der Regel nur eine Klausur pro Halbjahr geschrieben wird, sollen drei Vorschläge zur Leistungsüberprüfung genügen. Im Übrigen bietet die handlungsorientierte Erschließung des Filmes eine sehr gute Basis für die Leistungsbeurteilung. Die Vorschläge, die sich hier nun finden, sind so konzipiert, dass sie an unterschiedlichen Stellen der Reihe eingesetzt werden können. Erfahrungsgemäß liegen die Klausurblöcke in der Oberstufe oft sehr weit auseinander bzw. variieren stark, so dass für alle Optionen eine sinnvolle Lösung angeboten werden kann. Die inhaltlichen Schwerpunkte in den unterschiedlichen AFBs sind dabei so gewählt, dass ein abwechslungsreiches Angebot entsteht. Die an die Inhaltsfelder 1 („Der Mensch aus christlicher Perspektive"), 2 („Christliche Antworten auf die Gottesfrage") und 5 („Verantwortliches Handeln aus christlicher Perspektive") gebundenen Lernerfolgskontrollen müssen im Unterricht vorher exemplarisch an anderen Texten eingeübt werden. Dafür können aber auch einzelne Sachtexte aus der Reihe verwendet werden. Dies ist wichtig, weil die Schüler in der EF an die Anforderungen und Arbeitsformen gewöhnt werden müssen. Es ist hilfreich, unabhängig davon, ob man diese Vorschläge verwendet oder andere Texte hinzuzieht, die AFBs verteilt bzw. kumulativ erproben zu lassen. Zusätzlich sollten Erwartungshorizonte verteilt werden, um die Kriterien der Leistungsbewertung transparent werden zu lassen. Die nun folgenden Sachanalysen arbeiten insofern darauf hin, als dass sie als Musterlösungen für den AFB I herangezogen werden können. Für die AFBs II und III muss auf die Ergebnisse der allgemeinen Sachanalyse und der Einzelanalysen in den Bausteinen zurückgeblickt werden. Welche einzelnen Aspekte in den Klausuren genannt werden sollen, muss von den Lehrern mit Blick auf AFB II und III eigenständig entschieden werden, um eine gewisse Offenheit und Flexibilität zu gewährleisten. Insgesamt sollten mit Blick auf eine wertschätzende Schülerorientierung zu eng gestrickte Erwartungen in den AFBs II und III vermieden werden.

Richard Dawkins: Evolution braucht keinen Gott

→ Arbeitsblatt 22, S. 120

Sachanalyse

Der an biologischen Fakten orientierte Sachtext (**Arbeitsblatt 22**, S. 120), der für Dawkins zugleich die Basis für weltanschauliche Überlegungen bildet, stammt aus dem Jahre 2004. Er trägt die programmatische Überschrift „Evolution braucht keinen Gott" und erschien in dem von Tobias Daniel Wabbel herausgegebenen Sammelband „Im Anfang war (k)ein Gott." (Düsseldorf 2004, S. 138f.). Der Text behandelt die Frage, ob für die Beschreibung und Deutung der Biogenese (= Entstehung und Entwicklung des Lebens auf der Erde) der Glaube an einen Schöpfergott nötig ist. Als Atheist und Biologe vertritt Dawkins die These, dass der Glaube an einen solchen Gott überholt ist, weil mit der Evolutionstheorie eine ausreichende Erklärung für die Entwicklung des Lebens gegeben ist. Der Mensch sollte sich daher der Abkehr von den religiösen Mythen verschreiben und sich den naturwissenschaftlichen Erklärungen der Welt endlich deutlicher öffnen.

Dawkins gliedert seine Ausführungen in drei Abschnitte. Zunächst zeigt er in Z. 1–18 Verständnis für das menschliche Staunen über die Schönheit und Komplexität der Natur. Bei religiösen Menschen kann dies dazu führen, an Gott zu glauben. Bekannt ist diese Betrachtung der natürlichen Quellen der Offenbarung aus der sog. natürlichen Theologie. Die gute Schöpfung ist ein Indiz für Gottes Existenz. Im zweiten Abschnitt (Z. 19–38) wird dieser Gedanke vertieft, wenn eben ein Vertreter der sog. natürlichen Theologie genauer beleuchtet wird, nämlich der aus dem 18. Jh. stammende Priester William Paley, der anhand der sog. „Uhrmacheranalogie" verdeutlichen will, dass komplexe Strukturen nur von jemandem entwickelt worden sein können, der den Bauplan und die Funktionsweise des konstruierten Wesens oder Gegenstandes vorab kennen muss (z. B. ein göttliches Wesen). Ähnlich wie eine Uhr können sie nicht durch reinen Zufall entstanden sein: „Diese schönen, komplexen, komplizierten und offenkundig zweckorientierten Konstruktionen müssen das Werk eines Planers, eines Uhrmachers – Gottes – gewesen sein." (Z. 35–38). Im dritten und letzten Abschnitt (Z. 39–53) wendet sich Dawkins gegen eine solche Deutung und versucht aufzuzeigen, dass eine solche Sichtweise heute als überholt angesehen werden muss, weil heutzutage mit der Evolutionstheorie eine schlüssige Erklärung der Entstehung und Entwicklung des Lebens existiert. Das sicherlich schöne und komplexe Leben hat sich durch Mutation und Selektion herausgebildet. Gott spielt hierbei laut Dawkins keine Rolle mehr.

PUR: Neue Brücken

→ Arbeitsblatt 23, S. 121

Sachanalyse

Das Lied „Neue Brücken" (**Arbeitsblatt 23**, S. 121) von der bekannten deutschen Popband PUR kam 1994 als Single auf den Markt und ist Teil des Albums „Seiltänzertraum", das 1993 veröffentlicht wurde und das es bis auf Platz zwei der deutschen Charts schaffte. Die aus Baden-Württemberg stammende Gruppe ist seit den siebziger Jahren des letzten Jahrhunderts sehr aktiv und bis heute bei den deutschen Zuhörern sehr beliebt. Ihre Lieder handeln vor allem von Liebe und Trennung, Menschlichkeit und der richtigen Lebenseinstellung. Ein besonderer Schwerpunkt liegt zudem auf der kritischen Auseinandersetzung mit gesellschaftlichen Problemen, wie z. B. Ausländerhass oder Kindesmissbrauch.

In dem Lied „Neue Brücken" geht es um die grundsätzliche Kritik an den Missständen der modernen Welt, wie z. B. Krieg, Kapitalismus, Ausländerfeindlichkeit und mangelnde Solidarität mit den Schwachen und Unterdrückten der Welt. Für die Band sind dies bildlich gesprochen die „Täler" menschlicher Existenz, die den Menschen als Wesen zeigen, das seinen „niedrigsten Instinkten" (V. 7) folgt und seine „Klugheit am Boden" (V. 5) liegen lässt. Die Motive für dieses Handeln sind aus Sicht des lyrischen Ich „Gier, Hass, Neid und Rachsucht" (V. 3). Diese bezeichnet es zugleich als „Seuchen dieser Welt" (V. 3). Woher diese jedoch genau kommen, wird offen gelassen, so dass der Einsatz der Transferaufgabe zwei der Leistungsüberprüfung didaktisch sinnvoll ist. Für die Bedeutung des Textes für die Lebenswelt der Schüler ist V. 9f. wichtig, in dem deutlich wird, dass sich die Probleme der Welt nicht irgendwo weit weg von uns abspielen, sondern im direkten Umfeld eines jeden Menschen. Afghanistan mag weit weg sein, doch die damit verbundene Flüchtlingsproblematik betrifft uns alle. Auch Armut ist nicht etwas, das uns nur in Entwicklungs- und Schwellenländern begegnet, sondern das auch die deutsche Gesellschaft mittlerweile tief prägt, so dass eine Positionierung des Einzelnen erforderlich wird. Ähnliches gilt für die Problematik der Ausländerfeindlichkeit (vgl. V. 15–18) oder die einer von reinem Nützlichkeitsdenken bestimmten Behandlung fremder Menschen (vgl. V. 19–22). Die Aussageabsicht des Liedes wird vor diesem Problemhintergrund klar. Der Mensch kann anders handeln, wenn er sich seiner Menschlichkeit bewusst wird. Sein Streben nach Macht, Ruhm, Erfolg und Luxus stehen ihm zwangsläufig selbst im Weg, da er selbst und seine Mitmenschen daran zugrunde gehen werden. Jeder ist daher aufgefordert, dies zu verändern, neue Brücken, also Verbindungen untereinander aufzubauen, die mehr Menschlichkeit ermöglichen. Gemeinsam mit anderen kann man dafür sorgen, dass sich unsere wahren Seiten, wie z. B. Liebe, Mitgefühl und Vergebung durchsetzen, und dadurch das Leben auf der Welt besser wird.

→ Arbeitsblatt 24, S. 122

Eugen Drewermann: Gottes Geschöpfe oder warum Tiere eine Seele haben

Sachanalyse

Der vorliegende Textauszug von Eugen Drewermann (**Arbeitsblatt 24**, S. 122) ist dem Buch „Wie zu leben wäre. Ansichten und Einsichten" entnommen. Es handelt sich hierbei um eine Antwort auf eine Frage im Rahmen eines ausführlichen Gespräches zwischen ihm und Richard Schneider. Das Buch wurde im Jahre 2002 in Freiburg i. Br. veröffentlicht, der Auszug findet sich dort auf S. 49f. Der Autor beschäftigt sich mit der Frage, welche ethischen Konsequenzen das christliche Abendland aus den evolutionsbiologischen Erkenntnissen über die Beziehung zwischen Mensch und Tier ziehen müsste. Dabei kritisiert er, dass eben diese Beziehung sich leider immer wieder dadurch auszeichnet, dass der Mensch sich dem Tier überlegen fühlt und es schlecht behandelt, jagt oder tötet. Drewermann will hier eine Verhaltensänderung erwirken, bei der die enge Verbundenheit zwischen beiden Geschöpfen ernst genommen wird (vgl. Z. 26–30).

Drewermanns Gedankengang lässt sich dabei in zwei Abschnitte unterteilen. Im ersten (vgl. Z. 1–21) weist er auf die schwere narzisstische Kränkung des Menschen durch die Erkenntnisse der Evolutionsbiologie hin. Diese haben dem Menschen die Illusion genommen, er sei der Mittelpunkt bzw. die Krone der gesamten Schöpfung. Der Mensch, der sich die Erde nicht untertan machen, sondern als Stellvertreter Gottes für sie sorgen soll, ist letztlich kein besonderes Geschöpf, sondern auch ein Säugetier, das in enger Verwandtschaft zu den Menschenaffen steht: „Wir hängen so unglaublich dicht zusammen, dass uns weniger als zwei Prozent des gesamten genetischen Materials, Menschen und Schimpansen, voneinander trennt." (Z. 5–8) Drewermann kritisiert nun, dass das Christentum auch aufgrund der ihm zugefügten Kränkung lange Zeit versucht hat, den Darwinismus zu bekämpfen. Dies ist laut Drewermann genau der falsche Weg, so dass er im zweiten Abschnitt (vgl. Z. 22–44) eine alternative Konsequenz vorstellt. Für ihn ist hierbei der Gedanke zentral, „[...] aus dem Darwinismus, einer richtigen naturwissenschaftlichen Erkenntnis, nicht nur die Änderung unseres Menschen- und Weltbildes [zu] formen, sondern eine entsprechende Ethik, die dem Rechnung trägt." (Z. 22–26). Der Mensch soll das Tier genauso behandeln wie sich selbst und seine Mitmenschen. Eine Vorlage für ein solches Verhalten findet Drewermann in der Religionsgeschichte Ägyptens. Die Erzählung vom Pharao Unas im Totengericht (vgl. Z. 31 ff.) dient ihm als Beispiel dafür, die von ihm geforderte Verhaltensänderung nachzuempfinden und das Christentum tierfreundlicher zu gestalten. Der Gedanke, dass auch die Tiere uns Menschen und sogar die Pharaonen anklagen können, wenn ihnen unnötiges Leid zugestoßen ist, zeigt auf, dass wir grundsätzlich als ebenbürtige Geschöpfe mit- und nebeneinander leben können.

Richard Dawkins: Evolution braucht keinen Gott

Infos zum Autor: Der Brite Richard Dawkins wurde 1941 geboren und lehrt als Professor für Zoologie und Evolutionsbiologe an der Universität Oxford. Er ist ein leidenschaftlicher Atheist sowie ein Verfechter der darwinschen Evolutionstheorie und daher auch Kritiker eines fundamentalistischen, also wortwörtlich verstandenen Schöpfungsglaubens. Er lehnt aber auch liberalere Deutungen der biblischen Texte ab, da er Religion und Naturwissenschaften grundsätzlich für nicht vereinbar hält.

Weshalb glauben Menschen an Gott? Die meisten Menschen überzeugt immer noch das alte Argument, dass das Universum auf einen göttlichen Schöpfungsplan zurückgeht. Wir betrachten die Schönheit und Komplexität der Welt – die Aerodynamik eines Schwalbenflügelschlags, die Zartheit der Blumen und der Schmetterlinge, die sie bestäuben, das pralle Leben, das sich dem Blick durch ein Mikroskop in jedem Wassertropfen zeigt, die Krone eines riesigen Redwood-Baumes mittels eines Fernrohrs. Wir denken über die elektronische Komplexität und optische Perfektion unserer Augen nach, die all dies betrachten. Wenn wir auch nur einen Funken Fantasie haben, muss uns all dies Ehrfurcht einflößen. Fasziniert sind wir nicht minder von der offenkundigen Ähnlichkeit zwischen lebenden Organen und den sorgfältig durchdachten Konstruktionsplänen von Ingenieuren.

Die bekannteste Beschreibung dieser Ähnlichkeit stellt die Uhrmacheranalogie dar, die auf William Paley, einen Priester aus dem achtzehnten Jahrhundert, zurückgeht. Selbst wenn man nicht weiß, was eine Uhr ist, drängt sich angesichts der Tatsache, dass ihre Radzähne und Federn offenkundig auf einen Konstruktionsplan zurückgehen und dass sie sehr gut zusammenpassen, der Schluss auf, „dass die Uhr von jemandem konstruiert worden sein muss, es also zu irgendeinem Zeitpunkt, an irgendeinem Ort einen oder mehrere gegeben haben muss, der sie zu dem Zweck, den sie jetzt erfüllt, gemacht hat, sich mit ihrer Funktionsweise auskannte und ihren Verwendungszweck gestaltete". Wenn das schon für eine relativ einfache Uhr zutrifft, um wie viel mehr muss es für das Auge, das Ohr, das Ellenbogengelenk oder das Gehirn gelten? Diese schönen, komplexen, komplizierten und offenkundig zweckorientierten Konstruktionen müssen das Werk eines Planers, eines Uhrmachers – Gottes – gewesen sein.

Dieses Argument führte Paley für die Existenz Gottes an. Fast alle nachdenklichen und sensiblen Menschen entdecken es in ihrer Kindheit für sich. Dieses Argument muss sehr lange sehr überzeugend, einleuchtend und zutreffend erschienen sein. Auf Grund einer der bedeutendsten intellektuellen Revolutionen in der Geschichte wissen wir heute aber, dass dieses Argument falsch ist. Heute wissen wir, dass die Ordnung und die scheinbare Zweckhaftigkeit der Lebenswelt auf einen völlig anderen Prozess zurückzuführen ist, auf einen Prozess, der ohne einen Schöpfer auskommt und der im Grunde auf sehr einfachen physikalischen Gesetzen beruht. Gemeint ist der Prozess einer auf natürlicher Auslese beruhenden Evolution.

Richard Dawkins, in: Tobias Daniel Wabbel (Hrsg.), Im Anfang war (k)ein Gott. Naturwissenschaftliche und theologische Perspektiven, Düsseldorf 2004, Patmos Verlag, S. 138f.

1. *Geben Sie mit eigenen Worten den Gedankengang des Autors strukturiert wieder. Führen Sie dabei Textbelege mit an.*
2. *Erläutern Sie, wieso es aus bibelwissenschaftlicher Sicht unangemessen ist, Gen 1,1–2,4a wortwörtlich zu verstehen, indem Sie Ihr Wissen zur Entstehung und Bedeutung des ersten Schöpfungsmythos darstellen und in Beziehung zu den Aussagen von Dawkins setzen.*
3. *Diskutieren Sie unter zusätzlicher Bezugnahme auf Manfred Fischer bzw. das Konzept der Theistischen Evolution die Frage, ob Schöpfungsglaube und Evolutionstheorie wirklich nicht miteinander vereinbar sind.*

PUR: Neue Brücken

Ich find' auf meinem Globus so viel Flächen ohne Brot
und ehemals bunte Teile färbt ein Blutstrom tödlich rot.
Die Gier, Hass, Neid und Rachsucht sind die Seuchen dieser Welt,
das Immunsystem verlässt sich auf den wahren Gott, das Geld.
Die Klugheit liegt am Boden,
die Vernunft wird noch verrückt.
Die niedrigsten Instinkte schlagen zu,
wohin man blickt.
Das alles scheint weit weg, doch es beginnt vor deiner Tür,
der Nächste, der die Kälte spürt, kann meistens nichts dafür.

Neue Brücken, über Flüsse voller dummer Arroganz,
neue Brücken, über Täler tiefster Intoleranz.
Neue Brücken, neue Wege, aufeinander zuzugehen,
ganz behutsam, voller Achtung, miteinander umzugeh'n.

Brüder gibt's am Stammtisch, Schnaps im Kopf, den Geist im Glas,
in Sorge um ihr Vaterland gedeiht ihr Fremdenhass.
Dass Deutsche bess're Menschen sind, wer's nicht weiß, kann's dort erfahren,
und dass das alles nicht so schlimm war bei Adolf, in den Nazijahren.
Der Scheich ist hoch willkommen,
wenn er für Panzer Dollars gibt,
sein Landsmann auf der Flucht vor Folter
ist weniger beliebt.
Die Tür wird schnell verriegelt, ist das kein Asylbetrug?
Die paar gut gemeinten Lichterketten waren noch lange nicht genug.

Neue Brücken, über Flüsse voller dummer Arroganz,
neue Brücken, über Täler tiefster Intoleranz.
Neue Brücken, neue Wege, aufeinander zuzugehen,
ganz behutsam, voller Achtung, miteinander umzugeh'n.

1. *Geben Sie mit eigenen Worten das Thema und die Aussageabsicht des Liedes strukturiert wieder. Führen Sie zur Begründung Ihrer Analyse Textbelege an.*

2. *In Z. 3 spricht das lyrische Ich davon, dass „Gier, Hass, Neid und Rachsucht […] die Seuchen dieser Welt [sind]". Setzen Sie diese Sichtweise in Beziehung zur Erzählung von Adam und Eva in Gen 2,4b–3,24. Inwiefern kann man die dort geschilderte Situation auch als Begründung für heutige Verfehlungen des Menschen sehen? Welche Rolle spielen die Aspekte Freiheit und Angst in diesem Zusammenhang?*

3. *Diskutieren Sie anhand von Beispielen aus Ihrem Leben und der gegenwärtigen Gesellschaft über Chancen und Grenzen des Ziels, „Neue Brücken" bauen zu wollen.*

Eugen Drewermann: Gottes Geschöpfe oder warum Tiere eine Seele haben

Infos zum Autor: Eugen Drewermann, geboren 1940, ist ein Paderborner Theologe, Kirchenkritiker und Psychotherapeut. Aufgrund seiner kritischen Äußerungen zur Deutung der Jungfrauengeburt und zum Priestertum begab er sich in einen zunehmenden Konflikt mit der katholischen Kirche, die ihn als Priester letztlich suspendierte. Er selbst ist 2005 aus der Kirche ausgetreten. Drewermann ist für seine tiefenpsychologische Deutung der Bibel, aber auch für seine radikale Ablehnung von Krieg, Umweltzerstörung und Misshandlung von Tieren bekannt.

Der Mensch stammt vom Affen ab. Sagen wir: von den Vorfahren des heutigen Schimpansen. Vor ungefähr sechs Millionen Jahren muss der Weg sich gegabelt haben, der zu den heutigen Menschen führt und zu den heutigen Schimpansen. Wir hängen so unglaublich dicht zusammen, dass uns weniger als zwei Prozent des gesamten genetischen Materials, Menschen und Schimpansen, voneinander trennt. Diese Entdeckung hat zu tun mit den Einsichten von Charles Darwin vor ungefähr 130 Jahren. Es war ein Einbruch, eine schwere narzisstische Kränkung für das christlich-abendländische Menschenbild und Selbstgefühl, das selbstverständlich annahm, wir seien ganz und gar andere, besonders bevorzugte Wesen Gottes, wir stünden im Mittelpunkt der Welt. Nennen wir dies Anthropozentrismus, den Mittelpunktswahn des Menschen. Aus dem stürzte Darwin die gesamte abendländische Religion heraus. Und das dogmatische Christentum hat entsprechend darauf geantwortet, es hat versucht, Darwin zu unterdrücken.
In Wirklichkeit sollten wir aus dem Darwinismus, einer richtigen naturwissenschaftlichen Erkenntnis, nicht nur die Änderung unseres Menschen- und Weltbildes formen, sondern eine entsprechende Ethik, die dem Rechnung trägt. Wenn Mensch und Tier so eng zusammengehören, wie die ganze Evolution zeigt, dann brauchten wir eine Ethik, die diese Ähnlichkeit, diese Verwandtschaft zur Grundlage macht! Wir brauchten eine Ethik, die man in alten Tagen parallel geahnt hat. Die alten Ägypter um 2300 v. Chr. in der 5. Dynastie, in der Pyramide des Unas, erzählen, wie der Pharao – eigentlich gar kein Mensch, sondern die Erscheinungsform der Sonne am Himmel auf Erden – im Totengericht befragt wird, ob gegen ihn, den Gottkönig eine Anklage vorliege von Seiten einer Gans oder von Seiten eines Rindes. Und wehe dem Gottkönig und Pharao, der absoluten Person im Himmel und auf Erden, wenn auch nur ein Tier ihn verklagen könnte für unnötig zugefügtes Leid! Das ist ein Gedanke, der uns im ganzen so genannten christlichen Abendland bis heute fehlt –: Die Tiere träten als Anklageinstanz im Totengericht auf gegen den Menschen!

Eugen Drewermann: Wie zu leben wäre. Ansichten und Einsichten. Im Gespräch mit Richard Schneider, Freiburg i.Br., Herder Verlag, 2002, S. 49f.

1. *Geben Sie mit eigenen Worten den Gedankengang des Autors strukturiert wieder. Führen Sie dabei Textbelege mit an.*

2. *Vergleichen Sie Drewermanns Ausführungen mit Ihrem Wissen zur Stellung der Tiere in Gottes Schöpfung. Welche Bedeutung kommt ihnen in Gen 1,1–3,24 zu und in welcher Beziehung steht der Mensch zu ihnen? Kann das dortige Verhältnis eine Anregung für die von Drewermann geforderte Tierethik sein?*

3. *Diskutieren Sie anhand von Beispielen die Thesen Drewermanns. Setzen Sie sich kritisch sowie kreativ mit den Chancen und Grenzen einer angemessenen Behandlung von Tieren im 21. Jahrhundert auseinander.*